爱孩子，就这样做

——教育在亲情中自然发生

潘志平　著

浙江大学出版社

·杭州·

图书在版编目（CIP）数据

爱孩子，就这样做：教育在亲情中自然发生 / 潘志平著. —— 杭州：浙江大学出版社, 2025.3. —— ISBN 978-7-308-25925-5

Ⅰ. G782

中国国家版本馆CIP数据核字第2025CG4581号

爱孩子，就这样做——教育在亲情中自然发生

潘志平　著

策划编辑	金更达　寿勤文
责任编辑	李嘉慧　徐　瑾
文字编辑	周　宁　沈　佳
责任校对	吴美红
封面设计	创巢视觉
出版发行	浙江大学出版社
	（杭州市天目山路148号　邮政编码310007）
	（网址：http://www.zjupress.com）
排　　版	杭州林智广告有限公司
印　　刷	嘉业印刷（天津）有限公司
开　　本	710mm×1000mm　1/16
印　　张	21.5
字　　数	286千
版 印 次	2025年3月第1版　2025年3月第1次印刷
书　　号	ISBN 978-7-308-25925-5
定　　价	68.00元

序

承蒙潘校长的厚爱，继《一位智慧校长给家长的50封亲笔信》和《亲情教育》之后，再次为他的新书《爱孩子，就这样做——教育在亲情中自然发生》（以下简称《爱孩子，就这样做》）作序，倍感荣幸。

潘校长在任校长期间撰写的三本书虽然旨趣不同，但都是以亲情教育一以贯之的。《一位智慧校长给家长的50封亲笔信》侧重于亲情教育的行动，可以认为是亲情教育的"实践论"；《亲情教育》讲亲情教育本身，可以认为是亲情教育的"本体论"；而《爱孩子，就这样做》讲述亲情教育的肇始，可以认为是亲情教育的"发生论"。三本书合在一起，就是潘校长对亲情教育办学思想的系统总结。

《爱孩子，就这样做》一书，以生活叙事的方式，讲述了潘校长出身、求学、工作、生活的心路历程。围绕亲情，他把自身的成长置身于家庭、学校、社会和国家的多元场景之中，置身于与父母、女儿、老师和学生的多维互动之中，宏观与微观切换，感性与理性兼顾，生动与深刻并重，呈现出一幅立体饱满的个人成长图景。影响潘校长成长的因素很多，给我印象深刻的有两点。一是地域文化的影响。"一方水土养一方人"，地域文化给他的人生打上了明亮的精神底色。正如他自己所言："我能读书、做老师、当校长得益于三府里那钟灵毓秀的青山碧水的濡养，得益于昌西耕读传家文化的熏陶。"潘校长出生地昌西颊口镇（现已更名为清凉峰镇）人口仅两万，地处偏僻山区，但该地尊师重教氛围浓郁，先后涌现了130多位大学和中小学校长，被誉为"校长之乡"。二是家庭的影响。家庭是孩子的第一所学校，父母是孩子的第一任老师。父亲的模样就是孩子的模样。潘校长的父亲是一位优秀的乡村校长，为了动员一名家庭贫困、辍学在家的学生上学，把自己结婚的棉被和制服送给了学生。这件事对潘校长产生了终生难忘的影响，也使

1

他从小立志做一个像父亲一样的人。童年的他曾问母亲为何有人愿意无私地帮助他们，母亲回答说："你爸爸教书时把他们当成自己的孩子，现在他们也把你爸爸当作了亲人。"这大概就是亲情教育的缘起吧！

可以说，这是一部杭州名校长的个人自传，也是研究名校长成长的珍贵资料。名校长撰写个人自传对于研究名校长办学思想、传承地域教育文化具有重要的意义。我认为组织名校长撰写基于生活史的个人自传应该成为名校长培养工程的组成部分。

人的一生无非做人做事或者成家立业。做教师时，潘校长是孩子喜欢的好老师；做父亲时，潘校长是女儿喜欢的好爸爸；做校长时，潘校长是学生喜欢的好校长（学生都叫他"阿潘校长"）。可以说，他是真正的人生赢家。潘校长从教43年、做校长30年，基本实现了中国传统文化所推崇的"立德、立功、立言"三不朽的人生境界。从"立德"而言，获得全国师德先进个人、浙江省师德楷模等；从"立功"而言，把杭州公益中学办成一所具有全国影响力的标杆式初中；从"立言"而言，提出并践行具有原创性的办学思想即亲情教育。

凡是过往皆为序章，凡是未来皆可期待。潘校长今年已退休，他的教育人生将翻开崭新的一页。在今后的岁月里，期待潘校长继续做一位受人尊敬的"银龄校长"，不断把亲情教育思想发扬光大。

是为序。

杭州师范大学教授

项红专

2024年10月

自序
欢喜成就喜欢

我永远不会忘记，2022届毕业典礼那天，李安康同学跑来对我说："阿潘，我马上毕业了。可是，我还有一个心愿未了。去年的期中表彰会上，在俯卧撑挑战赛时，我只做了38个，而您做了45个，我有点不太服气。您能跟我再比拼一次吗？"我爽快地答应了他的请求。最终他完成了56个俯卧撑，我做了48个。完美获胜的他，用力地和我击掌、拥抱，激动地说："感谢阿潘，让我心想事成。我更爱公益中学了！"看着他在一大群观战呐喊的男生簇拥下心满意足地离去，我的心里也乐开了花。

我清晰地记得，2024届有位叫凌晨洋的男孩，在初一国防教育现场，我和他握手聊天时，他满脸笑容地说："阿潘，你好帅！""何以见得？"我好奇地问。"因为您穿着这件大红的Panda T恤，还有您走路时矫健的步伐！"他回答道。此后，每次遇到我，晨洋都会无比开心，对着我竖起大拇指，说："阿潘最帅！"渐渐地，好多孩子因此也都模仿他用"阿潘最帅"和我热情地打招呼。

我从1981年走上讲台至今，当了43年的老师、30年的校长，一直在这样的氛围中，保持童心，拥有童趣，和孩子们共享教育的快乐和幸福。感受至深的是，积极的情绪能带来充满正能量的情感，正能量的情感能增进彼此的亲近关系。

时代发展到今天，我发现孩子们的需求已发生了较大的变化，他们从追求看得见摸得着的东西，转向追求内心感受、关注情绪价值。他们特别在乎"我的心里话儿有处诉说、有人倾听和回应"，他们期待"我的地盘我做主，我做主的事情我负责"，一旦心理需求得到满足，就格外开心，教育的成效就明显提升。

自从我给第一届学生"烧1.0版菜粥",领会到"亲其师,信其道"的原理,到如今"演唐僧锦鲤Cosplay",我逐渐摸索出"喜欢循环圈"的逻辑,形成了自己的教育信条。

我笃信"亲情是最有效的教育资源"。亲情最珍贵,贵在无私和信任。师生家长真心真情的交流,就能读懂并积极回应彼此的心理需求,就能感受到人与人之间的尊重和温暖。积极的情感能给孩子的健全人格和良好学业奠定坚实基础。

我笃信"关系是最大的教育生产力"。亲而近、近生情。用心走心的支持,师生家校间关系越来越密切,感情越来越深厚。好关系成就好老师、好父母、好孩子,好关系成就好家庭、好学校。

这份信念来自我的亲人、师长,来自我的学生、家长、同仁以及这一路走来我遇到的许许多多的人。同时,我在做父亲、当老师、任校长等生活、工作中的得与失,也在不断强化我的这份信念。

这本书中,我把当父母、当老师、当校长以及为人处世的道理蕴含在故事里,原理渗透在方法中,成效体现在行动中。书中记录了我出生、求学、工作、生活的点滴故事和心路历程。从出生地三府里,到初登讲台的白牛中学;从革命老区临安马啸中学,到文教高地杭州市公益中学;从祖辈父辈的教诲获益,到养育女儿的双向奔赴;从"多能鄙事"的山村男孩,到开辟"亲情教育"之道的省城校长……

这本书中,我梳理、复盘了培育女儿、教育学生的过程,思考、提炼了一些孩子教育的原理和实用方法,如"玩听谈帮管容融七心法""六件套学习心流场、番茄钟高效法"。我也根据自己的成长经历和体悟,总结了几点做人、做事、做学问的道理和有效策略,如"自己欢喜,他人喜欢循环圈""柔为上的三修炼三进阶"等。其中有我的探索和反思,更有领导、同事、学生、家长的集体智慧。我敞开心扉把观点、实践写出来,旨在与各位共同探讨,一起成长。

自己欢喜，他人喜欢。初上讲台，我就想当一名孩子喜欢的好老师；成为父亲了，我一心想做一个女儿喜欢的好爸爸；担任校长后，我一直致力于办一所师生喜欢的好学校。欣慰的是，我已基本实现自己的三个愿望。细细想来，是因为自己拥有一颗欢喜的心，发自内心地喜欢学生，从而也赢得了学生真心喜欢我，让我在享受当老师的乐趣中做教育。

一直受教育，一生爱教育。耳顺之年，我重新整装出发，有了新的追求和梦想：一是过有趣的生活，当好"长大了的儿童"；二是做自在的教育，尽己所能运用自己悟到的想法和行之有效的方法，去点燃更多孩子、点亮更多家庭和学校。愿这本《爱孩子，就这样做——教育在亲情中自然发生》成为我实现教育新梦想航道上的一盏明灯，也能成为老师、家长、孩子前行道路上一束小小的光。

从动笔撰写本书至今已三载有余，成书过程中得到了很多专家、同仁、友人的帮助，在此一并致谢。书中部分引用的图片和资料因时间匆忙，无法联系上其创作者并征求同意，在此向相关创作者致以诚挚的感谢和歉意。如有版权问题，请及时联系。书中错漏和不当之处在所难免，真诚地期待各位读者和方家批评指教，不胜感谢！

潘志平

2024年8月

目 录

第二章
长大后我就成了"你"

写在最后
一个"情"字"亲"一生

附

1

第一章

最是家风能致远

　　故乡山水、民俗乡风、家教门风，是我人生旅途的起点。我能读书、做老师、当校长得益于三府里那钟灵毓秀的青山碧水的濡养，得益于昌西耕读传家文化的熏陶，得益于原生家庭挚爱亲情的温补，得益于特殊年代艰难岁月的磨砺。它们教会了我淳朴、忠诚、善良，也教会了我知书、达理、坚韧。那里有我的文化胎记，有我的教育心跳，更有我对这世界如歌的想象。

古道村落，如此念念不忘的那个地方

杭徽古道上的"校长之乡"

在中国，杭徽古道是与丝绸之路、茶马古道齐名的著名古道。

这条古道从唐代就已经有了。它从安徽省绩溪县湖里村发端，穿山过岭到达伏岭镇湖村，然后沿着1400余级台阶，走过"径通江浙"的"江南第一关"，再翻过马头岭、雪堂岭，至浙江省杭州市清凉峰镇。一路过来尽是古村落、古关口、古石板路、古桥、古茶亭、古树……

很多生于徽州、发迹于杭州的大家，如一代巨贾胡雪岩、汪庄的主人汪自新、张小泉剪刀的创始人张小泉以及大画家黄宾虹等，都曾走过这条古道。

小时候，我承包了家中的两项任务：每天早上去村中生产队的黑板上看"出工分配表"，晚上去生产队的记账员那里"报工分"，目的是给白天要出工劳动挣工分的父母多腾挪些干家务的时间。直到30多年后寻访历史古迹时才知道，当年我每日行走两趟的那条石板小道，竟是胡雪岩、胡适、黄宾虹等从徽州走向杭州或上海的寻梦之路！

1922年，在杭徽古道基础上修筑的杭徽公路从杭州开建，历经11年修到了安徽歙县。沿着老的杭徽公路从昌化向西距离颊口5公里的地方，有个叫株柳的行政村（现已改名为"九都"），株柳村有一个叫三府里的自然村，那里青山碧水、蓝天白云相间，就是我的出生地。它东倚眠牛山，西傍幽兰湾，层峦叠嶂，水草丰盛，民风淳朴，是一个有历史深度、文化厚度，又不失现代气息的村落。

紧挨着三府里有个章家村，祖上来自福建浦城，是唐末五代章仔钧的后裔。据传章仔钧是中国把"耕读传家"写入家训的第一人。他说："传家两字，曰耕与读；兴家两字，曰俭与勤；安家两字，曰让与忍。"我们潘氏祖训里就有包括立品行、孝父母等五方面的规矩，特别强调要"重教育，养学子"，强调"子孙难愚，经书不可不读""吾族为人父者有责督子成学，凡饶裕者要解囊助其学子学成，为国培养有用之才"。

杭徽古道，文脉悠长。千百年来，古道上谋生、求学、为官、经商的人，南来北往，络绎不绝。宋代以后，程朱理学盛行。其奠基人程颢、程颐及集大成者朱熹等的祖籍均在古徽州。当地重儒崇教之风盛行，甚至出现了"贾而好儒"的现象。而后这种现象随着徽商的往来，逐步向江浙等地蔓延开来。

因地缘关系，我们不仅吸收了些许徽州口音，也很好地传承了古徽州"重教育"的文脉——昌西颊口镇（现已更名为清凉峰镇）人口仅两万，地处偏僻山区，但尊师重教氛围浓郁，先后涌现了130多位大学和中小学校长，被誉为"校长之乡"。清凉峰镇政府后来专门买下了一幢民居，布置了一座"校长馆"。

我深受昌西耕读传家文化的熏陶，特别是在父亲这位老校长的指引下，也有幸成为"校长馆"中的一员。从1994年走上校长岗位，1997年至2001年担任家乡颊口中学的校长，一直到任杭州公益中学（以下简称公益中学或公益）校长后，与清凉峰镇建立了"城乡教育共同体"，开展了一系列深受老师、学生、家长欢迎的活动，为传承耕读传家文化、振兴乡镇

我小时候每天行走的"杭徽古道"

教育付出了自己的绵薄之力。

昌西溪里的"故里乡情"

"清凉峰下清凉湖，清凉湖下烟雨河。"国家级自然保护区清凉峰海拔1787.4米。被誉为"浙西小黄山"的大明山，林木葱葱，流水淙淙。"溪涧岂能留得住，终归大海作波涛。"是的，清凉峰、大明山、太子尖十八龙潭等山泉最终都汇聚到一起，形成了昌西溪——昌化溪的最大支流。溪水清澈，鱼儿灵动。数百年来，养育了无数昌西儿女，也成为我魂牵梦萦的故里乡愁。

孔子曰："知者乐水，仁者乐山。"老子曰："上善若水，水善利万物而不争。"水代表智慧，代表世间大道。它无处不在，流动不腐；它善于融通，化育生命；它灵活应变，至柔至刚。傍水而居，人会多一点灵气、多一份快乐和坦荡。

我出生于1964年，生肖属龙。《管子·水地》里说："龙生于水，被五色而游，故神。欲小则化如蚕蠋，欲大则藏于天下……"意思是，龙生在水里，变幻莫测，小如蚕蛾，大则包蕴天地。

按照朋友的说法，我是属于流动水型的人格，做事比较积极、进取、主动，适应能力比较强，因此也就会比较忙碌。但不管多忙多累，我一直在学习静水流深的那份淡泊，每天能静下心来品一杯茶、写一张字、读10页以上的书。我也一直拥有水滴石穿的那份恒心，一旦想清楚要做一件事就坚韧不拔，就会坚持不懈把它做到位，做出实效。

老家的门口有一条水渠，全长1000多米。它和昌西溪都承载了我儿时的快乐，在那里翻腾的岁月是我最珍贵的童年记忆。从蹒跚学步起，我就成天在渠里、溪里戏水，也出了不少糗事。由于常在水渠边捉小鱼小虾，7岁前，我曾经13次掉落到水渠里，创下了一个颇为尴尬的纪录。

每逢下大雨，昌西溪里便涨满了水，父亲会带着我去那抓鱼。他负责用网兜捞鱼，我负责把捕起来的鱼装在水桶里。经常是一网下去，就能抓上来两三斤大大小小活蹦乱跳的鱼，那种开心让我现在提笔写的时候，嘴角都一直向上扬起，扬起……

夏天，父亲则会换一种捕鱼方法——去水渠抓鱼。一到晚上，父亲打着松明火，去水渠边上叉鱼。有时，他也会拿些树枝等架在水渠沟较窄的水面上，把所有的光密密匝匝地遮住，然后在水渠里支一根非常粗的杆子，在杆子旁布上一张网，让我坐

我童年经历 13 次落水的水渠

在杆子上"守网待鱼"。我两只脚抵住了网兜，鱼一进网，脚便能感觉得到，就立马拎起来。捕鱼时，我最怕见到的就是水蛇了，有一次还差点被咬一口。虽然水蛇没有毒，但它瘦长的身形、凉飕飕且湿腻腻的体感以及扭来扭去的样子，着实让人犯怵。

用这种方法网起来的鱼一般都比较大。我们曾抓过一条三斤多重的鲶鱼。鲶鱼没有鳞，肉质鲜嫩，营养丰富。我们自己舍不得吃，因为它能卖五六块钱，要知道在当时这也是一笔不菲的收入。

如果捕到了比较罕见的鱼，父亲首先想到的就是家中的长辈，就会把它们送给爷爷奶奶或外公外婆吃。我记得曾捞到过一只甲鱼，尽管能卖个好价钱，但父亲还是让我把它拿给爷爷补身体。

昌西溪不仅存储了我的快乐，也让我从小就明白了要敬畏自然。要说小时候我最怕的事情，就是山洪暴发。家乡的夏季雨水多，倾盆大雨瞬间

就能把四面八方沟沟壑壑里的雨水汇聚到昌西溪中。洪水翻过石埠，穿过田野，冲进家门。印象最深的一次，洪水淹没了我家客厅里的八仙桌。洪水退去，家里地面上满是泥沙，饭灶的铁锅里居然有鳗鱼在游弋……长大后，家乡的水患便成了我心里一个难以解开的结。

　　来到杭州后，终于觅得一个良机，我郑重地向省水利部门汇报了此事，得到领导的高度重视。经过水利部门的实地勘察、修整，如今，一条斥资2300多万元、长达两公里的集防洪、休闲于一体的大堤坝已经筑就。从此，农田和民居不再受洪水侵扰和威胁，有小景观的溪坝还成了乡亲们劳作之余漫步健身的好去处。

斥资 2300 多万元修成的防洪、休闲堤坝

有人说，"故乡"或许是世间最美的词，不用修饰便能构成一幅美丽的画卷。在那里有我们童年的欢乐、中年的眷恋、晚年的归属，从来没有一个地方能让我们如此着迷，如此念念不忘。是的，故乡不必风景如画，但一定温暖舒适；也不必繁华昌盛，但一定安详宁静；更不必天下闻名，但一定永驻我心。

最重要的是，有故乡的地方就有家。无论我走到哪里，有家，便有了根；有家，就有了传承。

潘氏宗祠内的"精神根脉"

三府里的历史可以追溯到明朝弘治年间（1488—1505年）。潘氏家族的第五氏先祖——潘安，由昌西溪对面的石盘村，携家带口迁至三府里居住，这里就开始形成村落。

族谱记载，潘安，字维久，生于明永乐己亥年（1419年）。三教九流靡不精究，以吏选任沛县主簿（明时属正九品）。他曾在昌化、淳安一带教书多年，可谓"桃李天下、门墙昌盛"。当他看到一些为皇家运送贡物的"红船水夫"被贪官层层盘剥，弄得家破人亡时，挺身而出，上奏折力陈其弊，为"红船水夫"谋得生命红利。

弘治十六年（1503年），已经85岁高龄的他第三次风餐露宿进京"告御状"。时任兵部尚书刘大夏是潘安的学生，经刘大夏的举荐，明孝宗弘治皇帝感念潘安贤才和民本之心，宴请潘安，钦赐"为国忧民"四字，封潘公为徐州通判。安公以年老让贤不就。皇上下旨查办贪官，豁免田赋（税）。

刘大夏颂赞先生："人不惟其容惟其德，名不惟其位惟其绩。德丰绩显而容不伟，伟容者孰能及，而位不高，高位者畴为匹。"潘安三辅其政，"三辅村"因此而得名。后来潘安因年迈，让贤辞官，避居于大鹄山之巅。民间传说，使者追不上他就询问地保，地保答曰："已出三辅，上了高山。"使者误听成"出了三个府"，认为潘安已经走远，只得作罢。后来，"三辅村"就改称为"三府里"。

2020年，借新农村建设的东风，政府投资翻修了三府里大墙门，为潘安竖了立身像。从此，这位德高望重的潘氏先辈就永远陪伴着他热爱的这片土地和这群乡民，时时刻刻见证家乡的发展。大墙门竣工的那天，村民嘱我题写了一副楹联："念先祖安公为国忧民垂青史，望宗族世裔继往开来展宏图。"如今这副楹联就镌刻在大墙门两侧的柱子上，提醒着家乡人不忘老祖宗的谆谆教诲。

潘氏宗祠占地2000多平方米，有5个天井，雕梁画栋，结构精妙。最高的一层置放潘氏老太公的主牌位，牌位前的屋顶是鎏金的螺结顶，金光闪烁，煞是好看。宗祠的后半部分横跨在老杭徽公路上，形成了一个非常别致的石亭子。石亭子由一块块长方形或弧形的大石块、大木头砌筑而成，

"为国忧民"的潘安成为三府里村的图腾

可避风躲雨或夏日纳凉，更有专人烧茶免费供应给路人。

清乾隆年间，潘氏家族出了个状元，名叫潘世恩。皇帝御赐一块龙凤镶边的匾额，上书"状元及第"四个大字。这块匾就高悬在潘氏宗祠的上方。后来，潘世恩的孙子也考中了探花。因此，祠堂那块直匾旁边又多了块"探花及第"的匾额。

每年的春分日，潘姓后裔子孙齐聚祠堂，由轮到的房族负责举行祭祖活动。据说，那天一大早，就有人开始杀猪宰羊，摆在前堂、后堂以及两边的香案上。祠堂里祭祖完毕，大家再挑着碗头，抬着全猪全羊，先往青紫坑屋后的罗带形坟，祭祀将潘家迁来昌化的始祖"元庆公"，再往浩坞村的象鼻形坟，祭祀二先祖、三世祖等。

我的曾祖父很年轻就去世了，曾祖母带着一大家子人从溪对面六谷里村来到三府里。一个是外来户，家里又比较穷，所以只好租住在祠堂里。按照惯例，租住在祠堂里的人不需要交房租，但要负责长年打扫祠堂的卫生，保管蜡烛台、桌椅板凳等祭祖用品，并随时翻修房屋的漏洞等。这些劳动均属于义工，也可视为住在祠堂里的租金。而且，住在祠堂里的人还享有租种太公上等水田的权利呢。

父亲就出生在潘氏宗祠的厨房里，14岁前他都是在祠堂里度过的。后来自家修建的房子与祠堂也只有一墙之隔，他经常窜进窜出，所以对祠堂里的每个角落都非常熟悉，对祠堂里的匾额、对联等也是了然于胸，什么"荥阳祖德开源远，洛邑宗功衍泽长""春祀秋尝以妥以侑，左昭右穆克厥克倡"等都可以脱口吟诵。

父亲告诉我，祠堂还有个功能就是执行族规，对不孝顺长辈、违反家教门风的子孙要进行必要的惩戒。执行惩戒的当天，祠堂正门大开，各房各族子孙都必须前去围观。太公手执竹鞭，一边说一边抽打犯事者，直到他认错为止。讲完这个故事后，父亲说，族长太公有非常高的威望，他把整个潘家的子孙都当作自己家的孩子，慈爱与威严并重。因为孩子的成长少不了规矩，执行族规对家族里的所有人，特别是孩子有极大的震慑作用。

杭徽公路修到三府里时，潘氏宗祠因为出了这么多大人物，没有被规划拆掉。宗祠因此跨路而建，"文官下轿，武官下马"，这在全国各地都极为罕见。

新中国成立后，祠堂的大部分被用作株柳粮站，我10岁前有许多时光是在祠堂中度过的，收割季节征收公粮的那些天十分热闹。管粮站的胡子伯伯特别喜欢我，有时候我还睡在粮站里呢。

令人扼腕叹息的是，经过一场史无前例的"文化大革命"，潘氏宗祠荡然无存，很多珍贵的文物都不翼而飞了。我记得1975年祠堂被拆除时，光木头就用大卡车运了上百车。如今，只有石亭子的断壁残垣依稀可辨，但它一直活在我的记忆里。这是潘氏族人的精神家园，没有它，作为后代的我们都不免有种缺少根脉的感受。

随着年岁的增长，我越来越清晰地认识到地域文化的影响力，三府村淳朴而好学的民风在很大程度上是由祠堂丰富多样的传统仪式孕育出来的。

农民、校长？足以影响我一生的那个人

像闰土，心里有无穷无尽的稀奇事

在德国杜塞尔多夫老城区漫步的一个早晨，作家余华突然闪回到了他在医院里度过的童年。他坚持认为，童年的经历决定了一个人一生的方向。世界最初的图像就是在那时候来到我们的印象里，就像是现在的复印机一样，只需一道光线就把世界的基本图像复印在了我们的思想和情感里。

我不厌其烦地引述，就是想把这段话送给我的父亲，这个足以影响我一生的人。父亲是潘家第20代孙，属"家"字辈，家里人给他取名叫"家财"。后来，上初小时，义干村的一位老师见父亲聪明能干，就给他取了个学名叫"俊民"。据说，这个名字典出《周书·多士》，其中有一句"乃命尔先祖成汤革夏，俊民甸四方"，"俊民"的意思是"贤人、才智杰出的人"。

我出生的时候，父亲因为被错划为"右派"，丢掉了公职，后在家务农长达17年之久。在我15岁前的记忆里，他就是一位勤劳俭朴、地地道道的农民，他就像鲁迅笔下的闰土一样，"心里有无穷无尽的稀奇事"。

父亲每天都起得很早，我六点钟左右起床的时候，他已经挑着一担重重的牛草回来了。按照他的说法，带露珠的草最有营养，牛也喜欢吃。所以天还没亮，他就要去田间地头，一刀一刀地割牛草。晴天，他会戴个草帽，手里提着锄头、畚箕之类的劳动工具出门；雨天，他则会戴斗笠披蓑衣，一刻不停地在田地里劳作。好像那里才是他的自由王国，面朝黄土背朝天才是他最舒展的姿态，无穷无尽的农活里也有着无穷无尽的人生乐趣。

我印象最深的是，无论走到哪里，去干什么活，父亲的腰间永远挂着一管竹制的短烟筒，走起路来，烟筒一晃一晃地。如果你看过当代中国人物画大师、黄土画派创始人刘文西的画作，那么从《陕北老农》《秋收》里都可以隐约窥见我父亲的身影。父亲自己也说，出门在外，干粮点心可以不要，但烟筒、黄烟和火柴必不可少。事实上，抽黄烟、捕鱼、写字是他在那段艰难岁月里的三大乐事。

爷爷抽烟，所以父亲从小就学会了抽烟。他抽的是自己种植的黄烟。他做什么事情都很用心，很会钻研。没过多久，父亲学会在晒干的烟丝里加进省吃俭用下来的菜油作调料，把它刨成了金黄色的烟丝，再用报纸包得方方正正、漂漂亮亮，放在盛有干燥稻谷或小麦的缸中，以防受潮或走香。

父亲有五六根抽黄烟的烟筒。这些烟筒都是他自己用山上挖来小竹子做的，打通其中的关节，将黄烟装进烟嘴里，用火柴点着，"吧嗒吧嗒"地吸起来，感觉很是过瘾。等烟丝都烧成灰烬以后，父亲就不再吸了，他把烟管笃笃地敲几下，倒出烟灰，然后就收起来。他最考究的一管烟筒比较长，烟嘴是特意请铜匠用铜皮包起来的。这根长烟筒放在家里用，其他短的则出门时随身带着。

我爷爷也有一根旱烟管，我小时候不懂事，把爷爷的旱烟管夹在裤裆里，拿来当竹马骑。那可是要了老人家的性命，只好追着我大声喊："小胖乖，爷爷把拐杖给你骑。"父亲对烟管也宝贝得不得了，直到后来改抽香烟，才将它们束之高阁。印象中他戒过很多次烟，皆以失败告终。患上气管炎后，他咳嗽得很厉害，听了医生的劝，他终于戒烟成功了。他跟我说："一件事能不能做成功，就看你当不当真做。有了'为了身体好不吃苦'这个动力，烟也自然远离我而去了。"

话说回来，除了抽黄烟，父亲在其他吃穿用度方面要求并不高，为了维系全家六口人的生计，对我们也很"吝啬"。一头猪卖掉了，他连水果糖或三分钱一支的棒冰也舍不得买给我们尝一尝。对自己同样苛刻，不会乱花一分钱，一双袜子破了补，补了穿，一层两层三层……补到最后，有时连袜子的原样都辨别不出来了！他却不以为意，一边戴着老花镜在煤油灯下补袜子，一边念念有词："南京路上好八连，一条裤子穿九年，新三年，旧三年，缝缝补补又三年。"

读书人，负笈求学的蜿蜒山路

出生在祠堂里的父亲从小就喜欢读书，他小时候看过的书籍很驳杂，既有《说岳全传》《封神演义》《薛仁贵征东》《薛丁山征西》等历史书，也有《全唐诗》《古文观止》等文学书，还有《写信必读》《交际大全》等杂书。虽然为了生计，他11岁时就不得不辍学在家务农，但他喜欢读读写写的习惯却没有中断，一直保留了下来。

19岁那年，父亲瞒着爷爷，与同学一起去义干，参加了高小的招生考试。1949年以前的旧制小学为六年制，一至四年级为初小，五至六年级为高小。那个年代，即便是高小毕业生，也属于凤毛麟角，基本上能够找到一份体面的工作。

200多名考生，大多数有家长或亲眷陪着，只有父亲和其他同学几个人是单枪匹马"摸"过去的。等到发榜时，父亲竟然名列第五，考入了龙凤乡中心学校，这着实让人大吃一惊又振奋不已。爷爷得知消息后，也很高兴，不仅原谅了父亲先斩后奏的行径，还特意亲手缝制了一件加长的棉大衣给他。衣料质地非常好，父亲穿了40多年，依然完好。后来虽然不穿了，但父亲把它放在箱子里，一直珍藏着。

重新回到课堂后，父亲发奋学习，无奈因为日寇疯狂侵略，他所在的高小无法坚持正常教学。随后，国民党政府决定移师颊口开办嘉属七县联中，借用龙凤中心学校的校址办学，在当地招收一个50人的班级。有500多人参加考试，父亲又高中第二名。也因此，他成了我们村里为数极少的中学生之一。

1942年，父亲因为身体原因，不得不改读海北中学简师班，后来又去了於潜观山的浙西第一师范求学。在观山读师范的一年半时间，他每周从家里出发，穿着草鞋，挑着背包，背着梅干菜，差不多要走80多里山路才能到达学校。冬日里的他衣着单薄，头顶上披着一层冰雪，手上满是冻疮或裂口，这与明代文臣宋濂在《送东阳马生序》里描述的求学场景非常相似。即便这样，也挡不住他对于知识的渴望。我也经常脑补父亲走山路上学的那个场景，到底是什么让那些被周遭环境困住了的人爆发出如此惊人的求知力量？

师范毕业那年，父亲去了淳安县的唐村小学实习。随后，他又与另外一些同学被安排进入瀛山乡中心小学（淳安县与当年的江山县交界处）实习。彼时，瀛山乡中心小学有12个班级，是当地一所重点小学。一到学校，父亲就被带队实习的教师任命为负责人，随后带头上了第一堂公开课——地理，接着又上了一堂六年级

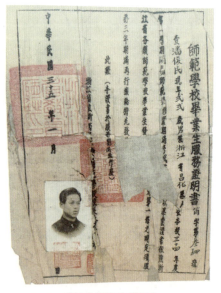

父亲的师范毕业证书

的技能图画课。学校里原来的老师和所有实习的同学都去听了课，并给了很高的评价。父亲跟我说："这次公开课获得的好评，让我有了想当一名好老师的底气和喜欢当老师的热情。"

利用休息日，父亲和同学去瀛山书院参观。这个书院有一段南宋大学者朱熹的轶事。因仰慕吏部侍郎詹仪之，朱熹特地从江西白鹿洞书院来到瀛山讲学。这年冬天，两人正在研究"格物致知"之学，天上突然下起了鹅毛大雪。朱熹随口吟出一首《观书有感》："半亩方塘一鉴开，天光云影共徘徊。问渠那得清如许？为有源头活水来。"从此，瀛山因朱熹这首诗而声名远播。

书院里有朱熹题写的楹联，还有古色古香的讲学台。这时，他的"书呆子气"上来了，竟然用铅笔照着描摹了不少书院里的对联。90岁时，老人家写了一首抒怀长诗，其中有两句是这样写的："失学又复读，走上教坛路。培育新一代，桃李门墙盛。"是的，那段负笈求学、初为人师的经历恐怕已经深深地镌刻在他的记忆里了。

潘校长，把结婚的棉被送给了学生

小时候，有个疑惑总在我的脑海里萦绕："为什么大部分小伙伴都管他们的父亲叫'阿爹'或'爹爹'，而我却喊'爸爸'呢？"稍大一点才明白，农村里，一般喊在家务农的父亲为"爹"，在单位里工作的父亲为"爸"。而从母亲的口中，我隐隐约约地了解到，父亲原来当过老师，所以我们叫他"爸爸"。

1945年底，经老师介绍，父亲去了桐乡濮院中心学校教书。随后，又辗转到东南镇中心学校、真茹乡四五保校任教，还一度担任了保校的校长。1948年，因为学校工作搞得有声有色，大家都很满意，父亲还被选为乡代表，定期到乡里参政议政。

　　昌化解放后，父亲回到了老家，担任株柳小学教师兼校务委员。昌西区政府还派他担任株柳、新溪两个乡教师的大组长。后来，他又回到了昌西区小。1950年，父亲被任命为昌北区校校长。去昌北工作，要翻山越岭，比较费鞋子。父亲舍不得穿布鞋、球鞋，基本上就穿草鞋，一来草鞋比较经济，二来走起山路来也比其他鞋子养脚。他的草鞋都是自己空余时编的，而最奢侈的一双草鞋则是用破布条编的，因为布条做的草鞋走路又舒适又快捷。

　　有一次走山路，傍晚时分天上飘起了雪花。雪越下越大，山里的气温又低，不到半个小时，地上就积起了厚厚的一层雪。没有雨披，父亲只好用被单当披风。路上几乎没有行人，山坳里的积雪竟达一腿深。父亲拄着拐杖，深一脚浅一脚地往前走。快到岭上时，突然发现有个人拿着枪对准了他。父亲连忙喊："不要开枪，是我！"那人闻声后立即收了枪，原来是公安局的一位同志，他奉命去昌北办案，结果把浑身是雪的父亲当成了一头"大白熊"。要不是父亲反应快，恐怕就酿成了一起惨祸。

　　1951年，父亲回到昌西区完小担任校长。1952年，担任昌北区第二中心小学校长。1953年，调到昌南区校当校长……走马灯式的换岗让父亲坚定了"我是一块砖哪里需要哪里搬"的信念。每到一处他都是干得有声有色，深受领导的信任以及学生、家长的欢迎。由于工作出色、威信较高，父亲被评为县人民代表，并担任常委，代表全县文教界参政议政。

　　我成为教师后，父亲曾给我讲过这么一个故事。那是1954年的暑期，昌化县的小学教师和负责少先队的干部集中在龙岗培训。为活跃气氛，提高培训质量，父亲和另一位老师编了一出话剧。人物不多，情节也简单，父亲扮演剧中的幸福老人。他从戏班子里借来了老人帽，戴着长长的假胡子，用这样一种喜闻乐见的方式，启发学生养成艰苦朴素、勤俭节约的好习惯，做社会主义建设的优秀接班人。

　　在公益中学，有人称我为公益大舞台上的"百变阿潘"，因为扮起

"贵妃""唐僧""锦鲤"等角色总是信手拈来、惟妙惟肖。我想，这多少受到了父亲的启发。生活上很严厉的他，教育上却并不古板僵硬，总是站在学生的角度去思考老师的教学等各种问题。或许他永远说不出"以生为本"那样的漂亮话，但他是个不折不扣的践行者，一辈子都在琢磨学生、研究学校。

二十世纪五六十年代的昌北家庭，一般都有三五个孩子，经济非常困难，因此学校经常会碰到不让孩子来上学的"钉子户"。为了实现100%的入学率，作为校长的父亲总是发动全校教师不分昼夜地上门做家长和学生的动员工作，常是几个人一起坐在学生家里，摆事实讲道理，苦口婆心地劝说，直到做通工作为止。

在昌北地区，至今还流传着一段"潘校长把结婚的棉被和制服送学生"的佳话。老屋下村有位叫帅有生的孩子，辍学在家已有一个多月，当父亲第七趟来到有生同学家里时，有生的爸爸妈妈终于被父亲的诚心、耐心所打动，同意让儿子来读书。但有生家离学校约有六公里山路，来读书就得住校，家里哪有棉被、衣服给他？父亲毫不犹豫地说："这个你们就不用管了，我会解决的！"带着有生回校后，他立即把自己结婚的棉被和一套制服送到了有生的寝室里。

父亲说，当时他也有点舍不得，但一条棉被能改变一个孩子甚至一个家庭的命运，想想还是很值得的。而且，这个小细节不但感动了有生的爸爸妈妈，也被昌北百姓传为美谈，坚定了家长"再苦再难也要让孩子上学"的信念，真心诚意换来了学校的好口碑。

一个实实在在的行动胜过千万句的说教。父亲前后教了17年书，先后辗转昌城、昌南等五所学校任校长。难能可贵的是，他不但坚决服从组织安排，还两度主动申请到条件特别艰苦、工作难度特别大的昌北地区任职，为提高浙徽交界薄弱学校的教育质量夜以继日地工作，以至于长女诞生八天后，才偶然从亲戚那里得知女儿出生的消息。他对教育的热爱和执着，带动了耕读文化的形成，使家乡逐渐走上了重视孩子教育、改变家庭未来的良性循环之路，促进了尊师重教浓郁社会风气的形成。

父亲和学生、家长建立了深厚的感情，所教的学生毕业后，都与父亲一直保持亲如一家的关系。这些都让我感到当老师是一件特别美好的事情，在我幼小的心里埋下了一颗种子，那就是要当一名像父亲那样的好老师。

他，抑或他们，拥有"宝藏"的那群人

祖父：烈火烹油，文火慢炖

苏霍姆林斯基说："人的全面发展取决于母亲和父亲在儿童面前是怎样的人，取决于儿童从父母的榜样中怎样认识人与人之间的关系和社会环境。"其实，最好的教育就来自父母的言传身教。

父亲的勤劳也是从爷爷那里承继过来的。"一刻不做就难过，身上就发胀"是爷爷的口头禅。他会做砖匠、木匠、裁缝……可以说是百技全通，样样都会一点。爷爷一开始做的是木料生意，行话叫"判山"，即先估一估某片山林大概有多少木料，然后砍下来，把木料卖出去。如果起初预估的是60方，结果砍伐下来有70方，那就赚了；反之，则会亏钱。判山考量的就是一个人的眼力和决断力。

除农忙季节在家干活外，爷爷大部分时间还会去行商，如到昌北山村里把药材收集起来，卖给药商，再去杭州等地购进食盐、洋纱等，卖到农村里，换取各种各样的土货。他不仅什么都拿得起，还有令人信服的组织能力，威望较高。新中国成立前，有做木头生意的客人来村里，谈下一片山林，都喜欢让我爷爷做临时的包工头，由他组织村民去砍伐。

祖父管了 28 年的阳溪堰

　　新中国成立后，乡里请他负责阳溪堰的管理工作，"堰长"一当就是28年。爷爷把管好阳溪堰当作自己的头等大事。下大雨发大水，即使在半夜里，他也会点着松明火，深一脚浅一脚地去堰头察看。他常说，有机会为集体、为大家做点事，这是值得自豪的，不能有一点点的随便与马虎。

　　阳溪堰设计灌溉三四百亩水田，涉及株柳、洙浪、石朋等五个村子，筑堰、清渠等活儿需要从这些村子派劳力来共同分担。每次筑堰，无论水冷水热，爷爷总是第一个跳入水中，干什么活都身体力行。有人偷懒，一看见我爷爷来了，大家就会相互通报："老虎（爷爷生肖属虎）来了，生培（爷爷的大名）老虎来了。"因为经常在冷水里浸泡，爷爷落下了病根，到晚年患上严重的水肿病，脚肿得下不了地。

爷爷比较强势，只要他一发火，已经60多岁的父亲照样连大气都不敢出，更不要说顶嘴了。但爷爷对父亲既严厉又关心。如果不用手端着碗吃饭，他立马就会翻脸，说："吃饭不端碗，将来要讨饭。"但是，那个做棉大衣奖励父亲考试成绩优秀的也是他。父亲在昌北教书，回家路途遥远，要翻越三座大岭。爷爷咬咬牙，用行商赚的钱，花105元给他买了一辆二手的飞利浦牌自行车。这可是全村的第一辆自行车，不亚于现在马路上跑的宝马奔驰，质量很好，一直用到了20世纪80年代。

可能是受爷爷的影响，父亲对我们也是既严厉又慈祥。但凡我们言行稍有出格，他就会大发雷霆，铁青着脸朝我们咆哮。不过，每当发脾气时，父亲都会高高地扬起右手，握成拳头，食指和中指凸出来，要给我们吃"栗壳子"——如果真敲下来，那可是不得了的痛！不过，他经常一边恨恨地瞪着眼睛，一边扯着嗓子喊："绿英，你还不过来打？"这时，母亲总会装作没听见，于是这顿打也就不了了之了。所以，后来我们姐弟四个都摸透了父亲的脾气，朝他做个鬼脸，他便会忍不住笑起来，然后将高高举起的手轻轻放下了。当然，我们并不会因为父亲的心软，而没有认识到错误或做出更加不听话的事情来。

我始终认为，严慈相济比较符合儒家的中庸哲学，即不偏不倚，严到一定的程度就会用宽柔来调和。当然，严与慈并不矛盾，它们在教育目标上是一致的。如果严是"先发制人"，那么慈就是"后发制人"，严是"烈火烹油"，那么慈就是"文火慢炖"。

我一直说，当老师的人一定要关注学生的原生家庭，关注亲子关系，因为原生家庭是孩子成长的底色，孩子从家庭里接受到的严与慈会影响他们一辈子。

外婆：去做一个云淡风轻的人吧

"晚风轻拂澎湖湾，白浪逐沙滩，没有椰林缀斜阳，只是一片海蓝蓝……"这是我们那个年代广为传唱的歌谣。每次听到这首《外婆的澎湖湾》，那优美抒情的曲调总能勾起我对童年美好时光的怀想，也总会让我情不自禁地想起外婆。外婆身高才一米五出头，属于娇小玲珑型的，但一辈子都机机灵灵、清清爽爽。如果把她比作整个家族的"老船长"，一点都不过分。

外婆只生了我母亲一个女儿，在那个年代这是非常少见的，但她养活了三户人家的三代人，十几个小孩。第一户当然是她自己家，第二户是外公的一些侄儿、侄女以及他们的孩子，第三户就是隔代的我们姐弟四个。大姐姐连幼儿班也是在外婆家读的；二姐姐从小学到初中，就一直住在外婆家里，所以跟外婆感情特别好；我在颊口中学读书时，有两年也是寄宿在外婆家里的；弟弟生病做完手术后，父母要挣工分，照顾不过来，外婆二话没说又心甘情愿地当了一回"接盘侠"。

可以毫不夸张地说，我们都是她一手带大的。童年的记忆里，外婆是出现频次最高，也最温暖的那个人。

外婆最大的特点就是善良、与世无争，人不大但心很大。那个时代的农村女人好像都这样，我奶奶也特别柔顺，与爷爷火暴的性子形成鲜明的互补。有时候，奶奶还会偷偷摸摸地塞一些油麻糖枣、麻酥糖或舀几勺糖水桃子、荔枝给我们吃。

外婆的厨艺特别高，她烙的饼以"皮薄馅多"而闻名。饼要一层一层地放料，不能嫌一点麻烦，再用小火慢慢煎熟。多少年后，我好像还能闻到那种软香酥脆的味道，想起来就馋。

外婆做的豆腐干也很地道。现磨的白豆腐放在火上蒸，蒸熟后，取一筛子置于火炉上，铺上稻草，然后将蒸熟的白豆腐小心翼翼地放上去，再用炭火把它烘得发黄、发硬。随后，立即放到水里煮，洒上酱油、辣酱、茴香和其他佐料，入味了就可以拿出来蒸，蒸硬了再放进去煮。几个来回后，香喷喷且很有咬劲的豆腐干就出锅了。有时，我们把豆腐干和腊肉放入小砂锅一起蒸煮，那个香啊，那个地道！

外婆靠做豆腐干赚点散碎钱，补贴家用。不过，只要豆腐干有些许的破损，她就不会卖给人家，而是留着自己吃掉。这是她定的规矩，每块可以卖的豆腐干都必须是完完整整、没有瑕疵的。或许是跟外婆待的时间长了，我多少也有点完美主义的倾向，总想着用尽所有的气力去做事，而且要做得让别人挑不出任何毛病。

平日里，外公说话很少，外婆也是轻言轻语的，我好像从没见过她发火。做事也是如此，不急不躁，很是淡定。无论别人说什么，她都不会急眼，顶多来一句"那可能不是的哦"。在外婆那里，这已经算是"高烈度"的反驳了。她养了一只猫，肥肥胖胖的。没事的时候，外婆就会撸撸猫，跟它说说话。最为可爱的是，给她斟酒时，她会边说"不要了，不要了"，边用手把酒杯盖住，而当我说"您还能喝，再斟一点吧"，她便很自觉地移开罩住酒杯的手掌……每餐往往需添加四五次才会真的止杯。一个没读过书、烟酒不忌、裹过小脚的老人，身上所展现的那种平和、淡定、雅致与蕴藉的美，让我受到了许许多多内在气质的熏陶。

有一次，我在小溪里玩耍，被边上的人莫名其妙地用鞋子打了一下。我非常生气，心想："我又没得罪他，他为什么打我？"回家后，我告诉了外婆，外婆说："也许他觉得你成绩好，有点嫉妒吧。待会儿我就去跟那个人的父母讨说法，你不要跟他计较，更不要跟他打架。"后来她又交代我："要做一个厚道的人，就算人家有愧于我们，也不能跟他们去争去斗。你一辈子都要记住哦！"

诗人席慕蓉曾写过一篇《外婆和鞋》的散文，她用一双还在"服役"的旧拖鞋勾起了对外婆的无限回忆。我非常欣赏她关于先辈、关于亲人的一种说法，那就是人并非独立的个体，他的身体里住着父亲母亲，还有祖父祖母外祖父外祖母以及无数个遥远的祖先。说通俗了，就是那种隐秘的亲情具有强大的吸引力与召唤力，让人不由自主地去接受、去服膺代际传播的价值和观念。

如今，每每遇到工作不顺或糟心的事情，我都会想起那个云淡风轻、与人为善的外婆。人生的很多问题在她那里都不是问题，都能迎刃而解。外婆的轻是重，外婆的慢是快，外婆的软是硬。一想到她始终和我们"住"在一起，我嘴角就会不自觉地浮出笑意，好似又听到了她绵绵细声地叮咛"志平啊，去做一个云淡风轻的人吧"。

妈妈：一定记得煮两个鸡蛋吃哦

母亲叫陈绿英，这是家里人给她取的名字。她还有一个大名叫"彩涵"，有美丽不凡、如花似玉、学识渊博、宽以待人之义。读小学时，老师见她长得聪明伶俐、漂亮可爱，言谈举止既文雅又本分，所以就给她取了这样一个学名。

1950年的冬天，父亲用14担（一担为100斤）山核桃作为聘礼，与母亲定下了婚事。为了响应政府号召，移风易俗，不仅婚礼从简，母亲还决定"不坐花轿改步行"。为此，父亲特地请了株柳片的秧歌队去迎亲，母亲则由颊口片的秧歌队陪送。听长辈们讲，两支队伍从桥东走路到三府里，沿途经过下茆村、洙浪村再到三府里。附近的乡亲争相来看不坐花轿的新娘子，在当时引起了不小的轰动。婚礼现场也很隆重。由乡长证婚，村里大大小小的领导都到场了，父亲和母

妈妈的嫁妆

亲还分别发了言。随后，在喜庆锣鼓声里，秧歌队扭着秧歌把新郎新娘送进了洞房，孩子们则欢天喜地地在堂前抢喜糖喜果，整个场面真是既新潮又热闹。从此，整个乡里都破了旧俗，婚丧嫁娶有了新风。

母亲是个精打细算、特别能持家的女人。不管生活多么艰难，她都会在我们姐弟过生日或过年的时候，想办法做一件新衣服。新衣服用麻布制成，地里种的亚麻长高后割下来，放笼屉里蒸，再纺成布。家里有台织布机，母亲白天在生产队里劳动，晚上回来织布。看多了，我们姐弟四个也学会了织布。织出来的麻布是白色的，可以拿到染坊里染成各种自己心仪的颜色。母亲总是说，小孩子要穿点带颜色的衣服才好看！

到了冬天，尤其是晚上，母亲会把裁缝店里那些裁剪剩下的花花绿绿的小破布头收集起来，照着鞋模一针一针地缝，纳成鞋底。布鞋、棉鞋等，她什么都会做。所以过年的时候，家里每个孩子都会有一双新鞋子。实在没有，就把姐姐的改一改给我穿。小时候，我经常穿两个姐姐的衣服，但身着女装，心里总是十分别扭，特别害怕被其他同龄人看穿说穿。

不管条件有多困难，过生日时母亲总会煮两个鸡蛋给我吃，即便是借也要借到。后来，我到杭州工作了，每逢农历生日那天，她都会早早地打电话过来叮嘱我，"志平啊，今天是你生日，一定要记得煮两个鸡蛋吃哦！"知道我双休日要回去，她总是特别兴奋，早早地把床上用品全部翻晒一遍，无论多晚她总是坐在沙发上等着我……母爱就是这么简单、朴素、细腻、长长久久，让孩子如沐春风。好像无论我长成什么样的人，当老师也好，做校长也罢，在母亲眼里始终就是一个孩子，即便操一辈子心，仍甘之若饴。

周边的人有了困难，母亲也很乐意去帮一帮。她说，可能要钱我们没有，但力气还是有的，帮人家推个车、上个坡总可以吧！她说，以后遇到这种情况，不论是谁有困难，都要过去帮忙。后来，我在《孟子·离娄章句下》里读到了一句话："爱人者，人恒爱之；敬人者，人恒敬之；助人者，人恒助之。"是啊，父母虽然遭遇过种种挫折，甚至有时人生真是跌到了谷底，但他们从没有失去尊严，个中的原因大概就在于此。

为满足不同层次学生的学习需求，1952年春，昌北、昌南、昌西区的辅导完小（中心小学）办起了附属初中班，当时俗称"戴帽子初中班"。两个班级共招收了108名学生，多为大龄青年，有民兵队长、妇女主任，很多生过孩子的妇女也来读书了。从小吃过许多苦的母亲当然没有放弃这个机会。对于读书，她有很朴素的理解，那就是："书是读到自己脑子里的，人家要不走也抢不去，等用得到的时候就不会觉得不够用了！"

1954年，初中毕业后，母亲先是被分到赤石中心学校当见习教师，后又去黄杨小学教书。父亲还当起了导师，帮助母亲备课，指导她如何开展复式教学。结婚头几年，因为两地分居，母亲怀孕很不容易。在农村，这可是件伤脑筋的大事。所以，好不容易怀上了，母亲想请假保胎，但实在找不到代课教师，只好先顶着。大姐出生三个月后，母亲就结束了产假，重返教学岗位。听说是外公用箩担挑着大姐，翻过三条大岭，把母女俩送到了昌北父亲的身边。

2012年9月，生病住院两三年的父亲走完了他的一生。谁知两个月后，向来身体康健的母亲也突然离世。当我大姐夫打电话告诉我时，我根本无法接受这样的事实！赶回老家的路上，眼泪止不住地夺眶而出。1994年走上校长岗位后，我陪父母的时间越来越少。一开始他们总是说："我们知道你忙，工作要紧。"父亲生病住院的次数多了，时间长了，照顾父亲的重担几乎都落到了母亲身上，父亲有时会说："志平啊，你怎么会这么忙呀！"听得出，他是多么希望我能多去陪陪他啊！

整整半年，我陷入了极度的压抑之中，其中有陪父母时间太少的自责，更有"子欲孝而亲不待"的悲苦。所以每隔一两个礼拜，我就回去给爸爸妈妈上个香，一个人坐在父母的坟前，与他们聊聊工作、生活上的点点滴滴，凄凉地诉说无尽的思念……直到有好友劝我说："出现这样的情况，在一定程度上说明你父母伉俪情深，相互扶持了一个多甲子的岁月，须臾也不愿分开。有这样的父母，你应该感到特别的幸福！"是啊，都说和谐的夫妻关系是给孩子最好的爱，父母结婚60多年铸就的真挚的爱，让我们姐弟四人始终沐浴在爱的阳光里。

倒欠户，干杂活，苦难原是化了装的幸福

苦难，却浓了亲情，更紧地抱团前行

我的家庭变故是从父亲被错划为"右派分子"开始的。父亲因为在全县校长座谈会上"畅所欲言"地提了几条意见，结果在学校里被人贴了几十张针对他的大字报。当领导布置他把100多斤小麦种子播撒到学校的一亩农田里，以实现亩产上千斤的任务时，他说什么也不肯干，反复说明如果用这样的播种方式，长出的麦苗会像丝线一样细，风一吹就全部倒掉，颗粒无收。为此，他被要求离开了心爱的讲台，回家务农。

记得读四年级的时候，有一次学校组织我们参加村里的批斗大会。我排队站在台下，盯着台上那个被拉出来批斗的男人。只见左右两个红卫兵把他的双手拧在背后，头被摁得很低很低，几乎看不到脸。拉到台中间的时候，他才稍稍地抬了抬头。可就在那一抬头的瞬间，我惊讶得说不出一句话来，原来被批斗的人竟然是我的父亲！

接下去怎么批斗的，我已记不太清楚了，就想着迅速离开批斗会现场，但班主任说谁也不准走。在那么多同学和同龄人面前，看着父亲被别人呼来喝去叱责"不老实"，我当时真的希望能找到个地缝可以钻进去！他们揪住父亲

一些莫须有的事情不放，有点不达目的不罢休之意。当时我也不太懂，后来才明白，这只不过是个借口，父亲真正被批斗的原因是因为一件小事得罪了村里的一个干部，而那件小事父亲明显是被错怪的，所以他执意不肯低头"吃冤枉账"。

那段日子，这类事还真不少。记得有一次大姐拿了麦粉去株柳村的机房里摇面条，轮到她时，管机器的人一把将她的麦粉甩到最后面，说："靠边，靠边，让别人先摇好再说。"还有一次，弟弟拿了把木制的驳壳枪出去玩，村里有个孩子见着了也想玩，弟弟不肯，他就上来抢，两人扭打了起来。那孩子的父亲赶出来，二话不说抬手就给了弟弟两记耳光。弟弟委屈得不得了，至今还记得这事，因为不仅疼在脸上，更是伤到了心里。

为了这些事情，全家人不知道一起抱头哭过多少回。但苦难是把"双刃剑"，它激励着我们一家人亲情相伴、相互温暖、抱团前行。

倒欠户，却强了意志，练就了勤劳的品质

由于吃饭的人多，挣工分的人少，在那个主要依据工分多少分粮食、分财物的年代，我们家成了村里有名的"倒欠户"。

每年三四月份，也就是早稻开始播种的季节，我们家就断粮了，需要向生产队去预支粮食。早稻收割完后，各家各户分粮的时候，需要把之前的欠债还掉一些。就这样，反反复复，到年底，少的时候欠大队六七百斤稻谷，多的时候竟欠了1300余斤，是整个生产大队里欠粮最多的。每年年终结算后，扣除六个人的口粮等费用，家里还会倒欠生产队粮食和钱。而且连着七年倒欠，这也算是创了一项难堪的纪录。生产队里分山核桃，我们家因为是"倒欠户"，所以没得分。直到大姐、二姐都能挣工分了，这个情况才有所好转。

为填饱肚子，我们不得不精打细算，绞尽脑汁想各种节约的办法。如早饭只用一点点米，以番薯、玉米为主料，煮一锅番薯粥或玉米粥；中餐一般三分

之一是米饭，另外则以玉米饼子为主，再配点南瓜等杂七杂八的东西填肚子。如今，这些杂粮都成了好东西，登堂入室，被厨师烹出了花，可在当时真的没有多少人愿意吃，可能那时本身几天都吃不上一点肉，肚子里没有什么油水，天天吃粗粮，油水都刮干的缘故吧。

为了多挣点工分。父母不分天晴下雨，每天起早摸黑，脸朝黄土背朝天地辛勤劳作，我们姐弟四个也从不偷懒地帮着干些活。听妈妈说，我两岁多了还不会说话，急得她四处求人问诊。直到邻村为我接生的婆婆说："绿英啊，孩子说话迟一点，说明他福气好呢！"妈妈才宽下心来。后来，不知哪一天我突然开口说话了，但小时候的我确实话语不多，所以家里人都叫我"闷头"。奶奶说"我看得出来，这个闷头今后干起活来一定是一把好手"，因为但凡奶奶交给我干的活，我都干得漂漂亮亮的，譬如四岁时，她让我上午把一堆毛豆剥好，中午炒毛豆招待客人。一个多小时里，我不仅将毛豆剥得干干净净，而且把毛豆秆也叠得整整齐齐。

早上四点多钟，正是小孩睡得最沉的时候，但是五点不到我都会被父亲叫醒，睡眼惺忪地去放牛。慢慢习惯后，我可以一边放牛，一边看书。可是只要一不注意，就会挨牛虻、乌虫等叮咬，身上立刻起了各种各样的包。那时还没有风油精，家里有一瓶清凉油，还舍不得涂。除了放牛，我还要负责买肉。彼时，每人每月可以买四两肉，但先到先得。所以，天不亮父亲就会催着我去排队。尤其是冬日寒风凛冽晨光熹微，一个七八岁的小男孩独自走在黑漆漆的村道上，那种孤独与无助可想而知。但我更害怕的是，人多肉少，终于轮到我了，杀猪师傅却告诉我："卖光了，回去吧。"排了半天队却一无所获。

那个年代，村里家家户户都会养一两头猪出售给供销社，作为家庭收入的一个重要来源，因此拔猪草也就成了我们姐弟的必修课。放学后，一群小伙伴四处去觅草拔草，有时要走很远的路才能见到长势茂盛的猪草。春天，山上草木萌发，我们全家人都要去拔猪草。一般是到周末，向生产队请过假后，"全家总动员"上山一担一担地拔猪草，到晚上再用铡刀把猪草切碎，储存起来。

父母递猪草，我们负责铡草。"今日事今日毕"，第二天又有新的任务，所以哪怕都要干到下半夜也得干完。铡草的动作机械而无趣，做着做着，我的眼皮就开始打架了，但没人替代，只能靠意志强撑着。

《论语•子罕》中说"吾少也贱，故多能鄙事"。我几乎干过所有的农活，故而学会了很多干活的本领。砍柴、种田，纺纱、织布，打山核桃、喂牛羊……在那种环境里，劳动是必需品，很多时候，连写作业都要让位于拔猪草，活干完了才能看书，因而也就格外珍惜学习的时间。

正是这段特殊的经历练就了我吃苦耐劳的品质，长大后为了工作尽心尽力，从不叫苦叫累。

求学难，却增了韧性，成就了坚强的我们

那个年代，农村家庭最大的愿望就是孩子能够通过读书改变命运，跳出"农门"，实现"鲤鱼跃龙门"。

我们姐弟四个读书成绩都很好，在班里算得上数一数二。但为了帮助父母多挣点工分，大姐小学毕业后就放弃了学业，回家务农。大姐干起插秧等农活和年轻小伙子不分伯仲，后来成了生产队里最厉害的劳动能手之一。

二姐的学习成绩从小学到初中都名列班级前茅。初中毕业后，按成绩她完全可以直升颊口高中。但那时候，谁可以读初中或高中都要靠推荐。譬如今年村里有12位学生，但读书的名额只有4个，这就需要"贫下中农管理委员会"（以下简称"贫管会"）来开会讨论决定。能继续上学的，一般都是"贫管会"亲戚或朋友的小孩。接下来就要看家庭成分，最好的当然是贫农，然后是中农，像我们这样父亲被划为"右派"分子的学生就得靠边站。

当年的现实是，读书成绩好、成分不好的二姐初中毕业后就没学上了，那些成绩不好、但成分好的人反而有学上。失学在家的二姐整天对父亲哭诉："我想读书，我想读书。"父亲跑到"贫管会"去询问，没有任何结果。他有

点心灰意冷，说了几句气话："哎，读得再好，也是刀鞘夹屁股、柴棍夹头颈，总归是翻泥块的料。""翻泥块"就是务农，这似乎是右派分子儿女的唯一出路了。

这时，有人告诉父亲北坞村办了一个半工半读的五七高中班，目的是为农村培养新一代的农民。学校一周上六天课，没有教材，所以说是半工半读，其实没有工，只有农，学生更是被戏称为"小农民"。于是，父亲就让二姐到那里去上学，上午上课，下午出去干活。学校经常组织他们上白水山砍锄头柄，卖了可以帮大队创收。

二姐不仅学习好，干农活也是把好手。女孩子一般从学校毕业后，劳动几年工分才能额定为7分。可二姐一上来就拿7分，也没人叽叽歪歪，谁叫她拣桃、割麦都是班里第一。高中毕业仅半年，二姐就当上了妇女队长。因为读过高中，后来还选她做了村里的出纳。正所谓"是金子到哪里都会发光，是花朵在哪里都会芬芳"，用这句话来形容二姐，再贴切没有了。

我的弟弟军平是父亲46岁时生的，这个年纪生孩子在农村也比较少见。他小时候身体相对单薄一些，可脑子灵光。在三府小学读书时，老师和同学都选他为三好学生。但一报上去，就被管少先队工作的负责人否决了。全家人绞尽脑汁也想不出其中的原因，后来想想，大概还是因为父亲当时的"右派"身份吧。

至于我自己，求学路上也受到过一些不公正的对待。所以，成为一名老师后，我对那些家庭条件欠佳的、成绩一般的、特别容易被欺负的学生，会在言语上和行动上给予更多的关心和照顾。当校长后，我也时不时地提醒老师尤其是班主任，要尽可能地帮助这些弱势群体学生。在设计奖励制度时，我提出既要发优胜奖，更要发进步奖；既要奖励学科获奖者，更要奖励品行端正为集体作贡献的学生。目的是让每一类孩子都能切身感受到学校时时刻刻的关注与爱护。

记得泰戈尔曾说过："你今天受的苦、吃的亏、担的责、扛的罪、忍的痛，到最后都会变成光，照亮你的路。"确实，如今回想起来，应该深深地感谢那段苦难的岁月。虽然代价不菲，也有过怨有过恨，但它教会了我们一生不怕干活和吃苦，也教会了我们不怕挫折与打击。可以说，蹲不下去，就跳不起来，没有受屈的我们，就没有挺立的我们，这就是人生的哲学。

1979年，父亲终于获得平反，重新回到了讲台，政府给他补发了763.5元的工资。这笔钱让我们全家摆脱了"倒欠户"的困境，也还清了向亲朋好友借的欠债。父亲还特意买了一块上海牌手表，这是他最想要的东西。因为逝去的光阴已无法追回，那么努力活在当下，不浪费每一分钟就是最好的选择。

楹联，诗书，那些蕴含"共情"的文化

楹联文化里，藏着父亲真挚的情义绵长

在我的印象里，父亲既能书法又会诗文。

他的书法是上小学时抄写商务印书馆出版的《白话文范》而练就的，主要临摹的是柳公权的字体。柳体书法的特点是骨力遒劲，他的楷书字形结构严谨、疏朗开阔、格局方正、点画爽利，与另一大书法家颜真卿齐名，被称为"颜筋柳骨"。我也喜欢柳体，就像米芾说的一样，"柳公权如深山道人，修养已成，神气清健，无一点尘俗"。

在祠堂里摸爬滚打长大的父亲不仅会背诵楹联，而且还跟着一位姑表兄学会了撰写楹联。16岁时，昌南的一位长辈去世，"三七"烧香时，按惯例要把挽联以及香纸、纸银锭等一并送去祭奠。父亲牛刀小试，亲自撰写了一副挽联，来表达对长辈照顾家里人的感激之情，兼及因山岭相隔不能经常探视的歉疚之意。有老先生看了他写的挽联后赞不绝口，并指出唯一的不足是上联的韵脚没有调好。

父亲看书学习的目的就是学以致用，就是大着胆子运用到生活中去。要知道在农村里如果会毛笔书法，还会写对联，可真是太有用了。那位姑表

兄在临安县城一带教书，在一拨亲戚里学识算高的。所以，父亲抓住一切机会，特别是春节回家过年等时间节点，向姑表兄虚心求教并认真学习。

彼时，全村比较醒目的墙上，大都留下了父亲书写的大幅标语及配图，如"一定要消灭血吸虫病""工业学大庆""农业学大寨"等。看着父亲留下的这些墨宝，幼小的我心里还挺自豪的。一到大年三十，家里更是人来人往，川流不息。甚至邻近几个村的村民也会慕名赶来，请父亲帮忙写上一副大红对联，贴在自家大门口，祈求来年平安、幸福。他写的对联铺满整幢房子的地面，甚至铺到了大门外的农忙时用来晒稻谷的地面上，这时我的角色是"书童"。

父亲写的对联不仅字形漂亮，而且内容也很接地气。他写对联经常不拘一格，巧妙地融入时令、形势、人物等特点，不仅浅显易懂，而且广受老百姓欢迎。

父亲帮别人写婚联、寿联、挽联以及建屋楹联时，还非常善于开动脑筋，如把对方的名字嵌进对联中去，可以说是匠心独运。如昌化有个治骨科的名中医叫姚治来，父亲给他拟的春联里就有"治""来"二字——

治疗骨伤称妙手
来医折损尽回春

印象最深的是，我在颊口中学当校长期间，先后经历了三件大事：一是1998年，学校迎来40周年校庆。父亲非常高兴，立即写下一副喜气洋洋、对仗工整的楹联——

桃树坞口，谆谆师长四旬耕耘呕心沥血育英才
凤凰岭畔，莘莘学子八方聚会开怀畅饮话宏图

二是1999年杭州市教委团工委组团结对颊口中学，一大批专家来偏远的乡镇传经送宝。父亲听说后很是激动，又写了一副对联——

欢欣鼓舞迎来杭州—颊口手拉手

兴高采烈铸就城市—乡村心连心

要知道当时父亲已近80岁高龄，可他依然时时关心着教育，关心着我和我所在的学校。城乡结对，心手相连，努力提高教育质量，也就是现在大家常说的"教育共富"，在他看来是件可喜可贺、值得颂扬的事情。

三是2000年颊口中学新校舍落成后，他又文思泉涌，写下一副长联——

阳光普照八方赞助，校舍落成，实施现代教育

世纪更新九州欢腾，教学相长，培育创新人才

看得出父亲对新校舍建设十分关心，也知道校舍能拔地而起、建成使用实属不易。所以，他的感激是完全发自内心的，他的企盼也是非常真挚的，希望通过一代又一代教育人的努力，让耕读传家之风越来越浓，把家乡教育办得更好更现代，培育出更多更优秀的人才。

读书看报间，饥肠辘辘的年代里仍需"以文养人"

和村里大多数人家不一样，在那个温饱问题还没解决的年代，父亲却自费订阅了一份《浙江日报》。不管再苦再累，每天睡前他都要看一看报纸，读一读新闻。所以与很多只顾埋头干活的村民不同，父亲对政治形势、经济状况、社会动向等有一定程度的了解。有时，他还会把报纸上的"元旦社论"摘录工整抄写，粘贴在墙上，因为其中蕴含着来自党中央或国家的大政方针，值得认真研读，细细品味。

我相信，父亲是在报纸里寻找自己想要的答案。通过字里行间传递的信息，他渴望了解自己到底错在哪儿，而坎坷人生的出路又在何方。看完报纸后，有时他会自言自语"这个社会总是要变的""共产党最讲实事求是的"……身处那个特殊的年代，父亲的无奈或无助与很多人都不一样，

他关心的不只是吃喝拉撒，不只是割草买肉，更是社会形势的变化，国家发展的动向，这让我觉得非常好奇。

　　母亲说，任何时候都要读书，读过书的人和不读书的人就是不一样。她总是以自身的经历告诉我们，如果有机会一定要好好读书，而且立下誓言"不管有多少困难，都要让你们读书"。她是这么说的，也是这么做的。小时候，我们看得最多的课外书就是连环画，《地道战》《三国演义》《铁道游击队》等都有。去供销社买东西时，母亲见我拿着连环画恋恋不舍的样子，会毫不犹豫地买下来。

　　她说："多划算啊！买一本来，你们四个人都可以看，也就是出了四分之一的钱。"平时多么精明、多么节俭的一个人在花钱买书上却很大方。事实上，只要和学习有关的，她就从来没有抠抠搜搜过。当然，如果我们姐弟不好好读书，那么母亲也会变得很严厉，该骂骂该打打，从不含糊。她常说："养育孩子，吃少不得，穿少不得，骂少不得，必要的时候打也少不得。"

全家人的精神财富

我们家还有个一般人家不常见的书架，书架上插满了大大小小的各种毛笔，另有《长征》《星火燎原》《闪闪的红星》《钢铁是怎样炼成的》等书籍。

受父母的影响，2019年，老宅翻新，我跟装修设计师说，把最好的房间当书房。有人说，每个背井离乡的农家子弟梦中都有一间老屋，而我独独钟爱书房。果然，二楼朝南那间宽敞明亮、向着笔架山与昌西溪的屋子留给了我做书房。高大的书架嵌进了墙体里，父亲的书、我的书还有女儿的书一层层地向上码，整整齐齐，蔚为壮观。还有一张宽大的写字台，站着泼墨挥毫时，眼角余光还能瞥见近处院子里的假山、鱼池，远处的笔架山、蓝天白云……

在偏远的农村，在那个少有人看书订报的年代，我们一家人既为食忙，又学习不辍，这是很少见的，但坚持有坚持的好处。

有一天，父亲在《浙江日报》上偶然读到了一则新闻，开启了他新的希望。他顺着这条新闻提供的信息，有目标有路径地积极争取。

1979年7月，父亲终于按政策顺利平反，又成为昌化区中心学校的一名老师。

失传的讲究里，洋溢着结实的人间滋味

我现在喜欢读书，在很大程度上是受父亲的影响，也与小时候被报纸书籍等"包围"不无关系。而好的家庭氛围与父母恰当的行为引导，正是孩子取得成功的关键因素。如果说孩子是一粒种子，那么家庭氛围就是滋养种子的土壤和空气，父母的行为就是阳光和雨露。它们都属于精神环境，不管看不看得见，对孩子的一生都会起至关重要的作用。而父母又是家庭氛围的主导者，所以作为孩子第一任老师的父母的作用决不能小觑。

在父亲身上，我还看到了学习的价值。最让我们姐弟引以为傲的是，

尽管他被打成了"右派"，但平时村里人要打一份建房子的报告或给亲人写信等，都会来找他帮忙。他不但有求必应，而且倚马可待、一气呵成，往往是来人刚一说完，他那里也快写好了。这时候，母亲总会跟我说："你看，你爸爸读过书，这是他在别人面前唯一能抬得起头的地方。"是啊，读书在那个年代就是漫漫寒夜里的一束光、一盏灯。

来家里找父亲代笔的村里人一般都会好声好气，毕竟是让我们帮忙呢！有时，他们还会给父亲带一包香烟或鸡蛋什么的，聊表谢意。虽然花钱不多，但让我们看到了读书带来的价值与尊严，体会到了一个书香门第该有的荣光。军平小时候住过三次院，动过三次手术，最后一次送到杭州看病，那真是把能借的钱都借遍了。然而，即便在这样的至暗时刻，也有人愿意帮我们，那是因为他们相信读书人的人品。

父亲被村里人尊称为"老先生"，不仅因为他有文化，更重要的是他为人处世特别讲究。作家铁凝有一次把洗好的照片寄给杨绛先生，先生收到后立刻回信致谢。信纸末端不小心滴上了一点酱油印，留下一个绿豆大的斑痕。先生怕铁凝误会自己随意，特别交代了这点斑痕的来龙去脉。这么一个大家做事却如此细致，由此可见老一辈读书人的讲究。用铁凝的话来说，"这古典的、即将失传的讲究里洋溢着结实的人间滋味"。

但凡村里有红事或白事，都会邀请父亲去帮忙记记账或管管事，因为他是个文化人，懂得相关的礼仪，如第一道程序是什么、排位置时娘舅应该坐在哪里等。否则，一旦流程不到位，把重要的嘉宾惹毛了，那就砸了场子，所有人都会尴尬。而父亲总能镇住这个场子，因为整个套路他都熟悉。特别是退休以后，他主持了周边两个村子一百多场红白喜事，没有出现一丝纰漏。大家都服他，一遇到问题就想到他，就会说"去问问老先生"。

按照冯友兰先生的说法，儒家的礼有三个不同的含义：一是社会礼仪，二是行为准则，三是君子气度。所以，当校长后我很注重礼仪教育，因为既讲规范、讲准则，又懂礼的人，会由内而外地显示出儒雅的气质。教育不是为了培养孔武有力的莽夫，而是培养谦谦君子、窈窕淑女。中国人讲礼，而且崇尚"礼"多人不怪；教育更要讲礼，有"礼"的教育才是有味道、有内涵、有追求的教育。

父亲也常告诫我们"来而不往非礼也"，他对有需要他帮忙的村邻做到有求必应，更是想方设法回报帮助过我们的人，尽好"有来有往"之礼。

在他待人接物彬彬有礼的言行熏陶下，我至今守着一个雷打不动的礼数：每逢过年回到老家都要买点老人爱吃的东西，去看望沃溪村半山腰的老人，每年正月初二上午一定和弟弟去看望何金鸣叔叔。

2024 年 8 月 12 日看望 90 岁的何叔叔

何叔叔和我们没有一丁点血缘关系，却是在那个特别艰难的岁月里父亲认定的挚友。20世纪50年代的一天，父亲去离家20多里路的白牛沃溪山上拔野笋，天色渐晚，他竟已经拔了120多斤。又饿又累的他，试着敲开了毫不相识的何金鸣叔叔家的大门。令父亲万万没有想到的是，金鸣叔叔一家人不仅连忙招待他吃晚饭，而且连夜帮他把笋剥好、煮熟……回家后，父亲立马写了一封情真意切的致谢信，并寄上一包黄烟——这是当时拿得出手的最珍贵的礼物，此后我们两家的来往再也没有间断过。

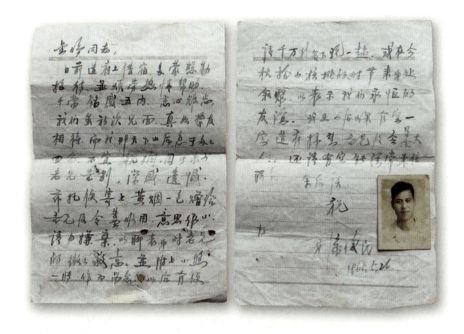

父亲 1965 年写给何金鸣叔叔的信

父亲说，"镇场子"光懂礼是远远不够的，跟他人讲礼首先需要自己守礼。父亲镇得住场子的主要原因可能在于他自己把礼做到位了，才赢得了场子上众人的心悦诚服。从父亲的经历中，我隐隐约约地觉察到一个道理，不管是亲子、村邻，还是师生、同仁……只要拥有真心，付出真情，人与人之间一生都可以相互滋养、彼此成就！

第二章

长大后我就成了"你"

师生是可以相互增益、彼此成就的共同体。回首学习生涯，我得到了很多老师的关爱和呵护，他们教我知识，也促我成长。所以有朝一日当我站上讲台时，也深深地知道，决不能让功利、冷眼、偏袒伤了孩子的自尊，因为孩子内心渴求无条件的爱、包容、公正……学与教不是各走各路，而是双向奔赴，做的不是减法，而是乘法。只有时时刻刻想着学生的老师，才能历经时光的淘洗，被学生铭记一生。

"小委屈"后的"大确幸"

每一次的委屈，让我更加善良

作家梁晓声在《我的小学》一文中，记录了班主任的嫌贫爱富，他几乎因此辍学。幸亏有一位充满爱心的语文老师及时跑出来，把脾气倔强的梁晓声追了回来，否则也就没有他后来那么精彩的人生了。

"梁晓声式"的自卑、委屈、羞耻和不平，我都亲历过，可谓感同身受。

从老家到学校要走二里多路，沿途经过杭徽公路，路两旁都是田地，种着各式的庄稼。春天的油菜、夏日的玉米、秋天的稻穗、冬日的萝卜，像影片一样一帧一帧地在我眼前闪过。

有人曾不无夸张地说，上学路是孩子独闯世界的第一步，是其精神发育的露天课堂、人生历练的风雨操场。我深以为然。因为早中晚，每天我都要在这条路上蹦跶两个来回，也就有了许多"上下学路上的故事"。

都说学校是个小社会，孩子难免受到社会风气的影响。也许同学们看到了我爸爸被批斗的场面，也许他们的父母在平时的言谈中会提到我爸爸是个"右派"，有些同学在不经意间就产生了"潘志平比较好欺负"的念头。上下学路上，时不时有同学故意来讥讽我几句，甚至打我几下。我总是按照爸爸妈妈的告诫，尽最大可能地躲避冲突。

但是有一次，有一位个子比我小的同学一路上不断来挑衅我，我在前面逃，他在后面追，惹得我实在忍无可忍，决定要教训他一下。我有意把他引到了一条水沟旁，当他扑过来打我时，我瞅准机会一闪，顺势一推，他掉进了水沟里。当他浑身湿透，哭喊着去找家长时，我又解气，又害怕。没想到我回到家把事情的来龙去脉告诉父母时，他们异口同声地说："真是欺人太甚！不要害怕，我们会为你做主。无论遇到什么情况，我们为人的尊严不能丢，志气不能缺！"从父母为我撑腰的言语中，我消除了恐惧，觉得家是一个特别有安全感的港湾。这次"被小同学欺负的小委屈"，教会了我抬头挺胸、不卑不亢的为人准则和处世态度。

到了我读初中的年龄，适逢上级提倡"学校办在家门口"，我在读的株柳小学内办起了株柳初中。很有意思的是，我在同一个教室度过了小学一年级和初中一年级。虽然教室没变，但初中给我打开了全新的学习空间，新增加的物理、化学课让我学到了许多科学原理，也带来不少意想不到的乐趣。记忆特别深的是，学"分子运动"一节时，我的同桌上课开了小差，当老师问他"为什么在没有任何人去动它的情况下，水缸里的水会越来越少？"他回答说："因为水缸底下有个洞。"这个答案着实让老师和全班同学前仰后合，笑痛了肚子。

但是，初一下半年时也发生了一件让我很不愉快的事。那天上午在物理课上，教室的门被推开了。走进来一位老师，他把我叫到室外，问："你家里是否有一辆破脚踏车？"我不知道老师啥意思，据实以告："是有一辆。"就是那辆爷爷花了100多块钱买的二手"飞利浦"牌自行车。老师说，你骑上破脚踏车，把学校征集起来的画作送到乡中心学校吧！"让我为学校做事，哪怕牺牲了半天的课，我都毫无怨言。但是，那命令的口吻，而且一再强调自行车的"破"，真是伤了我的自尊。我心里很不是滋味，带着一肚子的气完成了送画的任务。

现在想来，这些事情都不大，但对年幼的学生却影响深远。作为一名老师，教育学生之前是不是应该先弄清事实，而不是搞"有罪推定"，更不能强迫学生为莫须有的事情认错。而且，老师什么时候都不能对学生颐指气使，尤其是面对特别敏感的青春期孩子。我记着这些小委屈，总想有一天如果自己当了老师，一定要对学生好一点，特别是相对弱势的学生，更是要好一点、再好一点！

成为老师后，当年的这些"小委屈"带来的内心体验，每时每刻都在提醒着我，务必尊重所有孩子的人格，和孩子平等、友好地相处。用自己的善意为孩子带去心理正能量，或许就能帮助他们迎来"与人为善"的美好人生。

错的时间，遇到了对的人

写过《解密》《暗算》《风声》等畅销小说的麦家和我是同龄人，他的出生地富阳也与临安接壤。回忆小时候，麦家说他不喜欢上学，因为上学就意味着受欺辱。他说，从小学到初中，教过他的老师至少十几个，但真正温暖过他的只有两人。人数虽然是少了点，但麦家说够了，因为他们代表着善良、正直、仁义和爱，是可以以一当十的。

确实，只要有一个好老师就能改变我们对学校、对教育的观感，就会让我们心里涌动暖流，因此格外高看这个世界一眼。好老师就是在你面临挫折时会伸出手的那个人，就是在你迷惘犹豫时会指方向的那个人，就是无论过去多少时光都还心心念念的那个人。我的小学生涯虽然动荡，但好在遇见了姜老师和潘老师等恩师，正所谓在"错的时间遇到了对的人"。

记得一天下午，我正在教室里专心致志做作业。有位老师突然把我叫到办公室，然后凶巴巴地吼道："老实交代，中午放学时你干了什么坏事？"我一听有点摸不着头脑，回想整个放学时间里，除回家吃饭，没干过别的什么事，更不知道自己干了什么"坏事"，所以就直着脖子实话实说。老师一听，火气更大了，指责我不老实，做的事不承认。这时我才明白，原来有村民来学校告状，他家地里的玉米被踩坏了一大片，估计是有人偷吃玉米秸秆（小时候当甘蔗吃），而这块地恰好是我们上下学要经过的。

没做过的事情，我自然不会承认。但老师已经认定是我干的，不容争辩，直接命令我回去好好反思并写一封检讨书，在全班同学面前做深刻检查。面对无端的指责，我又委屈又愤怒，倔强地不肯去写那"鬼检讨"。更可气的是，晚上放学回家排队时，老师又当着我的面，向其他同学训话："中午放学，潘志平到玉米地里折玉米秸秆吃，被农民告了，你们回去时再不要犯同样的错误了！"我当时个子比较矮，排在最前面，感觉大家都在背后盯着我看，不知有多么难受，辩驳道："我……我……真的没有去折玉米秆！"

看到我急得就要哭出来的样子，有位高个子的同学站出来为我说话："老师，我看到了偷吃玉米秆的几位同学，志平肯定不在其中，我以我的人格担保！"老师见状，咕嘟着没再说什么。事情就这样过去了，我心里对不分青红皂白冤枉我的老师充满了怨怼的情绪，同时也无比感激那位一身正气、还我清白的潘同学，我至今都清楚地记得他那豁出去仗义执言的模样，以及斩钉截铁为我辩驳的语音语调！从他身上，我学到了勇于伸张正义的品格。

第二天，头发花白的班主任姜老师知道了这件事，特意让我放学后留下来，这让我特别忐忑。没想到待其他老师、同学都离校后，姜老师把我叫到他身边，让我坐下来，详细说说事情的来龙去脉。听完整个经过后，见我感到很委屈，还有点愤怒时，他笑着跟我说："姜老师理解你的心情。这件事你没有错，所以你不要放在心上了。再说，犯错是小孩子常有的事，即使是你错了，姜老师也会给你改正的机会。这样的经历对你的成长也有好处呢！"晚上，姜老师又特意来到我家中，跟我父母说明了情况，并表示今后他会更加细心地呵护好我。

还有潘老师，他对每个学生都一视同仁，尤其像我这样的弱势学生，他还会时不时地过来拉拉家常。"志平啊，你有什么需要跟我说啊""你读书那么好，一定要有志气啊"……这些看似不经意的话却像暖流一样，温润着幼小的我。被老师关注、关心的感觉真是太奇妙了，它仿佛能催生无穷无尽的力量，让我不由自主地去刻苦学习、积极表现。

所以，上潘老师的课我特别认真，老师也会用叫我起来回答的方式来犒赏这种专注。因怕被同学讪笑，我一开始回答问题时的声音低得就像蚊子叫，怯怯的。潘老师却总是表扬我，答错了也是轻轻带过。于是，我的信心越来越足，课堂上举手的次数越来越多，声音也越来越响亮。现在想来，没有潘老师，我这个"闷头"可能会越来越"闷"。

今生有幸，让我遇到了姜老师和潘老师，他们是我一辈子铭记心中的好老师，也成了我立志要当一名"孩子喜欢的好老师"的标杆。哪怕是在看似人生中"错的时间"，能遇上这样一两位对的人，也是一辈子莫大的福气。

第一所学校，蕴藏了"大财富"

都说家庭是孩子的第一所学校，父母是孩子的第一任老师，我的生活自理能力、学习启蒙以及品行习惯培养首先是在这所学校里完成的。

父亲是我的书法启蒙老师，从小给他做"书童"，耳濡目染的，也就暗暗地学会了他的运笔方式，又跟着他临摹了柳公权、王羲之、欧阳询等书法大家的名帖。在父亲的鼓励下，我十岁就开始为村邻书写对联。一手还是不错的字，让我后来有底气每月给家长写亲笔信，每年过年时为老师写对联，为学生写私人定制的祝福字……父亲给我打下的书法功底成了我一生的财富。

父亲不仅爱读报，而且每次看完后都愿意与我分享读报心得，所以他还是我的阅读启蒙老师。这篇文章为什么要这样写，那个句子为什么要那么用，诗歌应该怎么诵读等，好像到处都有知识、有窍门。看他摇头晃脑之乎者也的样子，我觉得读书，尤其是读古书，应该很有味道、很好玩。父亲有时也会跟我讲楹联的合辙押韵、仄起平落等，虽然懵懵懂懂，但我明白修成大学问需要下大功夫。

从小学一年级到四年级，我的语数成绩基本保持"双百"，只有一次四年级期中考试，我被扣掉了0.5分。村里"贫管会"负责人每次见到我总说，"志平，大个头（小时候比较胖），考试总是一根筷子、两个鸡蛋。"就是每次都考100分的形象说法。而那次被扣掉的0.5分，是因为我把"培"的土字旁写成了石字旁。父亲没有批评我，只是拿了一只箩筐过来，指着箩筐上面"潘生培"三个字对我说，这就是你爷爷名字里的"培"字啊。我们天天都要拿箩筐盛庄稼，以后碰到这个字，脑海里就有一种画面感。融入生活场景里的教育，印象特别深、效果特别好。

风雨无阻、起早摸黑的父母是我辛勤劳动的楷模。除学习外，我在班里也属于劳动最积极、最努力者之一。在那个大生产年代，作为学生的我们每年也要参加各种体力劳动，如捡山核桃等。生产队里打山核桃，果实掉落在地上，总有一些会遗漏。这时，学校会停课一两天（相当于放了个"秋收假"），组织我们去地毯式地搜寻、捡漏在不易发现处的山核桃。虽然长时间弯腰很累人，还要当心被那些长刺的灌木如荆棘、刺柏或野蔷薇等划伤，但我毫不退缩，每次都冲在最前面，也捡得最多。

捡来的山核桃、稻穗、麦穗等集中起来，统一上交给学校，再卖到粮站。这是学校创收的一个重要来源，可以用来改善办学条件。它也是学校评选劳动积极分子的主要参考，劳动成果每次都名列前茅的我自然是不二人选。父母亲常说的一句话是，"年轻人，力气花掉了，睡一觉就回来了"。所以，不惜力也是我做人做事的一个特点。在多年后某个暑期的一天，我走路去上班时，发现有一根被台风刮下来的大树枝横在道路上，给来来往往的行人带来了安全隐患，我毫不犹豫地上前使力把它移到了路旁。

为班级、学校、社会做事是如此，对待同学或其他同龄人也一样。

有些同学成绩不理想，我就主动地去帮他们，一起看书、背课文、做作业。用父母亲的话来说，别人碰到困难了，如果你有一份力量，就要毫不犹豫地去帮助他们。这是我们做人的本分，因为人与人之间谁都离不开谁。帮助别人，自己也得到肯定，所以，帮别人也就是在帮自己。确实，虽然右派的阴影挥之不去，但在小学里我还是团结了一大批同学。他们愿意敞开心扉，跟我交流甚至交友，也帮我度过了最难堪的时光。

我生活在这样一个温暖的"家学校"里，无论学校里遇到怎样的挫折，总能从父母亲那儿得到无尽的安慰。每天再忙再累，他们都会问问我学校里发生的新鲜事，看看我写的毛笔字，还有老师批改过的算术本。无论遇到怎样的生活困境或是精神折磨，父母都凭坚定的信念告诉我们："一根筷子轻轻一折就断，但十根筷子握在一起，谁都无法轻易折断，只要全家人紧密团结、齐心协力，就一定能渡过难关！"在这所"家学校"里，我学到了顽强的意志、积极乐观的态度、勤奋刻苦的精神和乐于助人的美德！

这第一所学校给予我的点点滴滴，已渐渐内化为我的品质，成为我一生用之不竭的"大财富"。

"风头""浪花"里的内驱力

一等奖带来的"风头"

1977年7月，学校最明显的变化就是开始抓教学质量了。我更加珍惜学习时间，如饥似渴地徜徉在知识的海洋中。坐在我后排的一位男孩，因家庭成分等原因，小学毕业就回家务农成了放牛娃，因为村里办起了初中，才让他有机会重新回到教室，所以他格外勤奋、好问问题，成了我"比学赶帮超"的对象。

学校规模小，老师没几个，所以班主任邵老师既教语文，又教物理。他教语文、物理都很有一套，上课生动活泼，下课把我们当成朋友，深受我们爱戴。上初一的时候，学校举办了一场主题为"家乡的巨变"的征文活动，他鼓励大家用自己的眼睛和耳朵去看、去听，用心去感受粉碎"四人帮"带给家乡的巨大变化。

我听了老师布置完任务后，既兴奋又犹豫。兴奋的是，我之前从没参加过类似的比赛，这可是一个展示自我的好机会；而犹豫的是，太阳底下没有新鲜事，我不知道那个熟得不能再熟的家乡到底有哪些变化。父母亲当过老师，他们一边干家务一边启发我，帮我拓展思路。

母亲指着门外的农田对我说："我们乡里正在推进的园田化改造就是一种巨变啊！你出去看看，田亩变大了，机耕路也开起来了，生产效率提高了，老百姓能吃饱饭了，脸上的笑容也多了。"是啊，以前村里的农田都是一小块一小块的，而且极不规整，不适合机械化耕种。而实施园田化改造后，每到冬天，村里的男男女女都要参与平整土地的劳动。挑土方的现场，一把把铁锹上下翻飞，人们担着泥土健步如飞……

脑海里闪现的这一幕幕让我顿时眼前一亮，很快便收集了足够多的写作素材。父亲还给我一些建议，如可以在文章结尾来那么一段抒情，对家乡的巨变进行热烈的讴歌，如同杨朔写的《雪浪花》《荔枝蜜》《樱花雨》等散文名篇，总是通过托物言志、借景抒情等方式，从平凡的事物中提炼出动人的诗意，在诗的意境中展现出时代的风貌。

当晚，躺在床上我就开始琢磨征文的写作，怎么开头、怎样推进、如何收尾等。彼时，电影《甜蜜的事业》红遍大江南北，主题曲"我们的生活充满阳光"也是经久传唱。"幸福的花儿心中开放，爱情的歌儿随风飘荡，我们的心儿飞向远方，憧憬那美好的革命理想……"，我觉得要是征文里用上那么一两句歌词，从园田化改造引向幸福的生活，肯定能得到老师的青睐。

有了如此精心的准备，第二天的现场作文自然驾轻就熟。最后，征文果真获得了全校一等奖，老师还让我作为唯一的获奖者代表，站上司令台，当着全校所有师生的面朗读。这可是一项莫大的荣耀！我记得那声情并茂朗读作文时的自豪感，也记得台下同学艳羡的眼神。每个学生都需要这样的肯定，对我来说尤为重要。

诺贝尔文学奖得主莫言戏称这是"出风头"的时候。小学三年级时，他的作文就曾被老师拿到中学生的课堂里宣读，作为学习的范文。受到表扬的莫言一下子来了兴趣，天天盼着上语文课。后来，他经常在作文里虚构各种故事，并由此走上了文学创作的道路。事实上，我也因为获奖而喜欢上了作文，喜欢上了语文老师和学校……因此，我坚定地认为，每个孩子都应该有类似"出风头"的机会，学校要给他们搭建"出风头"的舞台。只有这样，他们才会被欢喜的情绪调动着，全身心地投入到学习中去。

第一名激起的"浪花"

戴尔·卡耐基在《人性的弱点》一书中指出，人性中最深层的渴望就是得到别人的重视，每个人都会对欣赏自己的人心生好感。

我初三的班主任陈老师，个子高高的，皮肤黑黑的，目光炯炯有神，对学生很严格，教学水平特别高。据说，他原来是杭州一所中学的骨干老师，与我父亲一样同为"右派"，后来回老家务农了。平反后，他来教我们语文。虽然他的专业是历史，但他语文教得也很好。我佩服陈老师的重要原因，就是他把控课堂的能力非常厉害，每一个同学的一举一动都逃不过他的眼睛。每当我在座位上跃跃欲试时，陈老师就立马叫我起来回答问题，那种被呼唤的感觉真是美妙。当老师后，我上课时眼光会不时关注全班的每一个角落，生怕有哪位举手的同学，因为我的无视，而产生被冷落的感觉。渐渐地我也明白了，陈老师之所以受学生喜欢，是因为他真心诚意地重视每一位学生。

成语是汉语一种特殊的表达方式。它言辞虽简，却含义丰富、寓意深刻，读起来更是朗朗上口，是写好作文的一把"利器"。乡镇中学里的孩子普遍存在着成语短板的现象，而强制背诵收效甚微。这时，陈老师想出了一个妙招，第二学期开学就宣布：期中考试后举行成语比赛。比赛的规则也很有味道，第一部分是有限定的：拿掉一个字填空或成语接龙，比的是正确率。第二部分是完全开放式的：任意写自己熟悉的成语，比的是成语的积累量。

为获得比赛的好名次，我可是使出了浑身解数。父亲特地去昌化镇新华书店买来了《汉语成语词典》，我就开始了背词典的"重大工程"。除了每天早上读背30条以上才去上学外，那段时间我是走到哪里都把词典随身携带，连星期日上山砍柴都带着，空了就摸出来背上几个成语。可能是翻阅的次数多了，没过多久，词典就破得边都起毛了。当时我心中有个执念，那就是一定要竭尽全力获个奖，不辜负陈老师对我的重视和喜欢。

虽然有那么点小小的虚荣心，但我越学越有味道，而且还总结出了一些窍门。如：把成语的字头与字尾连起来，用不断延伸的方法进行接龙，不仅有利于记忆，而且比较有趣；有些成语还可组成好玩的四则运算，像（三）生有幸＋（五）颜六色＝（八）面玲珑，（百）花齐放×（十）万火急＝（千）变万化等。还有就是把数字成语、十二生肖成语或季节成语等进行细致的归类，这样也有助于扩大成语词汇量。

"越努力，越幸运。"最终，在成语大赛上，我果然以绝对优势拿了第一名！兴奋之余，我学习的劲头更足了，坚信只要肯用心，结果就不会差到哪里去。如果说以前我对自己的语言能力还有那么一点不自信，那么比赛过后则全然不同了，而且那时背过的成语至今都广泛应用在口头和笔头表达中。

我当校长后，还时常想起陈老师策划的成语竞赛，还有各式各样的"田野活动"，所以平日里跟老师们交流，也要求他们绝不能为书本和课堂所困，应该多搞一些有意思、有趣味、学生参与度高的活动。因为兴趣是最好的老师，游戏是孩子的天性，他们不应该整日端坐在教室里，要把他们放到大自然，动起来才好。知识从来都不是教出来的，而是玩出来的。况且，活动还能为学生提供展示潜力、发挥特长、树立信心的舞台。

我常说，将一颗小石子扔进大海里，看得见的波纹是有限的，但看不见的力的传导却是无限的。同样，也许一次活动只能影响个别学生，但如果他们的人生因此而改变，那真是善莫大焉。更何况，还有因他们的改变而改变的人，这也是无法估量的。所以，不要问会激起多少浪花，我们只管奋力地投掷就是了！

一次接见激发的内驱力

到高中毕业为止，我最远才去过临安县城所在地锦城镇。

唯一一次去临安，我是代表昌化区高中队，参加全县中学生田径运动会。别看我个子不高，但爆发力可不弱，200米、800米、铅球，还兼项4×100米。现在回想起来，这多少与我小时候农活干得多、练出了体力有一定关系。

昌化区高中队集结了区内几所高中的运动健将。大家各自背着棉被、草席，挤一辆大客车去临安，住的是县招待所的通铺。第一次出远门，母亲包了两块五毛钱给我。那时的衣锦街很窄，人来人往，熙熙攘攘。我喜欢看沿街的那些招牌，如临安百货大楼、青少年活动中心等，无论是楷书还是行书，都写得特别漂亮。手指头顺着那些优美的字形比画一下，有一种别样的满足感。

当然，最想去的还是新华书店，"哇！怎么会有这么多的书啊！"我一头扎进了浩瀚的书海中，那时的书大多是几角钱一本，我选了一本又一本，这本觉得很好，那本也很想买。我从没见过那么多书籍。两块五基本就花在了买书上，记得当时买了几本高中复习参考书，还有一本《古文观止》。其中有一篇是诸葛亮的《后出师表》，特别提到"然后吴更违盟，关羽毁败，秭归蹉跌，曹丕称帝"，对文中的"秭归"二字，我不清楚是什么意思。问教语文的老师，他也是"丈二金刚摸不着头脑"。后来，他回去查了词典后告诉我，这就是个地名。我没有因他现场回答不上来对他另眼相看，反而因他"知之为知之，不知为不知"的治学态度而更加尊重他。

高一那年，在学受力分析一节时，我费了好大的劲也没有搞明白小球在斜坡上滚动的受力分析图，觉得物理有点跟不上，所以改读了文科。那个年代，文科生一般不学理化生，而理科生也不读政史地。

高考前三个多月，分管教学的王副校长分层分批召开了迎高考学生座谈会。一个周一下午，他把包括我在内的十多名尖子生集中起来谈话，特别和颜悦色，特别语重心长。在颎口中学，我接触最多的就是老师与同学，跟校领导距离如此之近，这还是第一次。

在面对面地诚恳听取了我们的想法和诉求后，王校长既勉励我们好好复习，发奋拼搏，又答应愿为我们提供一切可能的帮助。他告诉我们，"班级老师那边有什么事情需要沟通的，都可以跟我讲，由我出面来帮助解决"。

当时我特别感动，也暗自下了决心，一定要考出好成绩。因为连校长都出马了，而且愿意包揽责任，这是多大的荣誉和激励啊！那种心情跟电视剧《人生之路》里的高加林接受秦县长接见时的激动差不多。新上任的秦县长第一站就来接见这批优秀的考生以及家长，他不仅准确地念出了高加林的名字，还知道小伙子是全县预考第一名。对于农村长大的学生来说，这些不经意的话语和神情就是最好的兴奋剂。

可能王校长已经不再记得这样一次接见，可王校长当时自始至终脸带微笑的态度，真心诚意的行动却牢牢地镌刻在我的记忆里，让我越来越自律地拼搏自己的前程。

1977年恢复高考至1981年，大量在"文革"十年没有高考机会的优秀学子，都来参加高考，于是有了"千军万马过高考独木桥"的景象，所以，能考上大学的绝大多数是复读生。即使是我们当地最好的高中，应届生考上的比例也很低，颎口中学则全军覆没。现在想来，也没什么可遗憾的，毕竟当年的高考录取率一直徘徊在两成多一点。有些内疚的是辜负了王校长的嘱托。

　　王校长对学生的态度和行动一直引领着我以他的方式当老师、当校长：作为班主任，我坚持每一届学生第一天来校报到时，站在教室门口，笑容满面，与每位同学握手、问候，第一次见面就叫出孩子的名字；作为校长，我坚持做到在每一位新生来校领取入学通知书时，先握手欢迎，再与孩子及父母拍个"全家福"。这样，从来到学校的第一天起，每一位孩子都感受到自己是老师心中的VIP，心中涌起一股配合老师好好学习的力量。正如内尔·诺丁斯所说："显而易见的是，受到关注的时候，孩子们愿意为他们喜爱和信赖的人而努力学习，积极工作。"

山核桃树上爬下来的"笨"老师

"46 分怎么教学生啊！"

我是从三层楼高的山核桃树上爬下来，走上讲台的。

山核桃是昌化人心中的"摇钱树"，它的营养价值和经济价值都很高。白露过后，山核桃就可以开竿采摘。差不多是全村出动，能上树的上树，不能上树的就在下面分拣、装麻袋，再一担一担地挑下山去，通力合作，就像流水线生产。那天，我就站在一棵高高的山核桃树上，正打得兴起，忽然底下有人传话："志平啊，你爸打电话来让你赶快去白牛中学一趟。"没头没脑的，也不

青山核桃

打山核桃，收获山林间的自然馈赠

说什么事。我悻悻地下了树，借了辆自行车就往学校那边赶。

到了学校才知道，新学期已经开学，可白牛中学的英语教师还没到位。原来学校里有两名英语老师，一位是70多岁的退休教师，另一位则刚刚"跳槽"去乡里当了会计，结果初一、初二两个年级4个班的英语课没老师上课了。停两天课还行，再停下去可就出问题了。教导主任急得有点像热锅上的蚂蚁。

他开门见山地问我："你能不能来教英语？"

我有点心虚地说，"这怎么行？"毕竟一个多小时前我还在树上打山核桃呢。

他又问："你高考英语考了几分？"

我老老实实地回答："46分（总分100分）。"

他带着质疑的口气说："46分怎么教学生啊！"

我斗胆回答："不过46分是班里第一名呢。"

我们是高中才开始学英语的，英语成绩不计入高考总分，所以无论学校还是老师、学生都很不重视，班级平均分才20多分。

一来是十万火急，二来也没有更合适的人选。教导主任有点无可奈何，还是让我正式上岗了。他说："书本给你，录音机给你，从明天起就开始上课吧。"这可怎么办啊？下午四点多才到的学校，第二天就要上讲台，只给我留了一个晚上的备课时间。但不管有多难，既然学校已经决定"赶鸭子上架"，那我就得想尽办法把活干好！

我想最好的办法就是"依样画葫芦"！按照教学参考书上写的那样上，第一步做什么，第二步做什么，语言点用什么例句讲解，我都一步一步照着做。再参照我的高中英语老师，他怎么给我们上的课，我就怎么教初中生。不过，那天晚上我还是有点惴惴不安，一直备课到深夜，几乎把教学参考书里的相关内容都背了一遍，心想着有这点"家底"，估计明天的课可以对付过去了。

我已经想不起来是怎么走进教室、站上讲台的，有点云里雾里，也有点天方夜谭。但这就是那个时代的教育现状，在农村的中小学里，尤其是在偏远闭塞、贫穷落后、条件艰苦的地方，活跃着一大批没有编制、工资不高、啥都要扛的代课教师。他们中有像小说《凤凰琴》里张英才那样的高考落榜生，也有像电影《一个都不能少》里魏敏芝那样的临时工。但就是因为他们的存在，中国的乡村教育留存了一丝可以燎原的星星之火。

初一上完，还要去上初二，第一天就上了4节课，真不知道自己是怎么熬下来的。每周24节课，对于初为人师的我来说，教学任务可是一点都不轻。原本想着代课一两个月，等正式老师来了，我就去读高考复习班，来年再上考场。谁料左等右等没人接班，这课一代就是整整一年。

"老师，不是'士姆'，是……"

"方言十里不同音"，昌西、昌南、昌城的发音都有一定的差异，昌北人说话我们基本上是听不懂的。

小时候我没有学过汉语拼音。老师、同学和周围的人都讲昌西话或半土半洋的"昌普话"，所以没有一点违和感。

不会讲普通话，我只能用方言来上课。初一第一节课上，"我们一起来学5个英语字母"，但"字母"用昌西话一说出口便成了"士姆"。"士姆"的话音刚落，我发现就有学生在底下不断地模仿，前排的一名男生甚至下课时也说个不停。

有学生跟我说："老师，你的读音和以前的英语老师不一样啊。"又是个婉言批评的，而且哪壶不开提哪壶。确实，高中里学英语，我们常用中文谐音来标注单词或句子，如good morning的旁边会注上"古德猫宁"，increase后面标注的则是"英可瑞斯"，还有整句注音的更离谱，几乎就像念经。

熬到周末休息，我觉得当老师太难了，要过的关太多了，还是回去打山核桃压力小点。但转念一想，周四不是刚和初二同学一起学过"Never give up"（永不言弃）的谚语吗？再说，做逃兵也不符合我的个性呢！所以，我没有退缩，反而以更饱满的精神状态、更充分的课前准备进入第二周的教学。不懂就多请教，不会就边学边教。好在白牛中学还有一位大学退休后被请来教初三的英语教师，老先生牙齿脱落了好几颗，说话有点漏风，虽然听上去有些怪怪的，但读音还是标准的。我很诚心地去请教他，怎么把音读准了，怎么讲解现在完成时让学生容易懂……老先生则知无不言，言无不尽。

后来，我也找到了解决发音不准的方法，那就是多听录音，磁带上读一句，我跟一句。第二天上什么课，头天晚上就跟着录音一遍一遍地读，直到读成跟磁带上的发音差不多才停止。所以，我每天都要读到十一二点才能上床休息。学校依山而建，出门就是茂密的树林。早上起来后，我就钻进林子里，对着松树、柳杉、槭树、枫香树等大声地朗读，把这些绿植都当成了我忠实的听众。

山里的村民起得早，经常看见我一个人在林子里"叽里呱啦"地说话，眼神中带着不解，估计是把我当成神经病了。不过，那方幽静的天地确实适合读书，日复一日，我把书上的对话和课文全背了下来。上课时，基本不用翻教材，也不用看备课笔记，旁征博引信手拈来，行云流水潇洒自在。或许就是这个时候，学生们才真真正正地接纳了我，"潘老师整篇课文都会背"……

他们不知道我背后付出了多少努力。正所谓"熟读唐诗三百首，不会作诗也会吟"，无论汉语还是英语，每篇文章都有其独特的音韵美、节奏美与气势美，诵读和背诵可以把一个人的情绪最广泛地调动起来，沉浸式地感受到起、承、转、合的美。所以，后来我教英语时特别重视语感的训练，要求学生能够大声朗读，而且在声情并茂中必须融入自己的情感力量。

先天不足后天补，勤一定能补拙。起点低是个问题，虚心学、踏实做，一定能把这个问题打败。随着时间的推移，交往的加深，学生越来越喜欢我，不仅上课与我配合得不错，课后也愿意不打折扣地完成我布置的任务。出乎意料的是，我任教四个班的英语期末成绩排在了昌化区的前列。为此，学校领导还在期末质量分析总结会上表扬了我！

领导看到了我的勤奋，学生感受到了我的进步，而我却越来越感受到自己的不足。特别是一碰到语法问题，我自己虽然知道，也会做题，就是讲不清楚。

有时候，静下心来想想，要真正出色地做好教学工作，光靠热情、干劲是不够的。所以，我前所未有地渴望有机会进修学习。我相信只有有扎实的专业素养，才能成为让学生口服心服的好老师。因此，我争分夺秒利用课余时间进行拓展学习，以提高自身的英语听、说、读、写能力。

那里，有我未完结的梦

"Chance favors the prepared mind."（机会留给有准备的人）。1982年，湘湖师范学校开设了一个英语教师全日制学习班，专门面向杭州市招生。

从未出过远门的我，由父亲陪同到位于萧山城厢镇的湘湖师范参加考试。一路颠簸，我晕车非常厉害，胃里翻江倒海。轮到面试时，头仍是晕乎乎的。面试时，提问我的老师年纪比较大，看上去特别温和，但他吐字有点含混。他问"Where do you come from?"（你是哪里人？），一开始我愣是没听出来，直到他又问了一遍，我才涨红着脸告诉他来自临安昌化。老师说："那么远一早赶过来不容易，不要着急。"好在后面的问题我回答得比较流畅。回家不久我就接到了录取通知书。命运之神眷顾了我。

湘湖师范创办于1928年，被誉为"浙江的晓庄"。陶行知先生亲自选择湘湖作为校址，选派他在南京高师的得意弟子金海观先生出任校长。金校长提出了"苦硬、实干、研究、进取、注重情谊"的湘师精神，而这也成了几代湘师人的品格与灵魂。

到了湘师，我才知道学习的道路充满挑战，最大的问题是大家听不懂我那蹩脚的普通话，以至于有同学嫌弃地说："潘志平，你不要说普通话了，说昌化话，我们还能听得懂一点点，明白你想表达什么。"我知道当好老师，必得过普通话这一关，所以在考普通话证书前突击练了两周，舌头上全是泡，最后才顺利过关。

学语言需要环境，湘湖师范的老师全程讲英语，我根本听不懂，只好再次拿出曾国藩先生"结硬寨，打呆仗"的笨办法。课后其他同学都走了，我就留在教室里摆弄那套录音设备，学英语、听课文。记得当时用的是北京外国语学院的教材，课文很长，我便拆分成一段一段地背。早上天蒙蒙亮，我就起床到操场上去背；宿舍里熄灯了，我照着手电筒，在被窝里背上半天。有时，还会借着盥洗室的灯光学一阵子。

班主任严老师对我这个来自偏远山区的闷头男孩，给予了加倍的精神鼓励和方法指导。勤能补拙，基础薄弱，就比人家多花些时间。也许应了"唯天下之至拙，能胜天下之至巧"的原理，我进校的时候，被编在水平相对较差的二班，半个学期过后，考了全班第一，成绩达到了一班的中上水平。严老师过来征求我的意见："二班教学进度可能已不太适合你，是否愿到一班去接受更大的挑战？"虽然压力更大，但认屄不是我的性格。到一班后，我发现果然个个都是高手，因为有了更多的学习标杆，我的上进心也被进一步激发了出来。

在湘湖师范的那一年，可能是我这辈子学英语最刻苦的一年，也是我英语能力进步最大的一年。而且我是带着教学中碰到的实际问题去学的，因此特别有针对性。到杭州学军中学、萧山朝晖中学见习、实习也是如此，见识了优秀教师的课堂教学，我会不自觉地对照自己在白牛中学的实践。俗话说，"没有比较，就没有伤害"。那些精心设计、别出心裁的教学细节，让我明白了什么叫好老师。认识到了自己的差距在哪里，也就有了前行的方向和改进的措施。

湘师上学时的周末，我最爱去杭城外文书店"泡一泡"，彼时的外文书店坐落在西湖边的六公园旁。有一次，我在那里买到了英国作家查尔斯·狄更斯的英文原版名著《双城记》，并翻阅了无数遍。法国贵族达尔奈原本想隐姓埋名，在英国乡间过平静生活，但为了营救以前的仆人，毅然回到了巴黎。我虽然没有如达尔奈一样的壮怀激烈，但在湘师完成学业后，有不少学校向我伸出橄榄枝，但责任感和使命感驱使我回到了白牛中学，因为那里有我未完成的梦想。

20 年后还记得的一堂课

先学后教？先学后教！

回到白牛中学，学校仍然让我教初一、初二两个年级的英语，每周还是24节课。同时，让我担任初一（2）班的班主任、学校团支部书记。

去学习前，我靠"先学后教"，让自己暂时站稳了讲台。当然，此"先学后教"非彼"先学后教"。我是先自己学，自己会了通了，然后再去教学生。学成归来，我对"先学后教"有了新的解读和行动。那就是先让学生学，然后老师教。我有种模糊而粗浅的认识，即学在教前，教在学后，没有学生的学，就没有教师的教。反过来说，教师一定要根据学生的学情来确定教什么和怎样教，也就是后来很多专家所说的"以学定教"。

可当时流行的英语课堂教学就是老师讲、学生听，老师读、学生跟……一切围绕着老师的教而展开。学生自然而然地被束缚住了手脚，加之有的老师非常情绪化，无意中就在课堂上制造出一种等级感、疏离感，不利于学生主动地学、能动地学。我想起了自己"泡"外文书店的经历，意识到调动学生的学习积极性的重要性，其中的关键就是营造民主和谐的课堂教学氛围，以发挥学生的主体作用。

　　我告诉自己，在课堂上我不是老师，学生也不是学生，大家都是学习的共同参与者，目的就是合作完成既定的教学任务。这么一想，很多放不下的就放下了，一些不敢做的也敢做了。不管当天情绪如何，上课时我总是面带笑容地走进教室，与学生进行眼神交流，用"Hi, everybody"的开场白亲切地问候他们。我称之为"笑容攻势"，因为伸手不打笑脸人，也因为好的情绪是会传染的，学生再有敌意，也会先收敛起来，等等看看。

　　碰到生词时，我不会急着给学生解释"It means..."，而是说"What does it mean? Let's look it up in the dictionary together."。朗读时，也改"Read after me."为"Let's listen to the tape and read."。遇到难点时，既向学生提问题，也鼓励学生问我问题。所以，我的课堂上经常笑声、掌声、欢呼声不断。有些老教师认为，我的课堂太"放"了。这个"放"当然是指放纵、放任，而学生们觉得在这样的"放手"中，很"放松"。

　　到第二年，我甚至还把学生拉进来，一起参与设计教学程序、规划教学进度、优化课堂练习等。每学期专门抽出两节课的时间，开一个班级英语教学恳谈会，收集大家关于改进课堂教学的金点子。这在当时的教育生态下的确是破天荒。记得有一次，有位女生弱弱地提了个要求，让我不要在课堂上公布考试不及格学生的成绩。坦率地说，我从没想过，老师报个成绩也有这么大的"杀伤力"，但我当即应承了下来。

　　说话管用、意见能提、令行禁止，学生的主体意识得到了充分体现，他们的学习主动性和积极性就起来了。这时候，他们的大脑皮层始终处于兴奋愉悦状态，视觉、听觉、嗅觉会变得更加灵敏，记忆力也会大大提高，而且师生之间、同学之间相互启发，使得学习效果倍增。我称之为"积极型课堂气氛"，这是翻转英语课堂的一把金钥匙。

我们到河边放风筝去

1989年10月，昌化中学有一位英语老师，为了解决女儿的户口问题，需要下派到离家较远的颊口中学任教，但是他又不得不每周两次回白牛中学附近的老家照顾年迈母亲的生活。于是他来和我商量，希望能和我互换一下——我去颊口中学，他来白牛中学。面对处于人生两难境地的他，我选择离开了心爱的白牛中学，调到了颊口中学。

万万没有想到的是，三年后的中考，我带的这两个班考出了我英语教学史上最辉煌的成绩，让我刷了一把巅峰体验。

十几岁的初中生正处于花样年纪，他们对任何新生事物都充满了好奇与渴望，也一定不喜欢照本宣科、死气沉沉的课堂。记得《新概念英语》的作者亚历山大的英语教学观是：没有听过的不说，没有说过的不读，没有读过的不写。他的意思非常明显，语言学习离不开特定的条件和情境。而用现在新课标的话来说，就是要突出生活视角，让学生在现实生活情境中接触、体验和理解所学的语言。

有一次上"Flying Kites（放风筝）"这一课，我把学生们带到了小河边。大家一边放风筝，一边用英语对话。这时，风筝不小心挂到了树上，有一位学生便自告奋勇地上树取风筝。我提出，可以来一段即兴的取风筝英语表演，因为之前类似的舞台剧他们曾排练过。所以，树上的、树下的、参与的、旁观的，大家七嘴八舌地说了起来。训练时，不光用到了这篇课文里的词句，连之前学过的短语都被搜刮了出来。

风筝取下来后，学生们又提出要玩水、抓鱼。我说，可以是可以，但第一要注意安全，第二彼此间尽量用英语招呼。难度不低，可学生们见猎心喜，咬咬牙还是答应了。这番"浪"下来，他们对我说，课文已经背熟了。第二天，我说要复习一下这节课时，他们都摇起了脑袋，说："我真的不用再复习了。"就是这篇没有讲透的课文，20年后的同学会上，班上大部分同学都能一字不差地背下来，让我惊掉了下巴。

我问："你们记性怎么那么好？"

他们说："很多课当然已经还给潘老师你了，但上树、下水的课一辈子都记得。"

后来，我也在反思，什么样的课是好课？专家有专家的说法，教研员有教研员的标准。但我的主张是一堂学生过了20年还能记住的课，肯定是好课。因为这样的课是用情的、走心的，也是美好的、回味悠长的。学生是学习的主体，他们喜欢的就是最好的。

英国语言学家埃克斯利曾指出，不能把英语当成像地理或物理那样的学科，它应该是一种技巧。如同游泳或网球一样，你只有下到水里，才能学会游泳，下到球场，才能学会打球。所以，英语不是"教"会的，而是"习"得的。初中英语教材里有看病、买东西等各种生活情境，我就琢磨着，要不要把白大褂、听诊器拿到课堂里来，要不要把教室布置成一间医院，要不要不当老师当回病人？

后来，女儿的袜子、积木、卡通图片等，也都成了我们的学具。准确地说，是玩具吧！把这些好玩的东西往讲台上一摆，我就开始和学生们一起"疯"，扮医生、病人、营业员、顾客等各种角色，模拟他们之间的交往与对话，像极了现在的Cosplay秀。我多会"装"啊，学生就爱看我病恹恹的样子，"Can I help you？""What's the matter with you？"等句子刷刷地飙过来，说得特别溜。

在公益中学，我也经常用这一招，学生爱看什么，我就扮什么。有人说，我疯疯癫癫，跌了校长的份，但只要能走进学生心里，做什么都是值得的。

在充满笑声、掌声的初三英语课堂上

　　那个年代，没有投影仪、PPT，有些课文不太容易用情境来展现，我只好想别的招数。譬如为了上好"Edison's Boyhood"这课，我专门去学了简笔画。从爱迪生想用自己的身体孵出小鸡，再到发明蒸汽机，简简单单地用粉笔画上几笔，用一组图画，形象生动地点出课文里发生的故事。学生们一个个都瞪大了眼睛，特别上心。

　　效果当然是立竿见影。记得当时班里有个很活泼的女生，非常喜爱绘画。上英语课时，也经常低着头乱涂乱画。我接班后，手舞足蹈、热力四射的上课方式吸引了她的注意，到后来，注意变成了期待，她就想看我课堂上能翻出什么新花样。英语成绩自然也蹭蹭地提高，后来她考上了同济大学建筑设计专业，读研期间还来为公益中学做过园林绿化设计呢！

史无前例！14人参赛14人获奖

在平行分班的班级授课制背景下，面对四五十位学习程度参差不齐的孩子，上课的难度、节奏、容量等以哪部分学生为起点？确实很难把握。特别是升上初二后，因为英语词汇增加、课文篇幅增长，以及知识拓展、学习难度提升，两极分化现象就更为明显。"教育不公平"体现在课堂里的最主要特征就是有一部分孩子始终没有被关注到，享受不到应有的课堂教学资源。

怎样摆脱成绩优秀的同学"吃不饱"，基础薄弱的同学"吃不了"，甚至不少同学处于"陪太子读书"的窘境？我尝试过多种办法，却始终没有找到可以解决根本性问题的有效措施。"得来全不费功夫"，有一天在听爱人毕老师上课时，我豁然开朗，发现了妙招。

我是在白牛中学认识毕老师的，她为人朴实、待人真诚、做事踏实，她爱生如子，和学生感情深、教学成绩佳，深得学生喜欢和家长信任。彼时，她在河对面的白牛乡联盟小学任教，教小学一、四两个年级的复式班，之前我从未了解过两个年级在同一个教室是怎么开展教学的。后来，毕老师调到了颎口镇阳干小学任教。阳干小学是一所村小，全校有四个年级28名学生，挤在同一间教室，而她是唯一的老师，我常调侃她既是语、数、体、音、美等学科的老师，又是校长，还是炊事员。只要有人说起"复式教学""包班"，我脑海里就会立刻闪现她教学的场景。

毕老师怀孕后，我经常骑自行车去学校接她。一天，我去接她时，恰巧她刚开始最后一节课，我就悄悄地搬个条凳坐在教室后面。只见她进教室问候后，随手拎起一块小黑板挂上，说"四年级的同学请先完成这块小黑板上的练习"，接着挂上第二块小黑板说"三年级的同学先做这些练习"，然后要求二年级的同学默读课文，最后给一年级的小朋友教了几个拼音字母，布置他们抄写任务后，赶紧给二年级学生上课，再三年级，再四年级，有的是随堂作业，有的是问题讨论……一圈下来，她又转回去检查、点评一年级学生的作业。可以说，四个年级穿插在一起上课，忙而不乱，井井有条。

她的复式教学，让我豁然开朗："哎，对我班里那四十几个程度各异的同学，不正可以借用她这个不同年级的复式教学方式？如果把四年级学生比作学习能力最强的，那么一年级无疑就是学习能力最弱的。他们分开学习，各取所需，不搞'一刀切'，不就很好地解决了学生之间学习基础、学习能力差异大的问题了吗？"当时我就想，能不能在颊口中学的课堂上也来个升级版的"复式教学"，实施不同的教学策略，让吃不饱的能吃饱，吃不了的能吃下。

只不过，当时家长们有些小焦虑，担心自己的孩子被编入所谓的"弱组"，因此被标签化。但他们也都知道，折腾比不折腾好，万一孩子的学习成绩就上去了呢。我承诺以一年为期，到时行就接着干，不行的话，就回到原来的教学方法。

我把这一实验命名为"分组复式教学"，把班级分成了A、B、C、D 4个组。其中，班里英语成绩最优的12名学生放在A组，次优的12人进入B组，接下来的12人编入C组，最后8人放在D组。

上课时采取"同班异步"的策略，即一开始先把课文的整体内容进行讲解，四个组一起听课。接下来，A、B两组的学生自主完成小黑板上的练习，去思考一些比较复杂艰深的问题；而C、D组的学生，我再逐词逐句地给他们多讲解几遍，直到弄通为止。因此，整个上课模式由原来大一统的平铺直叙变为"统—分—统"或"统—分—统—分"，非常灵活。

与之相对应的是，教学检测也作了调整，如：题量不同，要求AB组学生做12道题，CD组做8题，余下4题可酌情选做；赋分差异，AB组做15题，CD组做12题，均可得满分，选做题计入附加分。如此，能力强的学生有了更多锻炼自己英语思维的时间，而弱一点的学生也能夯实基础，跟上大部队的学习进度，可以说是皆大欢喜。

"让能跑的跑，会飞的飞，能走的走，不会走的就扶着他走"，这是我经常打的一个比方。实验下来，效果非常不错，大多数孩子的学习潜能都得到了挖掘。那一年，临安组织初中英语竞赛，学校按比例分到了14个参赛名额。没有想到的是，14人参赛14人全部获了奖，更没有想到的是，全市10个一等奖里，我的学生占了6个。

现在回想起来，我觉得还是挺有成就感的：第一，教学实验成功了，我没有耽误这批学生；第二，改革立竿见影，减轻了压力，增强了信心；第三，改革虽然是自下而上的，却高度契合因材施教、找到学生"最近发展区"等教育理念。后来，我才慢慢了解到北京十一学校、福州八中等名校也在前后脚启动了英语分层教学改革。而我这个分层教学的实验，纯粹是向爱人"偷拳头"学来的草根研究，我压根儿没有听说过"分层教学"这个词，以至于我就这实验写的论文题目是《分组复式教学的英语课堂模式初探》，后来教研员陶老师查了许多资料后，才指导我改为《分层教学英语课堂模式探究》。

老教师告诉我，会上课是当老师的"吃饭家伙"，没有这项基本功就得不到孩子的尊重和信任。随着时间的推移，我越来越清晰地形成了这样的认知："上好课"是当老师、任校长的核心竞争力，没有"几把刷子"把课上得有声有色，孩子看到老师进教室就皱起眉头，讨厌老师来上课，即使这位老师头上有再多的头衔、再大的光环，仍然称不上真正优秀，甚至是不合格的。

改变彼此命运的一扇扇门

"仿佛是为我打开了一扇门！"

我是在白牛中学出道的。

离开白牛中学后，每年我都会和当年的学生回到白牛中学旧校址去看看。虽然学校现在已被撤并，昔日的热闹校园也变成了企业的工厂车间，但那里有我飞扬的青春，有我怎么也抹不去的成长记忆。一个懵懵懂懂走上三尺讲台的老师，在这里打下了扎实根基，然后一步步走向更辽阔的未来，成长为正高级教师、浙江省特级教师，这是多么不可思议！

尽管起初只是代课，可能是因为我整天待在学校里、陪在教室里，学生的英语成绩还不错。学生们看着我如此长情地陪伴，像个兄长一样，于是能多读一点就多读一点，能多背一点就多背一点。我打趣说，这一年的教学成绩是"坐"出来的、"磨"出来的、"管"出来的。这方式虽然有点笨，但很实用。

刚参加工作时的模样

对学生的学习，我一直奉行"学习是孩子的中心任务，严格一点也是对他的厚爱"原则。有位男孩学习能力一点没问题，但初一时就是不太肯在"背记"上下功夫。我坚持每天"盯"住他不放，做到"日日清"——每天放学回家前，一定把必背的单词、对话等背出来。慢慢地，他摸到了我"不达目的决不放手"的脾气，我的韧劲儿帮他挺过了自己认为背不下去的坎儿，进而尝到了读书的甜头，成绩突飞猛进，工作后还当上了一个行业的主要负责人。30多年后师生聚会时，这名学生也已年过半百，他发自内心地感谢我，说没有当年我的严格，就没有他的今天。

湘湖师范学成归来，回到白牛中学工作时，我最担心的就是初二年级，因为他们基础实在有点弱，平均分只有五十多分。英语严重拉了其他学科的后腿，影响了班级整体发展。

有位叫金卫峰的同学，人很聪明，其他功课都很强，唯独英语只考了48分。找他来单独聊天时，他说他压根儿不喜欢英语，基本处于放弃状态，还说班里不少同学都是如此。一方面，我入情入心地帮他分析学科平衡的意义，和他拉手指缔结盟约迎头赶上。另一方面，我从多样化的课堂入手，想方设法让孩子喜欢上我的英语课，又把握好作业的量与质，让他们做了有获得感，更是一有时间就跑到他们班里开展耐心细致的辅导，弥补知识上的漏洞……到了期中考试，包括金卫峰在内的大部分同学的英语水平都有了较大幅度的提高，全班学英语的氛围越来越浓。

就这样，通过两年的奋起直追，这个班的英语成绩为中考总分作出了较大贡献。金卫峰竟然考到了90分！因此，他考上了心仪的重点高中——昌化中学。浙江师范大学数学系毕业后，他也走上从教之路，成了骨干老师，后来当了校长，成为我一生的朋友。他发自内心地跟我说："没有您帮我把英语成绩提上来，我压根儿考不上重点高中，是您改变了我的人生轨迹！"

《杭州城里的昌化人》一书中记述了一位昌化颊口人王海霖的故事，《从大山深处走出，一步步走到云的高度》一文中写道：

王海霖读书的时候算不上听话，甚至还特别调皮，凭着一份天资聪颖，让老师又爱又恨，绝对不是让老师省心的料。无论是学习还是劳动，他都属于那种一天到晚琢磨着如何偷懒省力的孩子。在他的记忆中，根本也没有家庭作业的事，在学校里完成家庭作业对他来说是驾轻就熟。他素来讲究效率，以腾出更多的时间来实现贪玩的理想。

童年少年青年的岁月留下的记忆极其模糊，但心高气傲的王海霖还是记住了颊口初中的潘志平校长（现杭州市公益中学校长）。王海霖讲了一个小故事，自己的英语成绩一直不好，这似乎也是那种聪明机灵的学生的通病，对需要花苦功记忆的科目比较弱势，而且他从来都是自卑地认为自己是学不好英语的，太缺死记硬背的能力了，对一个乡下孩子来说，英语有什么用？普通话都不太用得着！于是对英语基本是放弃的态度。

有一段时间英语老师病假，潘志平老师来兼课，是的，他给王海霖一共也没有上几节课，但他的充满激情略带鼓劲的教学方式以及即时营造情景的教学理念给王海霖留下了永生难忘的印象，潘老师巧妙的教学方法，驱散了笼盖在王海霖心头的自卑，让他突然觉得自己是能够学好英语的，"仿佛是为我打开了一扇门一样！"

从此豁然开朗地有了信心。在心智不成熟的少年时代，许多事是需要人引领的。此后，在初三这个人生学业节点上，王海霖英语成绩突飞猛进。最有价值的是，在此后的人生中，王海霖遇到挫折遇到难以逾越的困难时，都会想到当年的潘老师，于是告诉自己，克服不了逾越不了，其实都是自己给自己套的枷锁，自己禁锢自己罢了。只要敢于去做、投入地去做，天下别人能做到的事，多半自己也能做到的。"你认为一件事是可能的，你就能做得好。你认为一件事是不可能的，你就做不好。"王海霖如是说。

"潘老师，"王海霖总结说，"他有一套自己的有效的教学体系，他的教育管理有一套自己的哲学，同时也有不同寻常的业务能力，这大概也是他从一个简陋乡村学校的民办教师，一步一步走到杭州市的中学校长，甚至被评为杭州市首届十佳校长的缘由。"

"是你们给了我十六字英语教学法"

"我的意思，专门不专门，学过没学过，倒没有什么大关系，重要的就在这个'嗜好'。要是你嗜好的话，对这事业有了兴趣，就是不专门，也能够胜任愉快。"

这是初到水乡小镇任教的倪焕之与校长蒋冰如之间的一段对话，也是《倪焕之》这部长篇小说的作者、大教育家叶圣陶的主张。他说，学校里有的是境遇资质各不同的学生，要同他们混在一起生活，从春到夏，从秋到冬，就不是一般人受得了的事。假如不是嗜好，往往干不下来。

这话可算是说到我心坎里了。我发自内心地喜欢当老师，因为当老师稳定中有挑战，面对一个个性格各异的生命个体，每天都有许多意想不到的故事发生，用心用情地做，自己很充实、很享受。当老师的乐趣还在于能帮助到许许多多的学生，很多时候甚至会改变他们的人生轨迹乃至整个家庭的命运。

教我初中数学的王老师，善于把木桶、斗笠等农具转化为教具，直观、形象地来阐释抽象的几何知识，让原本对学习几何不感兴趣的我，觉得她的课总是那么新鲜有趣、越听越有味道。所以，我当老师后，也有意识地在英语课堂上借鉴了她的一些方法，又按照"学习金字塔"理论，运用肢体动作、实物、道具等方式吸引学生注意力，学生常常感慨"英语课的时间怎么会过得这么快？"

学生不仅喜欢上我的英语课，课后也经常围着我问问题、聊聊天，他们和我的距离越来越近。慢慢地，我找到了一些当老师的门道：只要学生认可你、欣赏你、喜欢你，哪怕要求高一点、规矩严一点、任务多一点都不会引起他们的抵触甚至反感，容易形成教学合力。

没有学生的支持与配合，分组复式教学不可能取得成功。除英语竞赛成绩出色外，中考的优秀率也高出临安全县15个百分点，平均分超过了县平均20多分。不仅如此，它还带动了语文、数学、科学等其他学科成绩的同步提高。1992年中考，这届学生有13人考上了初中中专，其中还有英语中考拿满分的，这可是全临安唯一的一个。用教育局领导的话来说就是：谁说生源决定教学质量，山沟沟里也能飞出金凤凰。

也就是从那时起，我开始深入思考和总结自己的英语教学工作，提出了"PZP（潘志平）十六字英语教学法"。"十六字"是指"以情激趣、主体参与、活动贯穿、分层提升"。具体地说，"以情激趣"就是用丰富的情感去激发学生的学习兴趣，"主体参与"当然是指调动学生投入学习的主动性，"活动贯穿"顾名思义就是要以活动为载体来驱动教学，而"分层提升"则是强调教学必须有差异性。

很显然，这"十六字英语教学法"总领了我对初中英语教学的所有观念，也融合了我之前的所有教学实践。其中，"以情激趣"是灵魂，没有"情"字的牵引和助力，其他都是无本之木、无源之水；而后三者则分别指向了不同的教学路径，"主体参与"解决的是教学关系问题，"活动贯穿"处理的是教学形式问题，而"分层提升"则把我们不太重视的教学策略问题摆到了桌面上。所以，这是个"一体三翼"的教学法，目标明确、路径清晰。

孔子说过，"知之者不如好之者，好之者不如乐之者"。我从来都不赞同苦教苦学，毕竟趋乐避苦是人的天性，教学上也要多做符合天性的事情。真正的学习总是快乐的。很多人说读书苦，是因为他们没有感受到教室里的温情、教学中的情趣、老师的真情和同学之间的情义，没有进入到这个最有价值的情感世界，也就无法唤醒自己的情感经验，产生诸如趣味、陶醉、震撼等审美体验。

在颊口中学，我教英语，也教音乐

我还把这样的认识移植到班级管理上，因为班主任工作和课堂教学是紧密相关的。当时，昌化区有个班主任研讨会放在颊口中学举办，校领导安排我上台做了一个关于"培育良好情感，促进班级自主管理"的发言。这是我第一次在同行面前发声，有些紧张，也有些生涩，但也给很多人留下了深刻的印象。

当时流行的一首歌是《冬天里的一把火》，歌手费翔因为这首歌而大大火了一把，我在上音乐课教这首歌时，跟学生说："歌因人而传播，人因歌而出名。"同理，"十六字英语教学法"培养了学生的学习兴趣，提高了他们的学业成绩和综合素质，也提高了我英语教学的知名度和影响力。在县、市、省英语教研员的力荐下，我开始站上更大、更广的平台来介绍自己的教学经验，四次在杭州市英语教学研讨会介绍我的英语教学法，萧山、余杭、富阳等地也纷纷请我去讲座上课，还担任了临安初中英语教研大组组长……

非常有意思的是，那些年，因为农村初中教师配备不到位，我教过历史、地理、政治，还教过音乐、体育。1992年，临安评出了首届十佳青年教师，非常幸运，我也榜上有名。同台领奖者个个身怀绝技，我就是一个名不见经传的乡村教师。站上领奖台的刹那，我有了一份成就感，并暗暗下决心："一定继续努力干！"

一个都没有少

海子有诗云"从明天起，做一个幸福的人，喂马，劈柴，周游世界"，我也想当一个自由自在的英语教师和班主任，只关心上课、带班……直到1994年暑期里的一天，教育局通知我去临安开会，简单的集体谈话后，一纸任命书让我走上了马啸中学的管理岗位。

那正是我教英语、当班主任渐入佳境的时候。作为一名乡村教师，我踌躇满志，想在英语教学舞台上找到更大的发展空间。说心里话，我真的不想去当校长，既因为我当时的志向是一门心思研究我的英语教学，又很不舍得离开我又一个亲如一家的2班。但"没有人是一座孤岛"，我可以有自己的志向，但必须服从组织安排。

马啸中学地理位置更偏远，有些学生来自浪广、浙基田等村落，差不多是浙江的最西边了，与安徽省毗邻，周边全是崇山峻岭。来到马啸中学，我遇到了一个和我父亲当时在昌北当校长类似的问题。9月开学季，一数人头，发现三个年级竟然有22名学生辍学。要知道，当时整个临安辍学的学生也才不到50人，竟然近一半在马啸。作为"普及九年级义务教育"的全国先进县，这么多人辍学，要多囧就有多囧。

22名辍学生分散在各个自然村，数浪广村最多，有十余人之多。客观上说，那都是些特别贫困的地方，再加上当年大旱，高山蔬菜歉收，农民连吃饭都困难，更不要说交350斤木材给学校了（供学生蒸饭用）；主观而言，家长们也想把孩子留在身边务农，当个帮手。算了这"一进一出"的经济账，很多村民就变得消极起来。马啸中学的老师比我更知道乡情民意，跟我说"去叫一下得了，能来则来，不来也实在是没有办法改变的事"。

父亲用一条棉被和一套制服追回一名辍学生的故事，我一直铭记在心。而且这也是事关全县的重点工作，"普九"的金字招牌不能砸在马啸中学的手里啊！所以，学校动员老师们赶紧行动起来，要千方百计地把这20多名学生全都找回来，一个都不能少。后来看张艺谋的电影《一个都不能少》，看魏敏芝独自一人进城寻访辍学打工的小男孩，看她历经的艰辛与波折，我都会情不自禁地想起在马啸中学的第一年。

一开始，常常是四五位老师租个中巴车去村里做工作；后来，则常常是我一个人，骑摩托车过去。上山进村的泥石路非常颠簸与泥泞，路旁还有不敢下视的悬崖峭壁。有一次，从浙基田村回来，突然摩托车后轮爆胎了，车子一下就失去了控制，刹车也踩不住。如果侧翻到边上的深沟里，那么肯定就没命了。当时我只有一个念头，一定要把住车头，往山体那边靠，利用山坡的阻力，让摩托车停下来。我幸运地逃过一劫。

"大难不死，必有后福。"真的，有个学生家，我一连去了三次，都没说动他和他的父母。起初，家长还反对我上门做工作。我说，普及九年义务教育是国家法律规定的，不让孩子读书属于违法行为。他们就不吭声了，任由我去做孩子的工作。每次上门，孩子都躲在楼上。窗户很小，屋子里光线十分幽暗。木制楼梯不是很结实，踩上去会"吱嘎吱嘎"地响。见我三番五次地来访，这回孩子居然点头答应了。

但是家长说，米也没有，菜也没有。我说，别管了。趁热打铁，我卷了铺盖被褥，用摩托车把孩子带回了学校。听上去有点像抢人，但我确实生怕一秒钟后家长又反悔了，所以先下手为强。当时，有些村民反对我们入户做动员工作，因为在他们看来，男孩子早点干活、女孩子赶紧嫁人，挺好，读什么书呢？说实在，那时的农民也两极分化，有的特别重视读书，有的则把上学看得一文不值。

后来我学乖了，不再一上来就谈学习的重要性，也不谈读书如何改变命运，而是直接把优秀学生的红榜张贴在各个村子里：谁谁谁考上了中专，谁谁谁被昌化中学录取了……让村民们自己去传去说，比我们苦口婆心的劝效果好太多了。只要持之以恒，就会慢慢形成"再苦不能苦孩子、再穷不能穷教育"的意识，而在农村办学恰恰需要这样的外部环境。

到了期中考试前后，经过老师们的努力，22名辍学生全部返校。因为我们的坚持，很多学生及其家庭至今还心存感念。2000年，我评上了临安市劳动模范，也与此有关。

第三章
3 一碗粥"熬"出来的爱

亲情、友情、爱情，是人世间最美好的字眼，因为情感是人与人彼此欣赏和理解、互相关心和支持的润滑剂。对孩子而言，在促进他们完成从自然人向社会人转变的过程中，情感是孩子成长最柔软、最持久的力量。亲情是中华优秀传统文化的精髓，是教育上的"水"，水到之处渠自开，"水"引导我们向着"家校社共同把孩子培养好"的目标前进。亲情源于原生家庭，拓展延伸到学校、社会，一旦建立了感情深厚的亲子、师生关系以及家校社协同的融洽关系，教育也就不再是一件难事，教书育人也就变得有滋有味了。

一声"阿潘哥"里的卅载亲情

"阿潘哥，给我来一碗！"

诗人、美食家袁枚在《随园食单》里专门讲了粥，说"水米融洽，柔腻如一"。我特别喜欢"柔腻"这一说法，因为我从小就喜欢喝粥，喜欢汤汤水水的吃食，因为粥不干也不硬，吸溜吸溜地就下了肚，吃起来有一种特别顺爽的感觉。

我刚参加工作的那些年，山区学校普遍采用的是蒸饭制。师生人人一只铝制的饭盒，适量的米用山泉水淘好后，放在蒸笼里，下课后大家就一窝蜂似的，在热气腾腾的蒸笼里寻找自己的那盒饭。菜都是家里背来的，梅干菜、豆瓣酱、腌萝卜、腌黄瓜等不容易馊掉变质的菜，装在毛竹筒等容器里，路远的住校生往往要吃一个星期。

我也在食堂蒸饭，但大多还会经过二次加工。我在自己宿舍门口支了一个瓦风炉，搁上铁锅，从学校食堂里撬点火种，课后就开始烹制菜粥。参照母亲的做法，切好新鲜肉，把油炸出来，然后将笋干、木耳、时鲜蔬菜等一股脑儿地扔进锅里，炒得喷喷香，再用开水"吱吱"地浇下去。稍稍煮沸一点，就可以把米饭、面条或年糕、番薯等放下去，合上锅盖炖十几分钟。等到菜与其他食材"你中有我、我中有你"时，菜粥便大功告成了。

每当我的菜粥起锅飘香时，就会吸引十多个孩子围在炉子旁，他们大多是初一（2）班的学生。"潘老师，真香啊！""潘老师，我能吃一点吗？"……看着他们热切的眼神，还有因营养不足而导致的单薄身体，我当即欣然应允，给他们一人盛上一碗。

没想到，他们不仅自己吃得落胃，还纷纷在同学中宣传我的厨艺。后来，来申请分享菜粥的同学越来越多，常常出现不能做到人人都有的情况。有一次，有位站在后排的男生，生怕分不到菜粥，就大声喊："阿潘哥，给我一碗！"这一声亲切的"阿潘哥"，改变了称呼，自然引起了我的关注，于是他立马如愿以偿。在场的同学也都学他"阿潘哥，我在这儿""阿潘哥，再给我添一点点"。"阿潘哥"就这样慢慢地被叫开了。

为了避免出现同学们吃不到菜粥的遗憾，我索性小锅换大锅，有时还分几次烹煮，我的宿舍俨然成了学生们的"据点"。夜幕低垂，年岁相差

在这间房门口给学生熬粥

无几的一群师生围在一起生火煮粥，忙得不亦乐乎。旁边还有一张水泥乒乓球桌，菜粥吃完，扣几板乒乓球，消消食，那真是再惬意不过了。30多年后，这帮"吃货"回想起来仍是"道逢麹车口流涎"，感叹那才是人间至味。

初出茅庐，怕因管不住课堂纪律而影响课堂效果，我平时在课堂上比较严格，但这时候，我会主动松弛下来。孟子说，"君子远庖厨"，我则学老子的"治大国若烹小鲜"。学生扒拉锅里的菜粥，一起嘻嘻哈哈，一起来吐吐槽……此时，我发泄一下负面情绪都没关系，反而会被学生认为是真情流露，有那么一点不成熟的可爱。孩子们没想到平时严谨的潘老师，也有如此生活化、接地气的一面。

趁这个菜香四溢、大快朵颐的光景，我也会和学生聊聊班级里的事情，还有学习、家庭与生活等。很多平日在教室里不肯说、不愿说的事情，他们都会竹筒倒豆子似的讲给我听。有时，我还会把有矛盾的学生叫来，挤在一条板凳上吃菜粥，帮他们搭腔、找话题。这点小摩擦，粥吃到一半，话一说开，便没事了。如果把他们叫到办公室严肃地训话，彼此的心结能不能解开还难说呢！

后来，我读了明朝还初道人洪应明编著的《菜根谭》，觉得这书名不错，就戏称与学生的聊天谈话为"菜粥谭"。再后来，发现清代著名文学评论家王永彬有一本书叫《围炉夜话》，专门讲文坛掌故、逸闻趣事。老先生直言"岁晚务闲，家人聚处，相与烧煨山芋，心有所得，辄述诸口"，这个场景与我们边喝菜粥边聊天太像了，所以直接套用这一称谓，变"菜粥谭"为"围炉夜话"了。

"围炉夜话"时，我是一个立体的、和孩子一样有着喜怒哀乐愁的同伴。在这样平等、友好的氛围中，彼此内心彻底打开，我会适时表达一些改进课堂的想法，讨论一些优化班级管理的方法，此时的孩子们特别乐于参与。尤其是那几位平时比较淘气的孩子，我对他们提出改掉小毛病的要求和建议时，他们往往连连点头，答应我"放心，阿潘哥，下周上课我一定不会出现那样的小动作！""阿潘哥，给我点时间，我一定慢慢改到你满意为止！"我深深感觉到，那是教育真正发生的最好时刻。

离开昌化后，我走了很多地方，也吃过西湖牛肉羹、东北乱炖等各种类似我的菜粥的美食，但都没有家乡菜粥的那个味道啦。鲁迅在《社戏》一文的最后，也提到"一直到现在，我实在再没有吃到那夜似的好豆"，普通的蚕豆，因为伙伴之间的淳朴温情，成了一辈子铭记的美味；我的菜粥，也因为师生之间的欢声笑语和美好情谊而弥足珍贵。自2013年至今，十多年来，每周四我都化身大厨，给学生们烧煮"阿潘羹"。当然，"阿潘羹"与菜粥形似而神不同，它的主要食材是笋、盐卤豆腐、番薯粉、虾肉或小虾皮等，后来还加入了海参、筒骨等，让吃惯了美食的城里孩子也"食指大动"。

从洗到煮再到吃，我觉得，师生之间的边界变得越来越模糊，而亲情的力量却在交汇与成长。时间在围炉的过程中悄悄流逝，菜粥的滋味也在不断浓厚与细腻。家长里短地闲聊，一个又一个的小故事浸润与改变了学生，也让我受益匪浅。作家张爱玲说，想要抓住一个男人的心，首先要抓住他的胃。孩子又何尝不是如此？用真心煨暖的菜粥、羹汤，抓住了孩子们的胃，更温暖了他们的内心。

"阿潘哥，我们还可以这样干！"

在小说《倪焕之》中，记得有这样的一段描述：学校决定开辟农场了，而且有十七八亩，每个学生都可以分得到，倪焕之第一时间把这个好消息告诉了后来的爱人金小姐。他说，看着一颗种子发育、繁荣、结果，还看它怎样遭遇疾病，怎样抵抗自然的变化，从这里头领悟到的岂止是植物的生活史，还有生命的奥秘。

每每读到这段文字，我总会想起在白牛中学的那段农耕生活。那时的初中学习还是比较宽松的，没有各种辅导班，因此学生课余有大把的玩耍时间。玩耍过程中，青春期孩子的荷尔蒙时不时会以爆粗口甚至拳脚相加的方式释放出来，经常需要我花时间和精力去处理这些很难了断的冲突，有时还会有家长掺杂进来，增加了处理的难度。

堵不如疏。我想起了学校西北角有一块空地，荒芜着，怪可惜的，我决定像倪焕之那样，带领学生在那里开辟一个新天地。

从小跟着父亲耕地种粮的我是干农活的一把好手，学生们对农事也不是生瓜蛋子。农谚说，"白露早，寒露迟，秋分种麦正当时"。下半年开学过后约莫一个月光景，就到了播种小麦的时节。同学们从家里拿来了锄头、铁锹、畚箕等，分成几个小组，利用中午与晚饭后的闲暇时间，松土的松土、开沟的开沟、播种的播种，干得热火朝天。其他班的学生路过，也会驻足，迷惑而又艳羡地看上一阵子。这时候，我的学生们特别自豪，干劲也特别足。

有了这块田地，好像日子变得充实起来，不再为琐事分心。学生们分了工，有的负责观察墒情，有的专事除草，有的则去捡肥与施肥，毕竟"庄稼一枝花，全靠粪当家"嘛。每天去田间地头转一转、看一看，也成了很多学生的"必修课"。立夏过后，小麦完成了抽穗，粗壮的麦秆上擎着饱满的穗头，鲜嫩的麦粒流光溢彩。微风吹过，远远地就能闻到一股沁人的麦香，这是到了收获的季节。

割麦子、晒麦穗、敲麦壳……我们挥汗如雨，帮助麦子褪尽锋芒，卸下所有的盔甲，露出它厚实的果粒。随后，学生们喜滋滋地把麦子拉到粮站，卖了钱，补贴班级开班会、搞活动等。像学校开运动会，我们就能匀出部分经费，额外奖励拿名次的学生，这让别的班级羡慕不已。那一刻，学生们才真正体会到了什么叫"春种一粒粟，秋收万颗子"，什么叫"一分汗水一分耕耘，一分辛劳一分回报"。

　　割了小麦后，可以再种黄豆。黄豆生长初期对水分的需求量较大，所以学生们会轮流去浇水。豆子收获了，也全都卖给粮站。当然，我们会留一部分下来磨豆腐，菜粥里加点老豆腐，也别有一番滋味。学生们说，吃着自己"种"出来的豆腐，特别香。正如高尔基所言，我们世界上最美好的东西，都是由劳动、由人的聪明的手创造出来的。见每年的收成都不错，我们决定扩大种植面积，一商量，又到校外去租种了三分地，继续创造美好。

　　我们根据劳作需要，把班级分成6个小组，挖地、除草、收割等工作量大的活儿全班一起动手干；施肥、浇水、除虫等需要一定技术的活儿每个小组承包其中一项。后来，我们又进一步挖掘劳动的价值，把劳动与课本知识学习、班级团队建设结合起来，组成研究小组，观察并记录植物的生长的过程，运用查资料、问父母、请教村里老农民、种植高手等方法，避免农作物受病虫害侵袭，学习让庄稼高产的方法。

　　有人说，农村学校教育资源贫瘠，我觉得不够全面。如果比较电脑、白板、网络、微课等现代信息技术资源，农村学校确实无法与城里的学校相提并论，但论及自然资源、劳动教育、生活教育以及由此带来的和谐师生关系，它绝对不落下风。你看，就培养学生的责任心、包容、共赢意识、分享感恩品德、合作探究精神等方面，那两块田地的育人效果一点都不亚于课堂；就融洽师生以及生生关系而言，它也不逊于任何的班队活动。

　　我尝到了带着孩子劳动助力优秀班级建设的甜头，所以在后续的班主任、校长工作中，我不但坚持带领学生参加各种各样的劳动，还一直鼓励家长舍得让孩子干一些力所能及的家务，参与社会公益劳动。这不仅不会耽误、影响学业，反而能开发出课本、课堂上无法获得的资源，有助于孩子学习成绩的提高、品行的修炼，从而改善亲子关系。

　　劳动过程中，孩子们经常围着我"阿潘哥，这里怎么办？""阿潘哥，我们还可以这样干啊！"。在他们的建议和期盼中，我们形成了每周一次小活动，每月一次大活动的管理方式。随着劳动和活动次数的增加，我们的沟通越来越顺畅，关系越来越好，感情越来越深。我发现，孩子的活力、班级和学校的凝聚力，在很大程度上来自于劳动和活动。"劳动+活动"模式深受学生拥护，也成了我带班、办校的风格。

"阿潘哥对我们这么好，我们还……"

一转眼，距离我首次当班主任已经过去40年了。初一（2）班的45名孩子，他们不仅是我的学生，更是情同手足的弟弟妹妹。有人说，在这个大千世界里，一个人与另一个人相遇的可能性是千万分之一，而成为朋友的可能性则为两亿分之一。这是多大的缘分啊！逢年过节，收到包括他们在内各级学生的问候，我心里总是不停地感念：老师这个职业，收获的远远不止一份薪水，更多是长长久久的情感。而相互间发自内心的真情，是人世间弥足珍贵的财富。

在白牛中学，我以校为家，整日与学生摸爬滚打在一起。我给他们烧菜粥，他们则教我打乒乓球。因为小时候专攻田径，所以球类项目我一窍不通。记得第一次打乒乓球，连板子都不会拿，更不要说接发球了。见我手忙脚乱的狼狈样，学生们一个个笑得前仰后合。幸好何建国同学马上过来指点我，手把手地教我握拍、发球、推挡、扣杀等技巧，才避免了继续出洋相。

一开始，即使让我二三个球，也赢不了这帮小子。到后来，我勉勉强强地才能赢他们几盘。但说实话，我并不在乎输赢，一来是为了运动出出汗，二来也想与他们玩在一起。想成为一名优秀的教师，必须会玩，而且能玩出新花样。这不是学生的特权，如果放不下成年人的架子，不能在"玩"上与学生同频共振，那就很难走进学生的心里，也不会被他们真正地理解和接纳。我有这样的体验：玩耍是成年人和孩子建立良好关系最有效的润滑剂，好的关系是"玩"出来的！

很巧合的是，到了颊口中学，我接任的也是初一（2）班班主任。班里有几位比较调皮的男生，人都很聪明，但管不住自己，学习不上心，还动不动调皮捣蛋制造点"小插曲"。我和班委干部讨论后，制定了严格的、针对性很强的班规，运用扣分考核、限时整改等措施去约束他们，一时间他们被镇住了，看到我避得远远的，班里也风平浪静，获得了学校表扬。

正当我有点自鸣得意时，麻烦事一桩接着一桩来了。先是其中三位男同学在学校后面的大枫树下，模仿《三国演义》的"桃园三结义"，举行结拜兄弟仪式，弄得班上其他男同学都跃跃欲试，家长纷纷向我表示了他们的担忧。接下来的一系列行动更是令人咋舌，老师上课时只要其中一位同学咳嗽一声，另几人立马跟上，此起彼伏的咳嗽"节奏"，弄得老师课都没有办法继续进行。有一天，放学不到10分钟，班长跑来跟我说："我的自行车后胎瘪了，借来打气筒准备充气时，一看气门芯装置都被拔了！"不一会儿，纪律委员又急匆匆地跑来说："我的自行车座凳不见了！"

这还了得！我火冒三丈吼叫道："谁干的？一定好好查清楚，严肃处理！"看着我恼羞成怒的样子，我的那位许班长倒是平静了下来，说："今天我们自己想办法回家。您也先等一等，不要急于去查，不然的话，事情可能越搞越多，越搞越僵。"听得出，她心中已经明白了搞恶作剧的同学和原因，同时也有了"静观其变，以静制动"的方法。

硬办法不管用就多来柔软的。第二天，班委和我商量了一套"以柔克刚，一一结对"的方法：我负责多组织活动，以适应他们比较好动的特点，更为了创造更多机会与他们平等、友好地相处；班干部负责辅导功课，一位班干部带一位男生，循序渐进提高他们的学习成绩。

说干就干。我发挥爱和学生玩在一块的优势，经常和学生开心地打球、斗鸡等。不仅在校内玩，还带着他们爬学校背后的小山，做"山中寻宝"游戏（有点像定向越野运动）；去附近村里帮助孤寡老人的同时，师生一起"捉迷藏";到学校旁边的小溪玩水抓鱼,搞"野炊"……慢慢地,这些淘气的孩子与我走得越来越近,感情上也越来越融洽。有位同学忍不住在活动中乱叫乱喊时,旁边另一位同学连忙提醒他说:"阿潘哥对我们这么好,你这么不听话,好意思吗?!"班干部也各就各位,与自己结对的同学签订了"我们共成长"协议,并开展实实在在的帮扶活动。一个多月后,班级面貌大变样。我暗暗惊叹:"学生干部比我更懂同学的心理,他们的点子更能抓住同学的心!"从那以后,我在工作过程中特别注重发挥学生干部的力量。

法国电影《放牛班的春天》里的小男孩莫朗杰,虽然聪明机智、乐感很好,可总是逆反,如反抗老师、自顾自地脱离合唱排练等,音乐老师马修默默地关注、支持和培养莫朗杰,让他逐渐意识到真实的自己,最终成长为一名才华横溢的音乐家。

我班里就有位与莫朗杰类似的潘同学,接受能力超强,读书不肯用功,还爱把自己青春期的叛逆用在和班干部对着干上。我第一次跟他谈话时,他爱理不理,一股见多识广、无所谓的犟劲。我平心静气地说:"我前几年遇到过两位和你差不多的学生,一旦态度转变,不但成绩嗖嗖嗖往上蹿,而且言行习惯有了180度的大改善,得到老师同学的一致认可。一位考上了中专,另一位考上了重点高中!我看好你!相信你也能和他们一样!"此后两个学期,不管他什么态度,有无进步,我都做到每周不少于一次与他细致走心地聊,每月一次去他家家访……"人非草木,孰能无情",这一番用心行动终于感动了这位男生,初二下学期开始他的状态发生了很大改变,当上了班级劳动委员,初三还入了团,后来,还成为当年我校考上初中中专的十三人之一,成了中师生,现在已是一位非常优秀的小学语文老师。每次见面时,他都会真诚对我说:"要不是您,就不可能有现在的我。"

屈指算来,这两届学生初中毕业已分别有38年和32年。卅载亲情融化在坚持不断地每年至少聚一次，每十年举行一次的同学会中。如今，这批学生都已年过半百，而我们也从曾经的师生变成了现在的兄弟姐妹。谁家有要事喜事，尤其是孩子上学、求职甚至找对象等，都会找阿潘哥来商量；小辈结婚更少不了我的大红对联和"囍"字，因为他们都把我当成了自家人！

现在，我的脑海中常常会浮现出这几届学生的名字。教育是心灵的双向奔赴，老师倾囊相授，学生全力以赴。我对他们心存感恩，正是他们让我尝到了当老师的乐趣，给我埋下了"发自内心喜欢孩子，善待孩子"的种子；让我不管是当班主任，还是当校长，一走进校园，走到教室，走进学生，便充满激情，浑身上下有使不完的劲。也正是他们，让我发现了当老师的真谛：拥有童心，保持童趣，用心用情当老师，真的是一件超有味道的事。

一个"牛肉萝卜火锅"带来的难题破解

一个"牛肉萝卜火锅"抓住了真心

走上马啸中学的管理岗位后,我先去各年级各班听课,上午的课听到第四节时,发现一个很好玩的现象。上了20分钟后,一些老师就匆匆地离开教室了。他们去哪里呀?后来一打听才知道,原来老师们要急着去伙房打水、撬火。所谓"撬火",就是去学校伙房取一点蒸饭时烧柴余下来的火炭,放进自家的瓦风炉里,用来炒菜、煮饭。当然,僧多粥少,去迟了炭火就有可能被别人撬完了。所以,有时老师连最基本的"上课45分钟"也顾不上了。

这怎么行!且不说教学的本职工作无法保证,争先恐后地撬火,日子一长,也会生出嫌隙来。当然,要不是日子过得清苦,谁愿意占那点小便宜。而撬火的根源还在于学校没有真正意义上的食堂,这是关系师生的头等大事。

众所周知,马斯洛需要层次理论告诉我们,吃是人最基本、最原始的需要,没有第一层次的生理需要作保障,安全的需要、归属与爱的需要、尊重的需要、自我实现的需要就无从谈起。要激发教师工作积极性,促进

1994 年，马啸中学的教学楼

他们不断提高质量体现自我价值，突破口在于办好食堂，排解老师讲课时"我的中饭还没着落呢"之忧。

马啸以前被称为"三区"，即革命老区、边远山区与经济欠发达地区。地方财政就是个吃饭财政，乡镇府和老百姓手里都没钱。造食堂，要土地、建房、买设备、雇人，哪儿哪儿都得花钱。我找到了乡长，好说歹说才答应给两万五千块钱。这肯定不够啊，我又去教育局"化缘"，软磨硬泡之下，学校又多得了四万元。

钱不够人来凑。学校发动全校师生到小溪里去搬石头，用肩膀扛，用簸箕抬，每天统计各班的石头搬运数，然后通过广播高调地表扬。附近的路口村村民也把独轮车等搬运工具借给我们，大家心往一处想，劲往一处使，结果石头多得堆成了山，建厨房绰绰有余。村里还捐了一部分木头给学校，拼拼凑凑，食堂总算造起来了。

办好食堂的关键在厨师。我们请来了路口村里专门为红白喜事烧菜的师傅，厨艺很赞，态度也好。学校规定，食堂用餐实行AA制，按成本核算，绝不多收老师一分钱。也有老师坚持自己烧来吃，我当然同意，但同时我有底气地做出如下规定：既然食堂已经解决了大家的吃饭问题，因此绝不能再占用上课时间去烧饭。大家都是明白人，想想也是这个理，所以第四节课"溜号"的现象越来越少。

昌西人爱吃火锅。根据老师们的口味，食堂里烧得最多的就是牛肉萝卜火锅。下课到食堂，揭开火锅盖，热气腾腾，还有"咕咚咕咚"的声音，配合下饭，这滋味呀，简直妙不可言。为了把伙食费降下来，学校鼓励老师把菜带到食堂里来烹煮，大家聚在一起"拼食"，十人一桌吃饭，可以说是"多快好省"，有时连底汤都喝得干干净净。即使再加个鱼头豆腐汤，也不贵，关键是准点开饭不用赶。

可能是吃出来的感情，之后我再强调教学常规，底下反对的声音就小了弱了。乡镇学校普遍这样，只要把老师的心收住了，规范变成习惯，办学质量就会慢慢地上来。学生有人管了，作业有人批了，课也认认真真地备了，质量上不来才怪呢！我进校后的第二年，学校的统测成绩就有了明显提升。起点低的学校，上升空间也大，这就是教育的辩证法。

当然，老师是其中的关键，抓质量就是抓老师。但老师也都是有思想、有态度的人，抓得好，齐心协力；抓不好，众叛亲离。我总是觉得，要多想想老师的难处，多为他们解决几件关乎切身利益的实事。正所谓"将欲取之必先予之"，向老师提要求之前，先要让他们无后顾之忧。

一个"牛肉萝卜火锅"解决了老师的后顾之忧，抓住了老师的心。都说好菜肴，取决于好食材。种植高山蔬菜的马啸浪广村平均海拔高度800多米，太子尖更是高达1557米。与一般萝卜不同，高山萝卜脆中带甜，加上黄牛吃的是自然生长的青草、喝的是矿泉水，整天在山上运动，黄牛肉的气味香浓诱人，口感也更加紧实有劲，特别入味。现在端起饭碗，时不时会回味起马啸中学食堂的"牛肉萝卜火锅"和那段与老师们真心相伴的教育时光。

12平方米融合了内心

又是一个暑期，日历已翻到1997年。为能全身心投入工作，我把爱人调到了马啸，女儿也到了路口村上幼儿园。当时，小规模学校进行布局调整，作为初中撤并试点，颍口中学刚和洲头中学合并，教育局就任命我去接任新颍口中学校长。说实话，颍口中学是我的母校，有机会为学校新一轮发展做点事，我当然乐意前往。但在马啸中学的一千多个日日夜夜，我与那里的老师、孩子及家长建立了深深的感情，说离开就离开，还真的有许多不舍。许多家长、村民代表自发组织起来，包了中巴车准备去教育局请求把我留在马啸。得知消息后，我立马上门或打电话劝阻："感谢大家的认可，也理解大家的心情。组织上一定是通盘考虑做出的决定，期待您理解和支持。"可能是平时大家关系好、有感情，所以他们听从了劝阻。

乐于待在"舒适圈"，不愿改变现状是人的本性。洲头、颍口合二为一，两所初中的老师、家长都有许多自己的想法。因为要到离家更远的地方上学，洲头中学的师生家长难免有些怨言。而颍口中学这边，觉得本来校舍就不大，这样一来肯定会拥挤不堪。那个暑期，我做的第一件事就是到老师家家访，一来可以较快拉近与老师之间的情感距离，二来可以听听他们对新颍口中学的意见与建议。

两校合并，最重要的是在较短时间内完成磨合，最难的是如何把两所学校的老师捏合在一起，减少摩擦，消除内耗。面对合并形成的新环境，一些教师难免会产生比较复杂的情绪，因此总是别别扭扭。在请教上级领导和有经验的校长后，通过细心观察，经过反复分析，我把解决难题的切入口放在学校领导班子队伍的建设上，心想只要每一位班子成员树立起"一校"意识、"大家"观念，喊出去是同一个声音，举出去是同一个拳头，就一定能带动老师心往一处想，劲往一处使，合心合力合拍实现平稳过渡，进而把新颊口中学办得有声有色。

洲头中学的陈校长是我的老师，合并后，他担任党支部书记。陈老师为人特别厚道，与我同用一间办公室。有一天，我开门见山地跟他说，不解开两校老师之间的心结，一有风吹草动，就"你洲头我颊口"或其他什么的，新颊口中学的发展就永远都是单脚跳，是瘸腿的，形不成合力。他也直言不讳地问我，打算怎么办。我说，就从我们这间12平方米的办公室动手吧。见他满脸疑惑的样子，我笑着解释道，把教导主任和德育主任也拉进来，咱们四个人一间房办公。

就这样，校长、书记和两个中层组成了"班子"，面对面办公，零距离决策，什么问题都事先协商、解决掉，就避免了"屁股指挥脑袋"的现象。即使老师有意见，我们四人也都会从新学校的角度去做解释和说服工作，而不是煽动对立情绪。我们成就了"12平方米的领导层共识"，只要头带好了，开诚布公说话做事，老师们也就心平气和了。

二十世纪八九十年代，许多学校办起了校办工厂，校内开设了小卖部。小卖部交由个体经营，学校收取一定的承包费。小店的承包经营模式是一个难题，又是老师们特别聚焦的热点。我运用小型座谈会、个别聊天等方式，以诚恳的态度把问题摊开来，广泛听取老师们真实的诉求和解决问题的建议。经过一个月深入细致的筹备，学校举行了史上首次公开招投标会。那天，人山人海，会议室被围得水泄不通。现场叫价，不设暗标投明标，价高者得。场面非常火爆，承包价很快就被拍到了11万余元，高出原来很多。这个消息如同长了翅膀似的，传到很多人的耳朵里，而且远超了大家的预期。所以接下来的教师大会，明显感受到气氛不像以前那么紧张，老师们的发言也透露出了更强的信心。

每个人是在不断遇到问题，不断解决问题的过程中长大的。记得陶行知的一位亲友在推广平民教育时曾受到很多不明事理的人的阻挠，他沮丧地给先生写信诉苦。陶行知在回信里告诉他，在社会上做事就要预备碰钉子，解决这些问题的办法有两个：一个是以钢头碰铁钉的精神，把钉子碰弯；一个是用自己的无限热情把钉子熔化掉。我深深体会到，遇到问题不回避是一校之长应有的担当，顺应民意依靠教师表明了校长的姿态，而真心诚意合心合拍解决了问题、战胜了困难，给全校上下带来信任和信心，生发的是愉悦和合力！

孔子曰："君子和而不同，小人同而不和。"两校合并绝不是形式上捏合在一起，而需要内在的和谐统一，不是嘴巴上的"是是是"，而是内心里的"对对对"。四个人挤在一个12平米的房间办公，局促的是空间，融合的是内心；自上而下，开诚布公说话做事，顺应的是人心，办成的是实事。

六个团体一等奖凝聚了人心

2002年下半年，通过竞争上岗，我来到临安的锦城二中出任校长。彼时，锦城二中是浙江省城镇示范初中，也是锦城镇上的一所优秀初中。很快，竞聘成功的小欢喜就被巨大的压力冲淡了。一到二中，就碰上个棘手的难题——生源外流。因为该校办学的历史相对较短，在那个义务教育尚有择校生的年代，还是有少部分家长选择了犹豫观望。

怎么办？弄明白难题背后的真问题后，我感到心急喝不了热粥，"风物长宜放眼量"。前几任校长非常用心努力，已为二中积蓄了一定的实力，我的使命是坚守原有的成功举措，找到新的突破点，并运用适合的方法，提升教学实绩这个核心竞争力，推动家长和社会进一步理解和认同学校。在仔细观察、深入分析半个学期后，我和二中的老师们一起制定了"三年三大步"的发展规划，其中，第一年为"规范质量年"，第二年是"效益质量年"，第三年叫"品牌质量年"。整个规划以"质量"为核心，但质量不等同于成绩，也不是单纯地就成绩抓成绩，而是从"入座即学"等德育小事入手，张弛有度保身心健康，逐渐指向效益与品牌。

世上无难事，只怕顶真做。实施"规范质量年"时，我们确立了"规范＋情感"的管理模式，把师生自觉遵守各项规章制度，达到基本规范，作为民主化、人性化管理的根基。根据校情，我们选择了"早到早学书声琅琅、课堂静心专注参与、课间休息有序文明"等方面的细节，每月集中做好一件重点规范小事，所有重点规范小事都直接指向解决实际存在的问题。

在抓规范提质量的过程中，明确要求狠抓落实，注重反馈整改到位。例如在抓"早到早学书声琅琅"细节时，我们组织行政人员每天早上到班级，具体记录某个时间点已经在教室的学生数和拿出书本大声朗读的人数，算出在读比例，然后在校门口大黑板上公布，周一在全校表扬优秀班……"笨"办法带来好效果，形成了"抓一项规范成一个好习惯"的良好局面。一年后，形成了"锦城二中师生规范一本通"，有"二中校园文明礼貌歌""心理健康十条标准""青春期教育规范"以及"一日常规""全年系列活动准则"等，人手一册，实现"言行有规范，做事有章法，规范重落地"的目标。

问耕耘，也问收获。无论是德育还是教学活动，都要既注重过程和方法，更注重效率和效益。在"效益质量年"中，我们制定了"减压增效提质的若干策略"，签订了"建锦城二中温馨大家庭公约"，营造师生在充满亲情的二中大家庭中开心工作、快乐学习的良好生态；开展了学校文化重构的大讨论，形成"创造适合学生可持续发展教育"的办学理念，以适应新时期育人的要求；着力打造"奋发有为争一流"的二中精神，合力拼搏赢得全市一流成绩，从根本上扭转生源外流局面。

那时，衡量教学质量的显性指标主要有两项，一是三个年级的数学、科学竞赛成绩，二是中考升学数据。我把切入点定位在科学竞赛上。没想到我去与科学教研组商议时，组长连连摇头说："不可能，真的不可能的！"问其原因，得到的解释是，获得竞赛决赛资格的人数是按照预赛人数的比例确定的，二中历年来竞赛报名的学生少，获奖的概率自然就低。找到了问题的症结，我和教务处积极动员，专题研讨并修改了学校奖励条例，保证了足够量的学生报名参加竞赛。

有了制度保障后，我们采取了一系列行之有效的"组合拳"行动，"效益质量年"取得了全面丰收：学校捧回了3个年级科学、数学竞赛共6个市团体第一的奖牌；中考各项指标均处于全市领先地位，10位同学名列临安市前20名，47位同学进入全市前160名；在全市初中生篮球比赛中，学校男女代表队双双获得冠军；在市中小学艺术节上，舞蹈、戏剧节目获得二等奖……

一场又一场的胜仗给师生家长带来了喜悦和成就感，也增强了团队的凝聚力和向心力。大家既认识到团队合作的力量，又愿意合心合力为团队做出自己的贡献。

在做实规范、效益的过程中，我们开展了"尊重教育"的课题研究，为"品牌质量年"夯实基础。尊重教育从"尊重自己，切实对自己负起责任；尊重他人，力求不给他人增添麻烦"开始，逐渐深化到做"尊重知识、尊重自然、尊重社会"的谦谦君子、大家闺秀。学校按照由低到高、层级推进的原则，适度包容地对学生提出不同的要求，老师则率先垂范，做"会尊重"的示范者。王丽娜同学在考场作文中写道："课堂上，语文老师温和地说'同学们，没有背出的请举手。现在没背出不要紧，因为我们还有两天可以努力'，没有背出的同学都被感动了，不约而同地举起了手。"

就这样，尊重教育慢慢成了学校的特色和品牌。在全国德育研讨会上做了"尊重教育：让德育回归基础的有效策略"的专题交流，得到来自上海、江苏、河南、浙江等地100多位与会德育专家的好评。学校被中国教育学会基础道德教育研究会吸收为团体会员，并成为杭州市唯一的浙江省基础道德教育试点单位。杭州市教育局来校召开了全市德育工作现场会，我在杭州市初中教育工作会议上做了题为"在重围中寻找快乐的突破口——让师生在人文关怀的氛围中共同成长"的典型发言。《临安日报》以"让学习变得更美——锦城二中'尊重教育'探寻"为题进行了整版长篇报道，《浙江教育报》等媒体也做了推广……

三年三个台阶，老师们充满了"奋发有为争一流"的心气，学生也变得更加阳光自信，学校焕发出勃勃生机和活力。

"大家""小家"的相互扶持

买来了 750 元一台的投影仪

学校大家庭的发展离不开一个个小家庭的支持，在办学经费严重不足的那个年代尤其如此。有了家长和社会各界的鼎力相助，许多困难都能被克服，诚如《古今贤文》所言："人心齐，泰山移。独脚难行，孤掌难鸣。水涨船高，柴多火旺。"

1996年的一天，有位老师外出教研活动回来，兴冲冲地跑来跟我说："今天上公开课的那位老师用了一个叫投影仪的设备，演示动画生动活泼，点评课堂作业又直接又形象。要是我们马啸中学能有几台投影仪，课堂效果一定会提高不少。"我一下来了兴趣，打电话一问，每台需要750元。学校实在拿不出这笔经费，但地理位置偏僻的马啸特别需要现代化的教学辅助设备，一来能提高课堂效率，二来有助于更新教育观念，更重要的是可以让山里的孩子打开眼界，增强对外面精彩世界的憧憬，激发学习动力。

不同的时代背景下，有不同的办学方式。那时，大部分学校的围墙上都写着"人民教育人民办，办好教育为人民"的醒目标语，向社会包括家长募集一点资金改善办学条件是通行的合理做法。思来想去，我想采取"三个一点"的方式解决投影仪所需的经费，即向乡政府争取一点，请乡办企业赞助一点，发动家长捐助一点。听说我要找家长捐助，老师们都瞪大了眼睛，简直不敢相信。但我心里有底，随着常规落实、质量提升，家校沟通畅通，家长对学校的满意度不断提高，家校已拥有良好的感情基础。经行政会商量和部署，召开了一次特殊的家长会。

我特意从颊口中学借来了一台投影仪，放在会场里作展示。开会的时候，我一边演示，一边打开天窗说亮话："周边的初中已经用上了这样先进的教学设备，可以帮助老师提高教学效率，帮助学生提高学习成绩。但买一套投影仪需要700多块钱，学校确实拿不出那么多钱。"我掏心窝的话语点燃了家长的热情，他们纷纷你五块、我十块地把钱投进了捐款箱……我真心为学校为孩子的一片诚意，换来了家长的全情付出。这件大好事在超出我们预期的情况下，完美地办成了！

30万元开始建新校

如果说靠七拼八凑完成了买投影仪这个小项目，让我体会到了办学的不易，也感受到了情感的力量；那么接下来靠30万元起步，建成了总投资千万元的颊口中学大工程，不管是我面临的巨大挑战、经历的无比艰辛，还是收获的至深感动、得到的历练成长，都可能是我的人生之最。

颊口、洲头两所初中合并后，学生数量翻了一番，而且洲头中学的学生又全部住校，原来的颊口中学已根本无法达到基本的办学场地标准。1998年，镇政府决定异地兴建新校。可是，这个没有什么支柱产业支撑、仅1.4万人口的小镇，当时的经济情况是"吃饭财政"（只能满足人员工资等日常运行），怎样能把迁建学校的愿望变成现实？镇党委政府以超强的决心，咬咬牙卖掉了镇属企业颊口水泥厂，然后就拿着这卖厂所得的30

万，走上了新建学校之路。

我们花了半年时间，反复比较分析，选好校址，去市教育局立项目，去市建设局做规划，到省国土厅批用地计划……到了做设计的环节，就需要不小的一笔钱了。镇政府事先与几家设计所进行了充分的沟通，恳请他们予以最大的支持。招标结果让人兴奋不已，设计所都开出了很低的价格，有一家报出的设计费竟然是"每平方0.00元"！也就是免费给我们设计。感动之余，我们也树立了极大的信心，习得了新的思路和方法。资金短缺，我们可以用情感的力量，唤起大家一起"拾柴"，齐心合力完成惠及全镇孩子的民生工程。

说干就干，全体镇机关干部、老师、村干部率先捐款，筹资领导小组人员走村串巷，开展捐资办学的宣传。百姓对政府下决心建新校赞赏有加，纷纷表示：修桥铺路建学校，行善积德，造福子孙后代，我们一定要有钱出钱、有力出力！潘爷爷每月退休金400多元，但他执意把省吃俭用存下来的5000元钱送到了镇里，说"造学校是大好事，也是大家的事，我们没有理由不支持"。全镇上下掀起了为颊口镇中新校捐款的热潮。

我永远也无法忘记，1998年5月18日在镇政府三楼那群情激昂的一幕幕场景。"迁建颊口中学集资募捐大会"会场里座无虚席，镇领导简短讲话后，人们便争先恐后前往捐款台。顿时，登记处排起了一条长龙，收款处人头攒动，我在一旁做实时播报："第一位捐款的是……""……捐80，……捐300，……捐2000！"在座的人群中不时传来感人的声音。"没想到大家积极性这么高，我钱带少了，请你借我几百元，我再去捐点。"每一次我激动不已的声音刚落，全场便响起了经久不息的热烈掌声。活动持续了2个多小时，现场捐款达到了20.1万元。

我不止一次为捐款人的善举流下了感动的泪水。桥东村78岁的陈奶奶，得知要造新学校的消息后，步履蹒跚地走了十多里山路，特意来到镇财办捐上了带着体温的10元钱。80多岁的章奶奶、翁爷爷等把平时压在箱底，严严实实地包在布帕里的1元币、5元币，拿出来交到了我们筹资办的工作人员手中，因为几元几毛几分的都有，15块钱也有厚厚一沓。有些老爷爷老奶奶连走路都颤颤巍巍，但依然热情地把捐款送过来。我知道，这都是乡亲们省吃俭用积下来的血汗钱，不到万不得已是不会轻易拿出来的，但为了建学校，他们义无反顾地全掏了出来。深受感动的我捐出了两个月的工资，我五岁的女儿也把500元压岁钱全捐了出来。

现在每次回到颊口中学校园，我都会想起脚下的50亩土地是阳干村无偿捐献的。许多人感慨地说，这在其他地方简直是无法想象的一件事。阳干村人均土地0.5亩，后山坪的这50亩地是村民的主要菜园地，还有山核桃、银杏等经济林，一开始村民自然有许多不同意见，经过5次村干部、村民代表讨论，大家逐渐达成了共识，决定无偿捐赠土地支援学校建设。

就这样，经过两年艰苦卓绝的奋斗，这所投资1300万元的省内一流农村初中，终于在2000年9月投入使用。

30万元启动，集众人对教育的"情"和"力"建成的颊口中学

感情深了人心就齐，人心齐了困难就逃跑。每每想起当年买投影仪、造新学校的一幕幕，我都会从心底涌起一份感动，激起一份用心用情当好老师的激情，更增添一份竭尽全力克服困难把学校办好的使命感和责任感。也是从那时起，我认定学校这个"大家"与师生的"小家"应该紧紧地团结在一起，"大家"要靠"小家"扶，"大家"也要扶"小家"。

一个"大家"和上千个"小家"

"家是最小国，国是千万家。"平实的歌词道出了家和国相互依存、密不可分的关系。学校大家庭和每一位师生小家庭的关系也莫不如此。

教师工作繁忙，常常早出晚归，往往顾不上家里大大小小的事。设身处地考虑，人在"大家"要想着"小家"，因为缺少这些"小家"的鼎力支持，就难有学校这个"大家"的顺利圆满。所以，我始终牢记不仅要关心老师，也要关心他们的家里人。而且，我深深感到，许多时候，关心家属比关心他本人更重要，也更有效。

学校搞团建、联欢会等各种活动，我喜欢老师们把自己的家属或亲友叫过来，一块儿热闹。正如英语谚语"Shared joy is a double joy; shared sorrow is half a sorrow."说的一样，与自己在意的人一起，快乐也是双份的，悲伤却是会减半的。事实上，让这些重要的人都参与进来，学校才有家的氛围、家的味道，否则，总是隔着一层。

临近年关，本来奖金一发，老师们就各自回家过年了。大家各自作鸟兽散。我别出心裁地决定，请全体老师带着家属一起来学校吃个团圆饭。120多位老师，以三口之家计算，也得摆上几十桌，这让食堂师傅一顿好忙。落座前发奖金，家属一个大红包，老师一个小红包。数额没变，但收红包的人感觉特别好。人人都说，学校太贴心了！这顿饭吃出了大动静，被传为佳话。

每学期末的教师大会上，我通常给老师们布置三项暑假或寒假"家庭作业"：第一项是呵护好自己，多睡几个自然醒的觉，让身体与心情彻底地放松一下；第二项是陪伴好家人，享受人世间最宝贵的亲情，尽最大可能多花些时间陪陪长辈、尽好孝心。已成家的过好与另一半的舒心日子、尽量避免争吵，有小孩的与子女和谐相处、多些耐心。没成家的充分利用假期寻觅共创美好人生的那一位；第三项是记得关心关怀学生，把握好节奏，与班里的孩子多一些沟通和联系，力争做到"亲情不放假"。

春节前夕，我给老师写了这样一封信，用书面的方式向他们说说自己掏心窝子的话。信里表达了这样两层意思：

一是做好自己，服务好"小家"。"小家"里有您的家人还有您自己，任何人只有先爱护好自己的身体、心理，才有能力去关心关怀他人。所以，您一定记得管住嘴，迈开腿，把合理饮食、适量运动、戒烟限酒、心理平衡等落实在每天的行动上。为人要乐观大气，少计较，少埋怨，想得开，放得下……这些道理浅显易懂，做起来有一定的难度，但不管怎么难，都要尝试着努力去做。

二是尽可能多陪陪家人，让"小家"温馨起来。家里人是我们一辈子最值得深爱和呵护的，但长时间生活在一起，容易审美疲劳，所以他们又是经常被忽视和被埋怨的那个群体。假期里要尽可能多地陪陪家人，遇事脾气好一点，再好一点，除了为家人买点他（她）喜欢的过年礼物外，更多的是让他（她）感受精神上的温暖。您多付出一点，家的氛围就会更浓厚一点，生活才会有滋有味。

假期结束返校时，老师们纷纷给我回信，敞开心扉跟我讲，谈什么的都有。看得出，在暖语亲情的催发下，一些老师封冻的内心世界开始松动了，小家大家融为一家。这时候，我真的不再是那个高高在上的校长，而是一个能促膝谈心的家人，说的也不是那些大道理，而是充满烟火气的人间值得。

"同盟军""同理心"的活力后劲

面条与"黄页"

当好老师，办好学校，需要一支同心同行同盟军，合力合拍育好人。

自从白牛中学当班主任的第一天起，我就有种朴素的认识——教育学生，老师不能单打独斗，一定要把家长拉进来，组成可靠的"同盟军"。所以，隔三岔五我就会上门家访，特别喜欢到学生家里走走看看说说聊聊，就像走亲戚一样。或许是山高路长的缘故，有的老师连家访一次都嫌累嫌烦，而我仗着年轻，总是乐此不疲。在那个没有手机、微信、家长群、朋友圈的年代，自行车与两条腿就是家校沟通最贴心、最有效的方式。

我会按照学生住址就近划分几个区域，一次走访四五户人家。一进村子家长便热情不已地互相转告："老师来啦，老师来啦！"一进家门，家长先煮上一大碗面条。依照农村的风俗，面条下卧两个鸡蛋，再配几块风干的腊肉，就是待客的最高礼遇了。常常会出现这样的情况，一户家庭家访完毕，走进另一户，又一碗热腾腾的面条端上来了……

现在的年轻教师估计很难想象这被"逼"吃面的一幕。想着家长满满的诚意与谢意，我宁肯自己吃撑了，也不能拒人于千里之外。而且只有面条下肚，大家才能抹干净嘴，坐下来谈事，否则气氛总是热络不起来，彼此的话也说不深。另外，也不能一上来就讲孩子的事情，用几句关于农活、农事的寒暄做铺垫，才能慢慢地引导家长把话匣子打开。否则，就成了老师的独角戏，访不到你最想知道、最有价值的东西。

后来，每次家访我就主动带点水果、点心等上门，这样教育的味道淡了，而亲情的氛围浓了。这时候，好像什么都可以谈，不会藏着掖着闪烁其词。每次结束出门，家长还要抓一大把南瓜子、年糕胖、爆米花等当伴手礼，让我带回去。东一袋、西一袋的，我全都搬回宿舍里。等喝菜粥的时候，把这些小零嘴齐齐地摆出来，学生们就知道，上个周末我又去家访了。

直到现在，我跟大多数家长都保持着良好的关系，不是说离开昌化、离开白牛中学，就人走茶凉了。重要的是，这种好关系能帮我深入到学生校外的那个生活世界和心灵世界。很多问题，放到这个大视野里来体察审视，就会有截然不同的看法与处理之道，而教育需要的就是这种化腐朽为神奇的力量。

新颊口中学是社会力量携手办教育的经典案例。没有家长、企业和一些热心人士的支持，是万万不可能完成这项学校"异地迁建工程"的。学校建成后，我们无以回报，唯有联系邮电所，利用业余时间，搜集、分类、编印了一份颊口镇电话号码集。也就两页纸，刊印了单位和个人电话近1500个，首次印刷500份，分送到相关人员的手里。

那可是颊口镇历史上第一个"黄页号簿"，我们的举动引起了社会不小的反响。电话号码纸上有大幅的新校舍图片和"颊口中学750名师生衷心感谢您的关心和支持"等字样。我还附上了一封"多联系、多沟通，携手共创美好明天"的信件，除介绍学校情况外，还表达了在新校落成搬迁之际对全镇人民的深深谢意。

学校的电话号码是最醒目的，很快被人打爆。企业和市民纷纷要求我们加印或增补电话号码，所以前前后后总共增印了5次。21世纪前后，正是装电话机"井喷"的年代。我们则用这样的无偿劳动回馈了全社会对颊口中学的爱，把助推教育发展的各种力量紧紧地聚拢在一起。

事实上，每到一所新学校，亲近学生家长、认识周边的企事业单位和部门，将其培养成办学的同行者，一直是我愿意花大力气去做的一件事。学生是在学校、家庭以及社会的共同影响下成长的。家校联系就像一根纽带，潜移默化中孩子、家长、老师的心就连接起来了，教育的"同盟军"也就逐渐壮大起来了。

学会穿"别人的鞋子"

当老师、办学校难免会遇到意想不到的"大"场面。这个"大"是指各种突发、危急、复杂、棘手的事件。因为它们往往涉及多个部门，需要迅速决断，对专业性、沟通协调能力以及抗压能力都有很高的要求。谁都不愿发生意外，但有些事一旦发生就得去应对。遇到这类大事，我总会问自己："你站在他人角度说话做事了吗？"任何时候家校都是同路人而非对手，从这个立场出发来思考问题的解决之道，就会设身处地地替对方着想，而不是相互推诿或指责。

当老师的时候，我总是从学生的角度去思考教学；当了校长，我也喜欢从别人的角度来分析问题、解决问题。后来，我把这种理念归纳为"站在对方角度说话做事"。因为面对纷繁复杂的大千世界，我们不仅要有"自知之明"，也要有"他知之明"。如果不了解别人怎么看自己，总是自说自话，就不容易达成共识。而达成基本的共识，是开始工作或者解决问题的基础。

正如有句英语谚语"Put yourself in someone's shoes（设身处地）."所

说，在一个越来越多元甚至割裂的社会里，要说服别人，就得学会倾听，学会穿上别人的鞋子。

老颊口中学建在镇上，周边都是老百姓的房子，只有一街之隔甚至一墙之隔。开会、做广播体操……学校喇叭一开，难免会影响到居民们的休息。还有从食堂烟囱里飘出来的灰渣，如果不小心落在晾晒的衣服上，也会引发口角或纷争。当了校长后，这些实实在在的问题都得去解决，否则就会形成积怨。而且我一直认为，学校如家，搞好邻里关系，需要做到"三个要"：

首先要积极沟通。遇到问题或发生矛盾时，应该积极主动地与对方进行沟通，倾听彼此的意见和想法。我罗列了几家产生矛盾的住户，挨个上门去沟通。农村里，攀来攀去的都是亲戚，嘴巴甜一点，至少不会被人轰出门。而只要搭上腔，接下来的都好说。我把老百姓的意见一五一十地都记下来，能解决的当场解决，不能解决的承诺回去再商量、再解决。

其次要主动示好。针对广播噪音扰民的问题，我们主动调整了喇叭的设置地点和对口方向，尽量不靠近或正对居民楼。在举办一些大型活动时，也事先告知附近居民，合理安排休息；同时，严格控制喇叭音量，还把刺耳的课间操铃声改成了节奏舒缓的音乐，以减少对居民的刺激。至于烟囱灰的问题，我们也请了专业人士来处理。老百姓看到我们真心诚意地在处理矛盾，身段也就软下来了。

第三要加强走动。处理与周边居民的关系，不能只顾眼前利益，要看得长远一点。学校搞联欢会等活动时，我们会请居民和家长一起来观摩。居民家里有修修补补等问题，学校也帮着解决。一来二往，走动越多，彼此间也就越来越热络了。有些问题，他们还能想学校所想，急学校所急，主动帮学校一点忙，出一份力。

客人到，活力来

与城市学校相比，乡镇的中小学总是缺这少那，发展因此捉襟见肘。这也是不少校长、老师抱怨的原因之一。

学校连着家和社会，学校资源不足，但校外却有广阔的天地，有无穷无尽的资源，就看你思路活不活，有没有"一无所有"的后勇和"一往无前"的闯劲。

那个年代，马啸中学的老师们生活很清贫，工资不高，奖金也很少。安贫固然好，但长此以往恐怕很难乐教。当校长的，就应该想方设法提高他们的待遇，让他们深切地体会到教育的价值感和获得感。当然，要钱也得讲究策略，不能直愣愣地闯进去，来个狮子大开口。否则，即使拿到了钱，捐钱者心里也不痛快啊！所以我的想法就是，既然学校拿了里子，就要给人面子，让心甘情愿成为捐资兴学者的主流。

"开门办学"，从开运动会入手。我提出开门比赛，精心策划了秋季运动会，把乡领导、各村的党支书和村长，还有一大帮当地的企业家请来现场观摩。进入运动场，一边是签到处，一边是捐款处，嘉宾们都是聪明人，一看就明白了。有的人当场就掏钱，有的人则要看看再定捐款额，毕竟这也事关自己的"身价"呢。

就这样，通过运动会，社会各界了解了师生的精气神，也用爱心捐助的方式支持了学校的进一步发展。运动会结束后，老师们领到了一点补贴，都觉得很意外，因此干劲就更足了。后来我总结说，关了门的运动会叫"独乐乐"，开了门的运动会叫"众乐乐"；关了门的运动会是死的，开了门的运动会是活的。活就活在，它不仅仅是一场体育盛会，还是马啸中学的办学成绩报告会，更是大家努力教学的动员会。

有人说，会哭的孩子有奶吃。我说，我们不仅要会哭，更要会笑。

比起杭城的那些名校，颊口中学在很多方面都会逊色一点。但我们也有自己的优势，如孩子勤奋、老师淳朴、环境优美等。在诉苦的同时，也要向他们展示学校闪亮的一面。因为同情心总有耗尽的那一天，只有各取所需，用现在的话来说，就是实现"双赢"，合作才能持久下去。

1998年，经杭州市教委在临安市教委挂职的张志龙主任牵线，浙江省青年成才基金会、杭州市教委把城乡手拉手教育交流活动放到颊口中学举行。活动声势浩大，除200多名学生外，还来了一大堆省市领导、媒体记者以及优秀的校长、骨干教师等。我们的孩子很自信。三天时间里，他们与城里来的学生一起寻访红军足迹、到大明山拉练等，晚上还在昌西溪边垒石砌灶，用树枝和木头生火做饭，来了一场别开生面的溪边篝火晚会。

那个阶段是颊口中学最困难的时期。通过这次活动，杭州市教委团工委等给学校送来了1.4万册图书，杭州的一些名校像杭州高级中学（以下简称杭高）、学军中学、杭州师范大学附属中学、杭州市商贸职业高级中学、杭州市采荷中学等都慷慨解囊，捐赠了大量的教学设施设备。我曾想过，如果学校没有一点雄心壮志，各级领导可能就不会把如此重大的活动安排到颊口中学了，自然也不会有这些"福利"了。

看到我们的孩子如此优秀，随行的戴和平律师还与9名家庭困难学生结对，捐资7000余元，承诺资助他们完成学业。

还有8位学科名师分别上了复习示范课。虽然是休息日，但昌化镇100余名初三老师，齐刷刷地聚集到颊口中学。当天下午，还分成7个学科组进行了交流活动，问答非常活跃。我跟老师们说，能力可以一般，但态度一定要端正。

活动后，颊口中学部分骨干老师与杭州的名师"拜师结对"，"攀亲"成功，真正打开了教师成长的一扇大门，为学校发展增添了活力和后劲。

　　有了全镇上下合力支持学校的强大后盾，有了全校师生家长齐心办好学校的扎实行动，又有了杭州兄弟学校硬件和软件上的给力援助，颊口中学的教育质量一跃成为全市乡镇初中的前两位，每年还吸引了几十位杭州、临安等外地学生来颊口上学。

"一封亲笔信""一把躺椅"的真情密码

一封亲笔信引发小轰动

1996年寒假，为感谢家长对马啸中学的支持，我用钢笔写了校长生涯里的第一封亲笔信。满满的一页纸上，除表达诚挚的谢意外，还请家长配合做一些工作，以帮助孩子过一个文明而有意义的假期。后来，在颊口中学，我又给家长写了亲笔信，希望他们能准确、客观地认识学校，未来家校之间能进一步地密切合作。没想到，这些信发出后，家长们奔走相告，说"这个校长太用心了"。

初到锦城二中，恰逢杭州市教育局组织开展"万名家长评学校"活动。用什么方式让家长真正认同学校的办学理念和成果，了解学校新的变化和发展思路、举措，我又祭出了写亲笔信这招"大杀器"。2002年10月16日晚，我给1700多名家长写了一封情真意切、娓娓道来的书信。虽然这样的登场不怎么闪亮，却是最文化、最隽永、最个性的。

在信中，我先是介绍了自己，再把今后办学的一些理念和想法告诉他们，行楷的字迹像是一笔一画抠出来的，让家长们看得出自己的用心与细心。我不讲那些冠冕堂皇的东西，始终围绕着家长们关心的教育教学质量

2002 年在锦城二中，开始每月给家长写一封亲笔信

来谈，哪些现阶段能做的、哪些还做不到的，都摊开来一五一十地说。结果，这封信让不少家长感觉耳目一新，有的还带到单位里给同事看。因为这封信，他们对我印象深刻，也改变了对学校的认知。

也就是从那时起，我认识到了好关系是可以"写"出来的。特别是来到公益中学后，每当工作打不开局面或束手无策时，我便铺开信笺，一笔一笔地勾画自己的心事。我相信很多家长都能读懂我的喜怒哀乐，也会感同身受。向这些办学的同行诉诉苦、说说难事，我不觉得有什么难为情。反倒是藏着掖着，会造成信息不对称，可能带来一些麻烦。

在如今微信、钉钉等各种即时信息满天飞的年代，写信似乎有点不合时宜。然而唯其慢，才显得郑重其事，才显得用心良苦。我把给家长写信，当作家校"连心桥"的一种方式。不但提醒他们每月需关注孩子什么，更重要的是提供可操作的具体方法，实实在在地指导他们怎么做好家庭教育、配合学校和老师完成工作。所以，一些信件被家长们当成了"育儿宝典"，在网上广为传播。

发挥亲笔信的力量，慢慢"写"出与家长的好关系，我有自己的真情"密码"。

内容实在。这些年，我给公益中学的家长写信，话题主要集中在家长们比较困扰的一些问题上。譬如品行培养方面的，"孩子犯错了怎么办""怎样和青春期的孩子沟通更有效""怎样带着孩子一起读传记、学做人"等。还有学习方面的，"有助于孩子学得快乐一点的三个策略""孩子学习上遇到困难怎么办""我帮女儿的小故事""离中考还有十天家长和孩子需要做些什么"等。2017年2月的一封亲笔信"开学前，一起播下三颗优质的种子"发出后，家长反响强烈，阅读量突破了100万人次。

感情真挚。书信中很多事例或介绍的方法，都是我作为一个家长在女儿成长过程中亲自尝试并被证明是有效的；也有我这么多年当英语老师、班主任和校长过程中想到的、看到的以及听到的，小到读题的圈画法、与孩子的眼神交流，大到人生规划等。可以说，只要家长认真阅读体会，总能够在信中找到我那颗"想他们所想、急他们所急"的拳拳之心，学到很多行之有效的育儿之道。

话语亲切。每次写信，我都觉得家长就坐在我面前，是在和他们促膝谈心聊家常呢！所以，行文写字时，我也要尽可能使自己的话语"接地气"，亲切自然、蕴含道理、娓娓道来，而且尽量不说空话、套话。一般而言，我会先用经典故事、身边的人和事，把我悟到的某个道理说清楚，再和家长具体讲"怎样做"。这样做的好处就是说教味不浓，家长也比较容易接受。

正因为文字是亲切的，内容是接地气的，所以很多家长都爱看我给他们写的信。有位父亲回信说，"尊敬的潘校长，读着您的来信，我的眼泪不停地在眼睛里打转。从今天起，没有特殊情况，我一定做到每天送她上学、接她回家！"看到这里，我露出了欣慰的笑容，因为亲笔信起作用了，它不仅是情感的传递者，也是生活的记录者、教育的工具、精神慰藉的媒介，以及解决问题的桥梁。

一把躺椅一片情

2003年寒假，作为锦城二中校长，我有幸参加了杭州市名校长培训，还有机会去美国考察学习。给家里人买点纪念品时，我就想着也应该给老师们带点礼物。但一百几十位老师，人手一份，显然不现实。于是，我买了几十罐糖果。

回校后，我照例到办公室走走，见面就打开糖果罐头与老师分享。不少老师边品尝异国他乡的糖果，边说"校长，你在美国还想着我们啊！"我笑着说"当然，你们是我的兄弟姐妹呢"！有时候，情感的表达，不在于东西的多少、价值的高低，而在于我们是否真正用心、用情。

有一次去教师办公室，我发现很多人趴在办公桌上打瞌睡。原来，天一热，人就犯困，有时批着作业就睡着了。揉着惺忪的眼睛站起来，手脚都会发麻。我立马请总务主任去买了些竹制的靠背椅回来。人手一把，午休时靠着至少舒坦些，睡后马上折叠起来，也不影响办公室的观瞻。年底老师写给我的信中，许多人都写到了今年最感动的是学校发了这把躺椅。张老师这样写道："我领到的不仅仅只是这把躺椅，更多的是学校关心我的真情！"

快乐的情绪会相互传染，彼时锦城二中的老师幸福感特别强。冬天气温下降，老师坐在办公室里备课比较冷，学校就给每位老师发了一双棉皮鞋。式样、大小等都可以到店里去选，以满足每个人的不同喜好。夏天到了，学校又给老师买了电扇。虽然这些东西都比较零碎，不像几千几万的奖金那么霸气侧漏，但温暖的感觉却是实实在在的。有的老师还把棉皮鞋、电扇的福利转送给亲朋好友，因此拉长了整条幸福链，无形中还宣传了锦城二中。

无论是一封信，还是一颗糖、一支烟、一朵玫瑰、一把靠椅、一双棉皮鞋……我就是想用物化的小温情，营造一个积极的工作环境。在这个环境里，大家更愿意互相帮助，互相支持，拥有更多的归属感与认同感。

一项权利暖人心

2004年是锦城二中的"效益质量年"。

我们的宗旨是帮助师生降低过重的工作学习负担和心理压力，增强工作学习的实效，提高教学实绩。20年前就提"减负增效"，确实有点前卫，但也与我们柔性化管理的理念十分吻合。我们制定了"'减压增效提质'的若干策略"。

"减压增效提质"首在教师。"教师部分"总共提了6条意见，有一条提到了要合理安排活动，注重提高工作质量。

切实控制师生在校时间，解决上学、回家过早过晚"两头黑"问题。鼓励教师积极主动地参加有利于放松身心、减轻压力的各种文体活动。帮助教师努力做到工作时间全身心投入，工作完成后自由放松。学校开展的活动检查、考核力求正常规范，组织活动时事先征求师生意见，对学校组织的低效的形式化活动、检查，教师有权说"不"，并可以依理谢绝参加。

我也给了学生说"不"的权利，那就是对教师布置的重复低效的练习，可提出理由，经教务处核实后，有权拒绝完成。这在当时，不说石破天惊，也是振聋发聩。学校的用意很明了：以生为本，我的学业我做主，把包括做作业等属于学生的权利还给学生，这就要求老师在作业布置上动点脑筋。

2005年，我被任命为教育局办公室主任，做得最有成效的一件事就是整合会议，给学校减负。临安地形狭长，像昌北地区岛石乡的校长来城里开会，需要坐3个多小时的汽车。有时因为各部门之间缺乏沟通，往往出现今天刚开完会回到学校，第二天又得赶过来参加会议，真是不胜其烦。我在基层当过校长，深知个中的辛苦。所以，办公室主动揽责，统筹教育局的会议安排，能不开的就不开，能压缩时间的尽量压缩，减少乡镇校长的路途奔波，满足了校长对会议说"不"的诉求。

作家刘墉曾经说过，帮助人，但给予对方最高的尊重，这是助人的艺术，也是仁爱的情操。以仁爱之心，帮助师生解决实际困难，尊重他们内心的想法，给他人说"不"的权利，展现出对他人发自内心的尊重和体贴入微的真情。在这样的真情呵护下，师生负担小了，学生的成绩和学校的业绩却蒸蒸日上了。

第四章

女儿教我做"父亲"

人们常说，孩子是一辈子的事业，但知易行难。为了女儿，我从临安来到杭州，在学习做一个好父亲的同时，也渐渐地参悟了如何做一名学生喜欢的好老师，办一所大家热爱的好学校。一阵子凭的是激情，而一辈子需要的是长情。在这条成长的道路上，不离不弃的守望与扶持始终是最坚实、最动人的力量，它让我们在彷徨时醒神、在沉寂时奋起，也终究会等来历经风雨终见彩虹的一刻。

是她教会了我"陪"和"伴"

学弹"四重奏"

当女儿与Branden结婚时，我没有像作家刘墉在文章里写的那样煽情——当音乐声起，女儿握住我的手，我的老泪，会像断线珠子般滚下……反而从头到尾一直都在笑，笑得很开心。在《爸爸不会哭》这篇文章中，他解释道："因为我看到女儿脸上的笑、那种无比幸福的笑，像小鸟一样，从爹地的臂弯飞到Branden的怀中。"

有女儿的父亲大概都会畅想这一掺和了喜悦、祝福、不舍与惆怅的时刻。2023年5月27日，我会永远记住这个日子。那天，我也像刘墉一样情绪复杂地站在婚礼现场，把美丽的莹之交给温厚的善斌，与他俩说了三句悄悄话"因为相信，所以喜欢；因为喜欢，所以相爱；因为相爱，所以成就"，真心祝福他们"Believe, support, love each other for ever"。我还给她写了一封信：

亲爱的闺女：

从小到大，我给你写过很多封信。今天是一个特别幸福的日子，你将翻开新的人生篇章。这封信里，老爸想和你说说我们的三段小故事。

我记得你快要来到这个世界的前一个月，老爸每天骑着自行车到妈妈任教的阳干小学，接送你们娘儿俩。1993年3月23日早上7点多，我正带着同学们大声朗读，忽然有位老师急匆匆地推开教室门跟我说："你爱人在喊肚子疼了，快点去！"我连忙陪着妈妈乘大客车来到昌化人民医院，和爷爷奶奶守在产房外面焦急地等待。下午一点多，终于看到了你粉嘟嘟的小脸。我不由自主地喊了声"我做爸爸啦"！而后飞似的跑到昌化街上买了很多的水果、糕点，与医生和护士，与周边所有的人分享我的喜悦。

我记得你在石镜小学读四五年级的时候，老爸每周六晚骑着摩托车送你去张帆老师那儿，学习你最喜欢的国画。有一次我来到了你上课的画室，站在你身旁看了十几分钟，你一点儿都没有察觉，从你投入的神态中，老爸读出了你做事的专注。说实在的，你读小学那几年，正是老爸工作最忙的时候，我陪你的时间真的不够多，至今内心都有些愧疚呢！好在妈妈在陪伴的过程中从来没有缺席过，除了照顾你的日常生活外，陪你读了很多书，比如对照着视频读《水浒传》，和你比赛着读《上下五千年》……你也因此养成了爱读书的好习惯。当你在五年级考了年级第一名，我问你最想要什么奖品时，你脱口而出说："一套《哈利·波特》！"

我记得你在学军中学读高中时，老爸每天开着尼桑车在早上7：10前、晚上9：10前按时出现在文三西路188号。老爸知道你读书很辛苦，所以把你接回到家中时，总会给你泡一杯热茶、做一个水果拼盘，吃完后一家三口继续看点书、写点文章。现在想起来，那真的是特别甜美的家庭时光！2012年高考语文考试一结束，你就跑过来抱着我说："老爸老爸，你知道今天考的作文题是什么吗？""什么呀？"我很好奇。"就是那天在上学路上的'汽车聊天吧'里，我们一起讨论过的'坐在路边鼓掌的人'！""哇，聊天也能聊到高考作文题啊！"开心之余，我感到特别庆幸，庆幸在2007年暑假做对了一道选择题：跟着你来到了杭州公益中学，近距离地与你分享成长中的喜乐，排解成长中的困惑，顺利地实现了我们在"小升初"时做的"潘莹之培养方案"。

亲爱的闺女，人与人之间是一场场的彼此成就、双向奔赴。在学习怎样做一个你喜欢的好老爸的日子里，我明白了怎样做个学生喜欢的好老师、办所学生喜欢的好学校。我的普通话很不标准，许多字的读音都是你教我的，比如你教会了昌化话的"决呼"应该读成"菊花"，一二年级时让你学剑桥少儿英语，你的一句"你叫我读天书啊"让我明白了"在适当的时候干合适的事"的道理。

亲爱的闺女，这一路走来，我们共同书写了许多精彩的故事，今天你将走向新的人生旅程，与善斌一起续写更加美好的故事。我深深地感到，我们是幸福的，因为我们遇到了许许多多的好人。老爸期待你一辈子记住他们对我们的好，同时，也悦纳林林总总的生活状态，尽最大可能地用你内心的善良包容，化解不尽如意的人和事。老爸也期待你既有"小爱"，尽力做好家里的事，也有"大爱"，为单位、为社会，为身边所有的人，多做点事。

发自内心地祝福你！

永远爱着你的老爸

时光拉回到1993年春天，下午两点多，昌化人民医院，剖腹产，7斤6两重的莹之就这样来到了人世间。头发黑黑的，脸蛋粉嘟嘟的，哭声十分响亮，确实像个小天使，我一看心里就化了！

在农村，最看重的当然是长房长孙。但父亲一点都不封建，生男生女一个样。用他的话来说，只要身体好，健健康康成长、快快乐乐发展就好。村里人生孩子，经常请父亲取名，我也给不少亲朋好友的孩子取过名。但女儿出生，我决定还是请父亲出马，毕竟他的国学功底更为深厚。父亲听后特别开心，马上乐呵呵地动了起来，翻书查字典，一刻都没闲着。两天后，女儿的名字便出炉了。

"志平啊，名字取好了，我看就叫'莹芝'吧。"我说，哪两个字？他一边比画着，一边说，"莹"就是晶莹透亮的莹，寓意像玉石一样美好、光明纯洁；"芝"表示灵芝草，也特别珍贵。《孔子家语》里还有"芝兰生于幽谷，不以无人而不芳；君子修道立德，不以穷困而变节"的寄语。我说好，这个名字叫得响，也很契合女孩子。沉吟了片刻后，我提出这两个字都有草字头，是否可以把"芝"字上的草字头去掉，改成"之"。

父亲有点不解，我说"之"有第三人称他或她的意思，这样"莹之"就成了动宾结构，而不是原来的并列结构。父亲恍然大悟，他说这个好，不光是要让自己变得像美玉一样气质甜美，还要有一颗善良而利他的心，就是在自己闪闪发光的同时，还会尽其所能照亮别人。而且"之"字特别雅、特别有文化人的味道，因为"之乎者也"是古代读书人的口头禅。

就这样，女儿有了属于自己的大名——潘莹之，一个集合两代人智慧和期许的身份标识。我不是文化决定论者，但俗话说"人如其名"，姓名的心理能量有时十分强大，冥冥中它会影响一个人的选择。

我常说，不是我们抚养女儿长大，而是女儿教会我们做更好的父母。"爱孩子是母鸡都会做的事情。"但是，母鸡会为小鸡而改变吗，会因为小鸡的成长而成长吗？

有人把做父母分为四大境界：一是为孩子花钱，二是为孩子花时间，三是为孩子学习，四是为孩子改变。而莹之教会了我这"四重奏"，我原本以为自己为孩子付出了一切，到最后才发现，被孩子成全的原来是自己。她就像一面无尘的镜子，时时刻刻都在照见初为人父人母的我们。

寻找"兴趣点"

　　那些年，因工作需要，我辗转在昌化区的几所初中任教，家里人只得跟着一起迁徙。马啸中学旁边有所村办幼儿园，那就是莹之开蒙求学的初始地。后来我转到颊口中学当校长，她又跟过来读幼儿园大班。来回奔波，反倒养成了她随性、好奇的性格，什么都觉得新鲜，什么都想尝试。有一回，她生平第一次见到钢琴，立刻被那婉转悦耳的声音抓住了，就嚷着跟我说要学钢琴。可当时的颊口，条件不太允许。

　　2001年，颊口中学完成了史上最难的迁建工作，学校发展蒸蒸日上。这时，我却打起了"退堂鼓"，想着女儿艳羡的神情，觉得不能老是拖家里人的后腿，也要为她们搭建一个更广阔的舞台。事有凑巧，位于临安城里的天目高级中学恰好公开招聘副校长。虽然是高中，但我也不假思索地报了名。我从未参加过类似的竞聘，紧张归紧张，但思路还是很清晰的，结果如愿聘上了。

　　就这样，我们一家三口进了城，女儿进入石镜小学读二年级。一开始是租房子住，也许是房子地处城市中心的缘故，少了以前乡下那清晰悦

为满足女儿的求知欲，竞岗到了天目高级中学

耳、欢快有味的蛙鸣曲。后来我争取到了城西的经济适用房，搬进新居的一天晚上，再次听到窗外熟悉的"呱呱"声，惹得我文思泉涌，立即写下《新居听蛙声》一文。文章发表在临安报上，还被编进了《天目流风》一书中。我在文末这样写道："但愿这蛙声永远伴随着我，伴随着人们，时时处处、永永远远与人类共同谱写和谐共处的乐曲。"

就读石镜小学后，莹之的各种兴趣爱好似乎瞬间被激发出来，对兴趣班兴致特别高，什么都想学。我的想法是，只要她感兴趣，就都去试试。比如钢琴，先去弹个二三次，再坐下来聊聊，问问她"是不是真感兴趣""受不受得了枯燥的练琴"等，然后再做决定。因为孩子是很善变的，不知道她是纯粹好奇，还是真喜欢。而且不能想啥就是啥，还得设置一定的门槛，太容易得到的东西反而不懂得珍惜。

一段时间下来，篮球、游泳、竹笛、口琴、葫芦丝、民族舞、书法、绘画，莹之都学过。时间、精力不够用了，我就开始跟她商量做选择题了。我们商定了上兴趣班的五条原则：一是选一个体育类的项目，动得起来，强身健体摆首位；二是选一个书法绘画类的项目，静得下来，静心专注是特别重要的学习品质；三是选一个乐器类的项目，弹（吹、拉）出节奏，富有乐感对协调性、平衡感益处多多；四是自己想好了再学，既然开始学了就得坚持下去；五是根据内心的意愿，自己决定要不要参加考级测试。

如此，动静结合，纯粹从爱好出发，让兴趣班回归它的本源。很多年后，在与莹之的一次闲聊中，她跟我说："要感谢您当时让我报了钢琴等兴趣班后，没有要求我去考级。每次上完钢琴课，金老师会布置两首曲目让我回家去练。我对自己喜欢的那首会练得行云流水，而练自己不喜欢的'回琴'时则可能弹得断断续续。这样我对上兴趣班就不反感。"是啊，自己真正喜欢的就会学得津津有味。

作为英语老师，我特别想让莹之学剑桥少儿英语，提早兑现所谓的遗传或天赋。结果，可能是因为词汇量太大了，不适合一年级新生学习，她跳着脚地反抗说："你让我读天书，我怎么读得进去，我讨厌英语单词。"二年级时，又想让她早点接触国画，可小学低段的孩子连抓笔都困难，更奢谈皴染等靠腕力、指力的技巧了。这时候，我才明白任何学习都要讲求时机、讲求适合孩子的天性。比如小学低段学打击乐器，容易敲出声音，有利于提高她的学习积极性。

升入初中后，随着学业任务的增加，她选择了自己喜欢并坚持要学的竹笛、国画，同时参加了校足球队、定向越野队。这些兴趣和爱好成为她日后在大学、单位里让人眼前一亮的傍身"法宝"，也为她的身心和谐发展打下了坚实的基础。大家都觉得这个女孩身上有着无限的可能性。所以，我跟许多家长说，付出总会有回报，没有一种努力或坚持是白费的。

兴趣爱好是孩子个性和天赋的体现，也是他们成长的重要一部分。家长对兴趣班抱着什么样的态度，用什么方法引导孩子是大有讲究的。要不要参加兴趣班，参加何种兴趣班，什么时候参加这类兴趣班，需要遵循孩子的学习认知、身心发展规律，而且一定要与孩子一起商量而定，切不可只是照着家长的意愿来。

只要合理引导与注意平衡，学科学习和兴趣爱好培养是不矛盾的，反而会相得益彰。因为在兴趣爱好的培养中，也能发展孩子的自觉性和自律性，而且还可以舒缓学业的压力。更重要的是，孩子知道了父母会倾听他的意见、尊重他的选择，这实际上有助于他实现全面、整体的发展。

赶走"拦路虎"

莹之上学后，不管多忙，我都会在她做作业时，陪在她身边看看书。

小学三四年级时，我发现她一写作文就咬笔头。时间过去一二十分钟后，她还只是写了七八行字，一副痛苦的样子。我问她："没有什么思路还是没有东西可写？"她说："我也不知道，反正是写不出来。我最讨厌写作文了！"于是，我买来两本《小学生优秀作文集》和一本《名家散文选》，并对书中的文章做好分类，如"写人写事类""状物写景类"等。每天晚上用15分钟左右的时间，我们父女同读、共析一篇文章：莹之朗读后，我与她一起分析写人写事文章的开头、结尾有哪些共同点，通常会采用哪些描写方法来突出人物的形象；状物写景类的文章通常怎样抓住景物的特征来写等等。有时候还会提醒她，有些文章写的事情是不是在我们自己的生活中也常发生，我们是不是也可以这样写……等她悟到了一类文章的基本结构后，就仿写一篇，并请她的语文老师打分、指导。

半个学期后，女儿的作文突然"开了窍"，拿到任何一个作文题目，她构思后列好提纲，很快就能写完，而且还常被老师当作范文。到了六年级，她又遇到一个问题，就是一写就"刹不住车"，会大大超过考场作文的字数要求，我又和她探讨了如何取舍素材，做到详略得当。莹之作文的"突飞猛进"让我明白了"陪伴"两字有"陪"和"伴"两层含义，"陪"只是在物理空间上在女儿的身边，而"伴"有心理上的支持、情感上的交流，以及步伐一致的行动。

在莹之初二时，语文阅读题总是答不到"采分点"时，我买了两本《中考现代文阅读》的书，每天晚上回来做一篇，次日晚在另一本书上对同一篇文章再做一遍。精读精做了十多篇后，她就找到了怎样答题才能得高分的路径。同样，针对初二时的科学实验题、初三时的二次函数和圆相结合的数学压轴题等困难，我都和她共同面对，陪她赶走了学习道路上的拦路虎。

有人说："孩子是上天恩赐给父母最好的礼物。"孩子是用来陪伴的，这个"伴"还有一个核心要义，就是"熏陶"。在家里营造一个书香环境是最好的陪伴方式之一。

莹之的妈妈很喜欢读书，买了很多中外名著。我们家里不仅有专门的书房、阅读角，而且无论走到家里的哪个位置，都可以随手拿起一本书来读。因为我正处于打开学校工作新局面的关键期，工作的确非常忙碌，所以小学时陪伴女儿阅读的任务，大多是我爱人完成的。晚饭后，全家人各就各位，一起读书，亲子共读一本书后，适时做些交流。莹之完成了一个阶段性目标或者拿到了荣誉，家里的表彰也是书。有一次，她说想要一套《哈利·波特》全集作为奖励，我说没问题。不过，这套书不但价格不菲而且杭州还买不到，只好托人去上海购买。

受父母书香氛围的熏陶，莹之养成了良好的阅读习惯，读了不少经典书籍。填报高考志愿时，她首选的是华东师范大学中文系。华东师大是一所国内知名高校，教育学研究的航母，它的中文系很强。学校不仅拥有徐中玉、钱谷融、王元化等大师级学者，格非、李洱、孙甘露等华东师大作家群也十分活跃，接连斩获了茅盾文学奖。所以，这是很多读书人梦寐以求的胜地。我们尊重她自己的选择。

因为语言文学是最易让人融通、共情的一种艺术形式，我常说读中文系的女孩子会比较独立、优雅和细腻，也比较容易与他人共情，这也是我对莹之一直以来的期待。

和她一起做对了"选择题"

一个决定走向的家庭会议

2005年，我离开锦城二中，转任临安市教育局办公室主任，走上了行政岗位。一年后，莹之小学毕业了。彼时，义务教育就近入学政策还有口子，所以很多家长会选择民办初中，让孩子去报考心仪的学校。我也带着莹之报考了几所民办初中。她发挥得不错，上了所有学校的录取分数线。

2006年7月的一个晚上，我们开了个家庭会议，主要议题是商讨莹之去哪里上学的问题。在列出了每所初中的优点和不足后，三个人各自发表观点并陈述理由。

之前，我对几所心仪的民办初中做过一些"功课"。为探听虚实，还实地考察了其中几所学校，从学生起床到睡觉，观察他们的学习与生活，倾听他们对学校、老师等方面的议论，也跟校领导等长时间地聊过。接触下来，我觉得富阳的一所热门学校从校园文化建设到日常规范执行，以及老师在跟孩子们交往过程中展现出的良好师生关系等，都非常适合女儿。

而莹之的妈妈则希望女儿留在身边读书，譬如到我当过校长的锦城二中就读，可以多得到老师的一些关照。我当即表示"能得到更多关照"不能作为选校的理由，因为在孩子的成长过程当中，最大的敌人之一就是父母带给他的优越感。如果由于我是校长或教育局领导，老师就给莹之超出一般学生的关爱，其实对她有百害而无一利。

最后，我们问莹之："闺女，你自己想到哪儿去读？"她说，还是想去杭州公益中学读书。我有些疑惑，莹之解释说，她在公益中学的教室里看到了空调，那时候，这算是个"小奢侈"。她接着说，公益中学班里的人比较少，而我倾向的那所学校一个班有60多人。我总算明白了，原来暑天考察学校，左右女儿选择的尽是些感性因素。

我有点哑然失笑，觉得女儿还是幼稚。但她说的第三条理由倒是说服了我："我想去大城市读书，那里我可以看到更广阔的世界。"最后，我们把去哪里上学的拍板权交给了莹之自己，就像有句话说的一样，"我的人生我做主"。去什么城市、到哪所学校读书，这都是她今后要经历的事情。如果家长只顾着自己的想法，强行"拉郎配"，孩子一旦碰到挫折或困难，就会记恨父母，口出怨言"是你们一定要我来这里读书的……"

更为重要的是，进入青春期的孩子内心特别渴求得到尊重，希望有自己的选择。而我们也觉得，应该无条件地给予孩子这种选择权，放权意味着无论对与错，他都要为自己的选择担责。这是最好的责任教育，平常的时候求都求不来。就这样，小升初、初升高、高升本、本升硕等所有与学习有关的事情，莹之都是自己思考、辨析、拿主意的，而我们就是坐下来帮她分析、决策并提供一些建议。

如果把家庭比作一个公司，父母只能是"有限责任"。到了初中以后，最好是让孩子当家庭这家"有限公司"的"总经理"，父母的角色是"公司顾问"或者是"总经理助理"。该管的管，不该管的一定学会放手，尤其是要给孩子选择的机会，培养他善于选择、科学选择的能力，这比直接告诉他结果重要得多。否则，什么事都由父母包办，孩子永远长不大。

一份极有价值的家庭文件

莹之最终还是选择了公益中学。

"独自一人去杭城上学，你会遇到很多困难，能坦然面对和克服吗？"

"你从没住过校，集体生活能适应吗？"

"从教室到宿舍，要走两里路，你能坚持下来吗？"

……

我们罗列了一大堆可能遇到的问题，看看能否动摇她的决定。而且"丑话说在前面"，省得到时候犹豫或反悔。这时候，莹之表现得特别笃定，一副九头牛也拉不回来的神情。既然其他学校都不在她的考虑范围之内，我就说，那咱们"约法三章"，一起来做个培养方案吧。就这样，家庭会议直接进入第二个议程，从"选什么"过渡到了"怎么学"。

培养方案分三块：

第一块是培养目标。既有"品行端正、身心健康、兴趣广泛、学业优良"等总体目标，又有初中、高中、大学、研究生等分阶段目标。考公益中学时，莹之成绩排名前十，为此还免了一年的学费。所以，她对自己也很有信心，说三年后的中考一定要进杭州前三所重点高中；六年后的高考，则要进"985""211"大学。这个目标定得可不低啊，既然她志存高远，我当然兴奋，觉得像是吃了颗定心丸，因此无论如何都要支持她的决定。

第二块是各自的任务和措施。实现培养目标，完成培养方案是全家人共同的事，需要明确所有人的责任——老爸要做什么，老妈要做什么，女儿又要做什么。协商的结果是，女儿的任务是承担一项班干部工作、坚持两项兴趣特长训练、五门学科达到自己满意的成绩。例如女儿要成为"品行正，情商高"的人，要当班干部，无论什么岗位都可以。当了班干部就有了利他之心，就有了奉献的意识，就锻炼了组织管理和协调能力，就会更多地站在他人角度说话做事。坚持兴趣特长的发展有利于她的身心发展。我负责关心莹之的心理、思想，协助语文、英语的纠错题整理；妈妈照顾她的生活起居，负责数学、科学的纠错等。另外，书画、吹笛子等兴趣班的接送，也由我包干了。可以说，相关内容定得非常具体、细致。

第三块是奖励与惩罚。如果完成了第一块目标，莹之提出能不能奖励旅游，我说没问题。至于惩罚，我故意拿她最在意的国画兴趣班说事："如果达不到目标，那么你的画画班就只能取消了。"结果还真的刺激到了她，为了能画画，她就有一股动力。读书毕竟是一件很辛苦的事情，你总要有一点东西去撬动它，有那么个支点，这个支点就是孩子真正喜欢的或最想要的事物。我们商定每学期一考核，考核前是目标导向，考核后就变成结果导向。

所以，整个培养方案是有目标、有任务、有行动、有结果、有奖惩的，而且人人有责、各司其职，就像北京冬奥会口号——"Together for a Shared Future（一起向未来）"说的那样。首先，我们倾尽所能，一起（together）来努力；其次，我们协商一致，一起制定目标，共同分担责任；最后，以目标为指引，齐心协力，向着美好的未来（future）冲刺。

正所谓"知易行难"，定目标是容易的，想要达成目标往往很难。说出口是容易的，一步一个脚印地去践行很难。为此，我们还把培养方案形成了文字，三人签字，各执一份，并张贴在家里醒目的位置，来督促大家执行。

回过头看，这是一份价值很高的"家庭文件"。全家一起商量制定，朝着一个共同的目标，各自承担相应的任务、采取相应的针对性措施，有效消除了"不患寡而患不均"的心理，走出了"想法很多很丰满，执行较少很骨感"的困局。这份"家庭文件"还有利于从小培养孩子的契约精神，正如卢梭所说"社会秩序来源于社会全体人的共同的约定"，遵守约定就是尊重社会。家庭亦然，遵守培养方案，也就是尊重家庭中的每一个成员。

第一学期，培养方案执行得不错，我们在客厅里面贴了一张表。期中考试成绩、当了什么班干部、老师的表扬、有没有评上三好学生、参加十三中教育集团运动会拿了什么名次等全都记录在案，一目了然。具体的行动和任务也是一个接着一个，我们检查后达标了，就打一个勾。没有这种及时的、显性的评价，培养方案的效果就会打折扣，甚至还会不了了之。许多时候孩子之所以说到做不到，就是因为缺乏检查点和反馈措施，没有形成具体化的闭环管理。

到学期结束时，莹之顺利达成了当初制定的阶段性目标。过年的时候，遵照培养方案中的奖励条例，我给她发了一个大大的红包。

一道做对了答案的选择题

第一个学期的美好时光没有维持多久，第二个学期从3月份开始，我就隔三岔五地接到班主任或任课老师打来的电话。不是说莹之的学习成绩像过山车一样起伏不定，就是说课后作业一会儿清爽一会儿糟糕……教育局办公室工作比较忙，我只能下班以后，买一点她喜欢吃的，去学校与她边吃边聊，聊完了会稳定一阵子，但是过一段时间又故态复萌了。有一次还在教室里发起了脾气，让老师都下不来台。

事情并不复杂，就是在英语老师让她去办公室帮忙时，临时代班的班主任用自由组合的方式调换了位置。结果，她回到教室里一看，她很要好的同桌另选了她人，她已经无人可组，可能内心有些憋屈，就把凳子拖出"吱吱嘎嘎"的怪响。所以，老师就把状告到我这里来了。

我没急着打电话，因为多年的实践经验告诉我，事缓则圆，只有等她心绪平复一点，才容易沟通。沟通时，尽量与她面对面地"对话"，而不是居高临下的训话，靠声音来把她hold（压）住。"我是大人，你是小孩，你不听我听谁？我今天非得把你拿下"的姿态，"就是你不对！换个座位有什么大不了的？难道你不能让着点吗"的方式，往往会惹怒孩子。一旦孩子与我们硬杠时，老师和家长常常就是一个loser（失败者）。跟孩子对话，第一是要学会倾听，不管孩子说什么，无条件地听完；第二是保持中立，没听懂就不要轻易表态；第三是帮助分析，找到解决问题的对策。用"顺毛捋"的态度和方式，跟她以商量的口吻说，"这个事情我倒想听听你的想法，我们一起来想想看怎么样更好"，她就来劲了，因为她觉得自己得到了尊重，成为跟你平等的人。

于是，我使出了百试不爽的"三步谈话法"：第一步，拿两把高低一样的椅子，请女儿坐下来，给她泡杯热茶，等她喝上几口，缓口气。第二步，听女儿叙述一下事情的来龙去脉。女儿说话时，与她有眼神交流，耐心仔细听，适当作点回应，但不随意插话或打断她，绝不轻易表达我的观点，不对这件事情作对与错、是与非的定性评价，让女儿觉得沟通的大门时刻敞开着，什么话都可以跟我慢慢说完。第三步，帮女儿分析后引导她找到解决的方法。可以用"你的委屈是什么？""你做得好的地方在哪里？""人家有什么做得不是太妥当？""你是不是也有可以做得更好的地方？"等语言进行引导。

当然最关键的是解决问题的具体措施。我说："你感到有点委屈，老爸也理解你当时的心情和做法。但这件事情不解决，始终是个疙瘩，而且老师、同学对你的行为也会有些看法。接下来你有什么打算，是否需要老爸帮你做点什么？"她听完了以后说："要我当面去道歉，我好像说不出口。"我建议她："那是不是可以写个纸条给老师？不强调理由，但说出自己当时真实的内心感受，重点表达自己做得不妥的地方和今后的改进行动，期待老师能理解，并帮助你向同学们做点解释。"女儿很开心地说："可以，马上写！"就这样，这个小风波得到了圆满解决。

但是，我仍没有弄明白究竟是什么导致了她的学习和情绪有了这么大的变化。那两个多月我特别焦虑又十分无奈。终于等到了五一劳动节，放假几天我都陪着她，尽最大可能与她多聊天，试图从她的言谈举止中觉察她的变化。结果发现，她确实不太爱多说话了，有一次她盯着天花板看了好久，我突然醒悟过来，这与我在一本书中读到过的青春期孩子"发呆"的表现几乎一模一样。不同的孩子青春期表现的形式各异，但莫名其妙地发呆，动不动就发脾气是其两大典型症状。

怎么办呢？认真思考了一个多星期，在和爱人商量后，我决定去杭州工作。几经努力，终于在2007年9月如愿来到女儿身边陪伴其左右。谢校长恰好退休，我就成了公益中学的第三任校长。

在哈佛大学被人亲切地称为"幸福教授"的吉尔伯特曾说过，"十年以后，你不会因为少做一个项目而遗憾，但你会因为没有多陪孩子一个小时而遗憾"。莹之上幼儿园时，我工作特别忙，每天都是委托亲友、同事接送她上下学。有时看她一个人在路边玩泥巴，我就特别心酸，觉得没有好好陪着她成长，有种亏欠感。孩子的培养不可逆转，父亲的角色不可替代，如果因为我的缘故，女儿达不成目标，那将是心中挥之不去的痛。

人的一生需要做许多的选择题。我庆幸在女儿成长的关键期，选择从教育局重新回到学校，跟着她来到了公益中学。虽然我身兼父亲和校长两个角色，也给她带来了一些来自各方面的无形压力，但瑕不掩瑜，我在竭尽全力管好公益中学"大院"的同时，着力耕好自己家的这块"小田"，用心用情实现了"大家""小家"双丰收的目标。

与"她"实现双向奔赴

一次一次搬家的故事

就这样，我加入了公益中学大家庭。像以往调入一所新学校一样，我给自己定下了这样的目标：全身心投入，两个月成为"公益中学通"，一个学期真正成为"公益中学人"，主动快速地完成从相识、相知、相爱到相融的角色转变。

"我们是租了杭师院物理系的一个大教室开始办学的。"公益中学的首任校长殷莺跟我说。在拜访殷校长和继任校长谢校长时，她们生动地描述了五次搬迁校舍的情景。

1995年，公益中学租用了杭州师范学院两个大教室，招收了两个班108位学生；1996年，租用浙江商业干部学校6楼靠东面的半层楼，公益人俗称"半层楼"；2001年，租借原祥符中学校舍，招了部分住校生；2002年，搬迁到杭州商学院内；2003年，搬迁到学院路原杭州外国语学校；2004年，搬迁到嘉绿苑小区新建的校舍内。

校址不定，校内没有宿舍，住校生也是几易宿舍。起初住在丰潭中学。每天晚自修结束，老师带着孩子们步行20分钟到丰潭中学，早上走回公益中学上课。随着外地学生人数的增加，部分学生住到了杭十三中临时改装的宿舍内，学校租了四五辆大巴，早晚往返于十三中和公益之间。没有浴室，条件艰苦不说，每天来回奔波，遇到雨雪天，困难就更大。于是，我花了三个多月的时间，与学校对面的海洋渔业局领导协商，让初三住校生租住在他们的宾馆……

兜兜转转，直到2013年学校整体搬迁至文二西路698号，住校生才拥有了属于公益中学校内正式的宿舍楼，有了洗澡间和独立的卫生间……

殷校长还饱含真情地向我讲述了公益中学初创时的点点滴滴，1995年开学时，为了节省开支，6位老师都身兼数职。讲义和试卷都是老师们自己用老式的油印机手推印刷的；上下课的铃声是由老师用摇铃手摇的。因为不想让炒菜的声音影响到隔壁教室上课的学生，所有的菜都是在电饭煲里焖出来的。校医兼出纳的张老师，每天要跑三四趟银行存钱、取钱，原因是学校里连一张带锁的桌子都没有。

条件虽然艰苦，却也别有一番趣味。没有学生食堂，中饭时8位男生"吭哧吭哧"把杭师院附中烧好送过来的饭菜抬到6楼；没有自己的后勤处，108位学生在老师带领下，浩浩荡荡走到师院附中去搬运新书；没有运动场，学生就把每天的上下6楼当成了体育锻炼。特别有意思的是，有位姓林的男孩患了6年的哮喘，经过这上学爬楼梯的锻炼，竟奇迹般地痊愈了！

政法干校的房子很破旧，两间教师办公室是由男女厕所改装而成的，教师坐进去办公时，还有股特别的味道呢！学生的运动只能在一块不大的煤渣地操场进行，体育课上完，学生集体变成煤渣染的"黑手黑脸"，互相玩笑调侃，其乐无穷！

创业何其艰难，守业同样不易，唯有深入观察、了解学校的优势，才能在传承的基础上找到新的增长点。我努力从各种渠道全方位认识公益中学。

1995年，杭州主城区出现入学高峰，重点高中创办的国有民办初中应运而生。如杭州第二中学（以下简称杭二中或杭二）创办了建兰中学、杭州学军中学（以下简称学军中学或学军）创办了杭州文澜中学（以下简称文澜中学），公益中学的母体是杭州师范学院附属中学，初高中分离后，归入了十三中教育集团。为什么民办学校取名为公益中学？我好奇地请教了老校长："教育是公益事业，办民办初中也应坚守公益的初心，'公益中学'因此而得名。"

让我记忆犹新的是，2013年，公益中学完成了第六次搬迁，从嘉绿苑搬到文二西路698号，与育才外国语学校在同一校园内办学。那年暑假的"搬家入户"之路并不平坦，育才外国语学校先于公益中学搬迁到这个校园，所以育才小学的家长特别不希望公益中学搬入，发起了一次次的集体抵制行动。我果断挑起了与他们沟通的重担，直面回应他们提出的十几个疑问和担忧，入情入理地分析现状，真心诚意地承诺：作为公益、育才学校的校长，我一定会，也相信能挑起两校协同发展的重任。

在上级的坚强领导下，全体老师以极大的责任心，耐心细致地做了充分的、卓有成效的工作，终于基本消除了小学生家长对中小学的孩子在同一校园上学的种种顾虑，实现了按时顺利开学的目标。而后，我们又积极争取异地新建一所学校，到2023年终于如愿，从根本上解决公益中学、育才外国语学校校舍问题，实现了两校都有独立的校园。其间，2012届学校家委会会长高国强先生等竭尽全力，提供了诚挚感人的关心和帮助。

我真真切切体会到，公益中学能有今天的"安居乐业"，最大的推动力莫过于上级领导的关爱。2018年西湖区委章书记来校调研了解到，育才、公益两校近60个班教学用房十分局促，在问清了体育馆旁的一幢写字楼（467联盟）的基本情况后，说回去商量一下。一周后，西湖区刘区长就带领文新街道、教育局等负责人，来到学校现场办公，决定把这幢4000余平方米的楼用于公益中学办学，教育局立马拨出专款，支持学校着手进行装修改造。于是，九月开学时，初一年级12个班就搬进了修葺一新的北区

六次搬迁，公益中学终于有了稳定的校舍

新教室。

　　有位熟知公益中学一步步发展进程的教育局领导在来校调研时不无感慨地说："公益中学真的很不容易，别的不说，建校18年，搬了六次家，如今才终于有了一个稳定的校舍。但是，公益的师生感情随着一次次的搬家越来越深，学校也随之越办越好。就像我手里的这杯茶一样，经历了沸水的多次冲泡，而绽放出更浓郁的芳香。"

　　知之愈深，爱之愈切。对公益中学了解得越深，我对公益中学的感情就越浓。人就怕动真情，有了对公益的真情，对办好公益的使命感就越强烈，也就越自觉地全身心投入到促进学校发展的工作中。

一个一个增加的孩子们

　　曾国藩先生有这样一副对联："天下断无易处之境遇，人间哪有空闲的光阴。"

　　来到公益中学后，方知民办初中办学之难。那时全校24个班，每个班30～35人，而招生计划是按每班40人设定的。老教师告诉我："学校起初几年根本不愁生源，也有亮眼的成绩，后来由于没有固定的校舍等多方面原因，陷入了招生困难的窘境。家长和学生是'用脚投票'的，如果不想办法把学生招好，我们的学校是很难办好的。"

我的女儿莹之喜欢公益中学的一大理由是班额小，而现实的情况是当时学校的知名度确实不太高。有两次我打车说到公益中学时，出租车司机根本不知道学校的位置，还问我这是个什么样的学校，是不是专门接收外来务工人员子女的。所以，时不我待，我要做的第一件事就是要把学生招齐招足。

为此，我在2008年3月发动老师编了一期"招生特刊"校报。在充分挖掘学校优势的基础上，我撰写了文章《选择公益中学的九大理由》。在接下来的几年内，我相继用心撰写了《细节体现公益人的个性和魅力》《公益人的一个理念、两大品牌、八方特色》等文章。《杭州日报》以《上了初中，孩子就会学得很苦很累吗——杀出中考重围，公益中学找到乐学的突破口》《公益中学：让所有孩子学并快乐着》为题，全面解读公益的特点，通过实实在在、饱含真情的图文介绍，扩大学校的影响力。

而后，我们发动全校老师去各种可能的场合分发校报。老师们利用休息时间跑遍杭城大大小小的小学和街头巷尾，"广撒网"式地到处开展招生宣传。

"你是潘校长？"在翠苑文华六年级家长会结束时，有位高个子的妈妈问我。

"是的，有机会可以去我们公益看看！"我连忙回答。

"天气这么冷，校长还守在这边发校报，大家看看吧！"

这一幕发生在2008年招生季。那天晚上，我们老师分头到各个小学发宣传资料。我虽然事先联系了校长，但是到了门卫室，保安说什么都不让进，我好话说尽，保安好不容易同意让我把电瓶车停放在门口。我想向保安借一个凳子放校报，但是保安冷言冷语说没有。我分明看到门卫室里有一个凳子，只是他不愿意借罢了。于是，我趁他不注意，自己将凳子拿了过来。

那天很冷，树叶满天飞，我在寒风中等了两个多小时，终于看到小学六年级家长开完家长会出来了。人来人往，我感觉热闹非凡的人群中只有我一个是被别人忽视的，但校报不能原模原样扛回去啊！我只得边递校报边大声喊道："我是公益中学的校长，请您看一下我们学校的校报。""什么学校？""公益中学是哪个？"得到的基本就是这样的回应。终于有一个高个子妈妈走过来问："公益中学校长？你这么迟还在这边。"我喜出望外，立即邀请她实地去学校看看。也许是因为她看到了我的真诚，也可能觉得我有点可怜，于是转过身跟另外几位妈妈说："我们是不是明天一起去看看？"我连忙把我的手机号码告诉她们，恳切地说："我等着你们，一定要来哦！"

第二天，我守在学校翘首以盼，上午10点多终于等来了三位妈妈。我带着他们参观校园，介绍了学校"先学做人，后学知识"的教育理念和教育特色，几位妈妈深表赞同。

"你们住得近，让孩子多睡一会儿，这才是最实际的收益！"我乘胜追击，动用心理战，希望进一步突破妈妈们的心理防线。

"我们作为杭城初中教育'航空母舰'十三中教育集团的下属学校，无论是教育教学还是师资力量，都有着得天独厚的优势。从我个人来讲，我也是初到杭州打拼，更想做点事情，我一定会把你的孩子当成自己的孩子来教！"这一席话我确是发自肺腑。

"如果我儿子来，你收不收？"幸福好像来得太突然，让人猝不及防，但细细思量却是功到自然成。我立马把她儿子的名字记在本子上——戴浩然。这是这一年我最有底气、也是最有把握的孩子，也是那一年公益招生定下来的第一个学生。

那种惊喜，那种苦尽甘来的奇妙感觉，那种阳光照在身上的感觉，直至今日我都难以忘怀。锦上添花易，雪中送炭难，对那些在你困难时伸过手的人一定要铭记在心。

"你们是哪个学校的？"

"啊？公益中学在哪里？"

"这种学校有什么好看的？"

5月2日，这天是杭州外国语学校面向全省的招生考试日，各个民办学校，都会去门口摆摊宣传。听到这一连串的质疑，我们在场老师的心里比刺骨的风还凉。

这时，有一对爸爸妈妈停下来看资料。他们无意间从校报上看到我是临安人，爸爸说他们是桐庐的，妈妈询问了我们公益的情况后，跟我介绍了她女儿的特点。我了解到这个小孩很优秀，不但成绩拔尖，担任班长，还是浙江省乒乓球比赛一二名的种子选手。

这么优秀的孩子，我不想放弃，哪怕只有1%的希望，我也会去尽百分之百的努力。因为我深知优秀的生源对一个学校的意义，无论如何我们都要争取。

这对爸爸妈妈被我诚恳的样子打动了，最后约了在5月4日来参观校园。

"妈妈，我就在公益读初中了，我就喜欢这里，我喜欢这个校长！"那个小女孩叫李子羽，个子高高的，一脸正气。在这个艰难到令人落泪的招生季，这句话像温暖的阳光照进了我们在场每一位老师的心里，甚至洒满了整个校园。

这是我定下来的第二名学生。这样诚心诚意的邀请，让家长的心有了归属，让他们感到把孩子交给这样的学校放心。

2009年，有了优秀如李子羽的外地学生的带动，学校打开了招生局面，带动了本地优秀学生的踊跃报名。我们乘势而为，运用各种方式提升学校的知名度和美誉度。那个时候，只要听说哪里有学生，我们就立马带着资料扑过去。我每年去浙江图书馆、浙江日报社、杭州电视台等做"怎样顺利完成小升初"等讲座都在十场以上。2012年起，出现了凌晨2点多小学六年级家长拿着小板凳来排队报名的景象。

在利好的招生形势下，我们适当提高了报名门槛，用好自主招生政策，不是"全优生"先不收用于报名的电脑小票。因为按照人的惯性思维，不容易进的学校才是好学校。没想到，这步险棋下对了！

记得2011年起生源、质量等步入良性循环后，报名人数越来越多，老师们在双休日、下午放学后，分组投入自主招生面试，经常一直面试到凌晨一两点钟。不管是招生不足，还是后来到了摇号比例全市最高，全校老师都为了招生付出了大量心血。同年，我们中考成绩再创新高——方睿获得杭州市中考第二名。

2014年，这是杭州市民办初中招生实行零门槛网上报名的第一年，我校摇号比例达到10:1，为全市最高。考上杭州前三所重点高中（杭州第二中学、杭州学军中学、杭州高级中学）、前八所重点高中的上线率居杭城初中第一梯队。《钱江晚报》头版头条报道，"杭城小学毕业生3成报民办初中，公益中学成'黑马'"，引起轰动。

2015年，身高一米九的李家豪以552分夺得杭州市第一名，并刷新了杭州市中考高分纪录！《浙江日报》以"既然总要学，不如开心学"为题，对我校"活教乐学"取得的佳绩进行了报道。

"胜败兵家事不期，包羞忍辱是男儿。"在艰难的招生季，我们老师忍辱负重，哪怕受到了不公正的待遇，也毫不畏惧，事后更没有一点怨言。全校师生齐心协力，赢得了良好的教学质量，让我们渐渐站稳了脚跟。这一路走来，我们感受到了民办学校招生、办学的不容易！

我曾罗列过公益中学从1995年创办至今，助力其成长和发展的各界人士的名单，担心挂一漏万，无法在此列举，但我铭记在心！我发自内心地感谢公益师生家长齐心协力、发奋图强，感谢每一位家长的认同，感谢十三中教育集团班子和老师的付出，感谢西湖区各小学的校长和老师的支持，感谢各级领导和《杭州日报》《都市快报》《浙江日报》《钱江晚报》，杭州电视台、浙江电视台等媒体的关爱……千言万语不胜言说，唯有感恩，唯有不断前行！

一项一项增强实力的行动

实力成就一切，学校具备了强大的核心竞争力，才能赢得学生、家长以及社会各界的广泛认同。学校的核心竞争力来自学生的竞争力，学生的竞争力在学校方方面面的细节中体现。细节能够直接反映一所学校的价值追求，以及学校是否用心用情地开展教育教学工作。学校只有扎扎实实地推进内涵建设，才能形成稳定的核心竞争力。2007年我来到公益中学时，学校已经有了12年的办学历史，"先学做人，后学知识"的校训早已深入人心。公益中学的内涵建设始终坚持"德为先"的原则，让学生在"学做人的基础上学知识，学知识的过程中学做人"，这也与我"有德有才是精品，有德少才是正品，有才无德是危险品"的育人信念高度吻合。

有一次参加电视访谈节目，主持人问了我一个印象深刻的问题："大多数家长都会跟孩子说'只要你把书读好了，其他事都不需要你管'，在这样的背景下，公益中学'先学做人'的理念还能得到广泛认同吗？"我没有急于解释，而是笑着讲了一个真实的故事。

那是两年前的一个五月，一位爷爷来到我办公室言辞恳切地说："潘校长，请您一定要收下我孙子，把他交给您，我们再放心不过了。我的儿子、儿媳打听了好几所初中，觉得公益是最好的选择，我们千方百计争取到了自主招生名额，就是为了把孩子送进公益中学。"

我对他们的执着感到敬佩，又感到十分好奇："为什么你们坚持让孩子来公益读书呢？是什么地方特别吸引你们呢？"

他回答道："潘校长，我在你们学校附近已经观察一个礼拜了，你们的学生身上有一种独特的气质。从校门口到附近的公交车站，我一路上都在观察你们学生的言谈举止，可以看出学校对学生的管理非常规范，校风非常正气。"我继续问道："您能具体讲讲是从哪些方面看出来的吗？"

"公益的学生啊，背着书包走路时始终抬头挺胸，步伐矫健有力，脸上始终带着微笑，每一位学生的精气神都非常饱满。我观察了一星期，没有一位学生染发或是留长发、怪发，没有一位男生的头发过长遮住眼睛、耳朵。另外，你们的学生没有一个走出校门后从书包里掏出手机玩的，男女生间也没有搂搂抱抱等不得体的行为。我还特别留意了你们学生在公交车上的表现。我有意排在最后一位上车，几乎每次都有学生主动起身给我让座。学生在公交车上不会聊一些低俗的内容，更多的是聊学校里好玩的活动、食堂里美味的饭菜、班级里发生的故事等，还有些同学会兴致勃勃地讨论课堂上讲过的题目或知识点，互相请教作业中碰到的难题。"

老人家对着我竖起了大拇指："这些细节足以证明，你们学校真正把'先学做人，后学知识'的校训落到实处了，把它内化成了学生良好的品行。"

我笑着说："我们学校的名气还不够大，您孙子那么优秀，应该考虑过其他好的民办学校吧？"

"办学成绩出色的学校是有不少，不过公益最触动我们的是把孩子的品德培养放在第一位的办学理念，你们也开展了许多扎扎实实的行动，这些我们都是看在眼里的。"

听完老人家的一番话，我心潮澎湃，感觉获得了莫大的鼓舞与信心。"'先学做人，后学知识'的校训是能赢得家长、社会认可的，这样的办学理念我们一定要坚持下去。"我暗自下定决心。

杭州师范大学戚松根老师曾给我们学校寄过表扬信，信中表扬了初一（8）班一位女生在199路公交车上为自己及另外两位老年人让座三次，彰显了公益学子良好的作风，还称赞了学校对学生的教育十分得当。

经过长期的教育实践，我逐渐领悟到：想要形成并保持学校的核心竞争力，首先要做实细节，赢得放心；其次是做亮特色，增强引力；还要做出成绩，树立口碑。

首先是做实细节，赢得放心。

每学年我们都会根据学生品行培养的基本要求，也基于公益学生的日常行为表现，确定要做实的一件重点小事。第一件小事是"我把左半边留给您"，我们要求学生上下楼梯时自觉靠右走，为其他人留出左半边的空间。

为了提醒同学们遵守这条规范，我们特意在楼梯台阶上贴上了印有"我把左半边留给您"的铜条；还组建了一支"道德监察团"，在食堂、教学楼等人流量较大的公共场所值班，督促同学们上下楼靠右走。对于那些不遵守规范的同学，"道德监察团"成员会先进行口头提醒；如果多次违反"上下楼梯靠右走"的要求，他将"无条件"承担起监督其他同学的职责，直到他找出下一位屡次违反这一规范的同学来替代他。

"我把左半边留给您"行动开展大半个学期后，同学们上下楼梯秩序井然，形成了一道靓丽的校园风景线。来校参观的教师、家长在对楼梯上的铜条感到惊讶的同时，对公益学生良好的品行表现赞不绝口，充分肯定了我们对孩子的品行培养。

我坚信，学会做人是教育之根本，做人的核心是要有爱心，孩子们的爱心首先体现在孝心上。我经常在集体晨会、开学第一课等各种场合对孩子们说，孝文化是中华优秀传统文化的精华之一。一个不孝顺爸爸妈妈、爷爷奶奶的人，即使学业成绩出类拔萃，也会遭到阿潘的鄙视。新时代在提倡"人格平等"的同时依然重视"长幼有序"，我们作为学生，在和长辈沟通交往时，一定要讲究礼貌和分寸，当面或背后直呼老师、父母的全名是绝对不允许的。

在值周过程中我发现，好多学生拖地，只是拿着湿拖把在地板上漫不经心地挥几下，拖地动作压根不正确，没有起到清洁地面的效果。这反映出当代孩子缺乏基本的劳动意识和劳动技能。因此，我提出开展"学会劳动，从学会拖地板开始"的行动。我们规定了统一的拖地板动作：双脚分开站立，身体不是直立而是略弯曲，左右手前后握住拖把，用力地沿着某一方向拖地。我亲自给学生做示范，并且告诉学生：写书法讲求入木三分，拖地也要落地两分，拖把在地板上面要压下去，这也可以迁移到我们做人做事中，不能浮光掠影，似懂非懂，浮在表皮。

学校秉持"降低重心抓落实，讲究方法求实效"的原则，花大功夫落实对学生细节规范的管理，这恰恰体现了公益独特的治校理念。"好习惯才有好教育"，我们实施的一系列行动促使学生品行表现有了明显改观，学生学业成绩自然也就提升了，社会对学校的认可度也不断增加。

其次是做亮特色，增强引力。

"初中阶段是孩子身心迅猛发展的时期，学生自我意识明显增强，渴望独立与平等，期待赢得同伴的认同，获得父母、老师的尊重。传统的师生关系、家校关系是以教师、学校为中心的，没有照顾到学生的情感体验，没有让学生获得足够的尊重感、信任感。

尊重是建立良好人际关系的前提，为了实现校园人际关系的良性循环，我们致力于打造人与人相互尊重的循环系统，形成学生、家长、教师、校长四位一体的"尊重同心圆"。在这个同心圆中，处于圆心位置的是学生，然后依次是家长、老师，圆的最外圈是校长。老师是学校亲情网中最重要的成员，发挥着联结师生、家校的枢纽作用；校长不再是高高在上的权力拥有者，而是学校发展的引领者，全校师生家长的亲密朋友和服务者。

最后是做出成绩，树立口碑。

我们坚信，学生喜欢老师，喜欢老师的教学方法，才可能学好每门功课。因此，我们提出"活教乐学"，以"活教"促"乐学"。公益的老师充分发挥自身人格魅力的作用，依靠教育智慧和艺术，通过灵活多样的教学方法，千方百计地激发学生的兴趣，以自己的"活教"促进学生主动地"乐学"。

老师们还把学法指导作为课堂教学的重要组成部分，课上课后舍得花时间积极引导学生掌握适合自己的方法。语文老师指导学生学习并掌握英国"记忆力之父"安东尼·博赞发明的"思维导图法"，培养学生的发散性、创造性思维，让学生学会抓关键词、梳理知识点、构建自己的学习地图。如今这种科学用脑的方法已逐渐应用于数学、英语、科学等其他学科，取得了不错的效果。

此外，"活教乐学"提倡张弛有度，反对拼体力死读书。学校组织开展丰富多彩的校园活动，开设小记者、机器人、轮滑、乒乓球等36个社团，每年都会开展"阿潘杯"系列体育赛事、"公益大舞台""公益吉尼斯"、学农等30多项学生乐于参与、玩得非常"high"的活动，顺应孩子爱玩的天性。

为了满足学生的个性发展，学校从2009年起便实施了乐学英才计划。对于那些学有余力的同学，鼓励他们进行适当的学科拓展性学习，参加数学、物理等学科竞赛，充分发挥个人潜能。对于那些有乒乓球、大提琴等专项特长的同学，我们鼓励他们在完成日常学业的基础上，练就出色的技能。

2011年杭州中考，公益中学取得了累累硕果的成绩。方睿同学考出了总分544分的优异成绩，成为杭州中考榜眼（当时杭州中考总分570分）。方睿、邵维科等73位同学取得500分以上的高分，方睿、邵维科、顾羽中、王宇晗、涂文彬5位同学考入了杭二中实验班（全市共50人）。那一年中考，公益中学打了一个漂亮的翻身仗，一所名不见经传的普通初中一下子跻身杭城初中第一方阵，也引起了不小的社会轰动。

同"她"共筑"亲情之梦"

"亲情教育"呼之而出

女儿莹之在华东师范大学读大二期间，申请去台湾辅仁大学做了一学期的交换生。女儿放假回家后，我观察到她的言谈举止似乎都有了不小的变化：走路、吃饭等动作更优雅了；去商场买衣服，衣服颜色、款式的选择也与以往不同，更青睐那些淡雅古朴风格的衣服。我感到很惊讶，询问是什么原因引起了她仪态、气质上不小的变化。她笑着回答道："老爸，有这么明显的变化吗？我自己都没察觉到，哈哈。"有一天，我叫女儿帮我端一杯茶，当她走到我面前时，我看到她很自然地弯下腰，两只手擎着，优雅地将茶杯放到茶几上，颇有温婉淑女的风范，这是我在女儿身上未曾看到过的。我迫不及待地问道："我记得你以前给我端茶可不是这样的动作，你是受到了谁的影响呢？"她说："我的导师孙教授和我身边的人都是这样做的呀。"

那一刻我顿悟了，原来女儿是在无形间受到了身边人说话做事方式的影响，用实际行动践行着中华优秀传统文化提倡的"温良恭俭让"。这让我想起了《道德经》里说的"处无为之事，行不言之教"，这不正是教育应该达到的理想状态吗？为了把学生培养成有涵养的人，父母、老师在言行举止上给孩子树立良好榜样，引导身边的人都按照类似的方式说话做事，慢慢形成一种积极的行为文化。虽然看不见，摸不着，但它弥散在家庭、社会的角角落落，会对学生的言行方式产生潜移默化的影响，这便是文化的强大力量。

那个寒假我一直在反思：在公益这样一所1000多人的学校，很多情况下是靠一系列规章制度来约束师生的言行；在普通家庭里，有相当一部分父母对子女采取的是命令式的沟通方式，"作业还没写完，不准看电视""周末不许跟同学去打球"……孩子们只能被动地接受父母的指令。老师、父母常常向孩子强调一些言行的标准、要求，希望他们按照规范去做，尽管他们讲得口干舌燥，但实际效果却不尽如人意。我想，与其说是孩子们不领情，不如说是教育的方式不够人情走心。要想真正影响孩子一辈子，使其内在品质向善生长，我们得在学校的文化建设方面下大功夫。

什么样的文化才是适合公益中学的？毋庸置疑，文化与校长自身的风格相关。都说每位老师都是按照"自己是谁"在当老师，校长也不例外。我的原生家庭塑造了我格外珍视人与人之间真挚情感的性格。

除了考虑校长的个人风格，更要根据学校的办学历史和文化积淀。回望公益中学29年办学历史，首任校长殷莺就像对待家人一样对待老师、学生，师生家长亲切地称呼她为"殷奶奶"。第二任校长谢联平沿承了殷莺校长的风格，被大家称为"谢妈妈"。可能是我刚来公益中学的时候年纪偏小，于是大家都喊我"阿潘哥"。从"殷奶奶"到"谢妈妈"再到"阿潘哥"，师生家长亲如一家的关系未曾改变，亲情的纽带实现了接力传递。经过深思熟虑，我提出打造公益中学独特的"相亲相爱一家人"的亲情文化，进而引领师生家长"有规有矩，有情有义"地共同成长。我的这一想法得到了学校领导层的一致认同。

在亲情校园文化的基础上，我试着总结提炼"亲情教育"思想，这是对我专业发展的一大考验。大家认知中的"亲情"通常是狭义上的概念，指具有血缘关系、姻亲关系或者赡养关系的亲属之间的感情，而我所指的"亲情"是广义上的概念，指关系密切、感情深厚的人与人之间的情感，包括家人情、同学情、师生情等。我查阅了国内外关于情感教育、道德教育的大量文献，发现关于"亲情教育"的研究寥寥无几。在这样一块鲜有人涉足的陌生领域，摆在我面前的只有零零碎碎的砖瓦，理论框架如何搭建？……我迫切需要来自专家的智慧支持，期待他们为我指明清晰的研究方向，引领我冲破重重迷雾。

幸运的是，一个多学期后，我参加了首期长三角教育家型校长培训，拜了教育部中学校长培训中心的王俭教授为导师，并邀请王俭教授来校实地感受公益中学师生日常工作、学习的氛围。听我讲完公益中学的办学历程以及点滴故事后，王俭教授兴奋地对我说："阿潘，我认为你现在做的就可以定为'亲情教育'。""亲情教育"的名称由此得来。专家的肯定使我内心激动万分，这无疑是我在亲情教育研究道路上迈出的坚实一步。

我进一步思考：什么是亲情教育？该如何准确地界定"亲情教育"概念的内涵与外延呢？我继续广泛地查阅文献，加强理论知识学习，也不放过每次出差或外出培训的机会，主动向省内以及江苏、北京、上海等地的教育专家请教，逐步破解研究过程中的一个个难题。感谢名师专家毫无保留的帮助，感谢自己"咬定青山不放松"的坚持，这些年来"亲情教育"羽翼渐丰。

通过几年的理论、实践研究，我们完善了初中亲情教育的整体架构。在理论层面，我们提炼出初中亲情教育理念；在实践层面，我们开发了初中亲情教育路径载体，有效破解了初中"重认知，轻情感"的困局。

一是形成了亲情教育主张。亲情教育主张"亲情是最有效的教育资源，关系是最大的教育生产力"，将情感作为提升良好德行、优良学业最优质的催化剂。亲情是人世间最珍贵的情感之一，能有效促进同伴关系、师生关系等各种人际关系的形成。良好的人际关系可以促使学生产生更强的学习内驱力，最大限度地提高教育效能。

二是明晰了亲情教育的发生机理。亲情教育的发生机理是"亲而近，近生情，情立德，情促智，情育人"。教师以亲和力激发学生主动接近教师的意愿，融洽师生间感情，让学生乐于接受道德教育，促进知和行的转化。同时积极的情感关系有助于学生关心自我，关心他人，培养珍惜亲情的意识，提升践行亲情的能力，进而成为"品行正、情商高、身心棒、学业佳"的优秀学子。

三是提出了亲情教育的美好愿景。亲情教育的美好愿景是"老师开心教书，学生快乐学习，家长阳光育儿"。教师发自内心地喜爱教育工作、关爱学生，学生真心地喜爱教师、热爱学习，教师获得成就感而更加喜欢学生，学生提升自我价值感而更加喜欢教师，由此形成"喜欢循环圈"。同时，家长形成健康的育儿观，与教师共同致力于创设温暖的教育环境。

初中亲情教育路径载体

此外，我们开辟了"始于家庭亲情，基于关怀思维，乐于协商对话，成于相亲相爱"四条亲情教育路径，创建了"亲笔信""阿潘羹""尊重同心圆""公益大舞台""学生校长制""亲情信箱""润心课程""亲情活动"八大亲情教育载体，为学生提供丰富的情感支持，增强学生的情感体验，促进了学生的情感发展。

做亲情教育，也让我获得了长足的专业发展。2016年，我在《中小学管理》发表了个人第一篇核心期刊论文《去做孩子，去做孩子们喜欢的学校》，之后又在《人民教育》《中国德育》等重要刊物发表了《学校因为有了亲情而多了一份温暖》等4篇论文。2020年我出版了近50万字的专著《亲情教育》，2023年《中国教育报》发表了《教育在"亲情"中自然发生》，2024年《中小学管理》发表了《关系是最大的教育生产力》的专题文章，对我校亲情教育做了专题报道。一路走来，我见证了公益中学办学质量的显著提升，也见证亲情教育的影响力不断扩大，颇感欣慰。

与学生一起编《论语》读本

亲情文化的根在于孔子倡导的"孝悌"观念，经过千百年的流传，逐渐发展成中国人共同遵守的伦理准则。所以，开展亲情教育的最好抓手就是尊孔、读孔、研孔、行孔，让中华优秀传统文化渗进师生们的血液里，我提出了"半部论语治公益"的主张。

我们成立了一个《论语》读书会，大概30多个人，师生都有，我也是其中一员。读书会每月组织几次活动，一开始由我来讲孔子和《论语》，后来还请到了浙江社会科学研究院的专家来开讲座。读着读着，大家就读出了一些味道，正如《论语》所云"学而时习之，不亦说乎"。我们还搞了个《论语》考级制度，根据测试的结果，给老师、家长、孩子们的《论语》学习定级，从一星到五星不一而足。

2009年，学校编了第一本论语读物——《公益人读论语》，还提出"半部《论语》治公益"的主张。同时，读书队伍也扩大到学生家长。有些家长直言，读了《论语》之后，讲话做事都变得文绉绉了。有学生犯了错，检讨时用上了"见贤思齐焉，见不贤而内自省也"的《论语》金句。乍一看，学《论语》和考试、分数等没啥关系，但搞教育的不能这么短视，它的影响是深层次的、长远的。

论语读物的事情不知怎么就让出版社知道了，他们觉得这本教材挺不错，希望能公开出版发行，从而分享给更多的师生家长。旧书新出，不能再用老的书名了。为此，我发动学生集思广益，为新书"正名"。结果，参加读书会的123名学生，取了145个书名。经过投票，大家一致认为《嗨，孔夫子——中学生读〈论语〉》这个书名最贴切。

见书名都由自己来决定，学生们大喜过望，我趁势跟他们讲："原先的《公益人读〈论语〉》是老师和同学一起编的，你们也有了一定的经验。这次选哪些内容，以怎样的形式编写，以你们的意见为主。"于是，学生们七嘴八舌地讨论起来，大家一致同意新书中应增加"我来讲""英文翻译"等内容，另外还要附上学生手绘的100多幅插图、撰写的100多篇"同龄人语"等。就这样，整本书从原来的"小炒"变成了现在的"美味火锅"。

学生参与了从策划到出版的全过程，尤其是"同龄人语"，那是学生根据自己的生活经验和阅读体验，写下的对《论语》原文的解读。有学生从"三人行，必有我师焉"想到了哈利·波特"三人组"，他们取长补短、互相协助，查出了密室真相。"班里的学习小组，也聚集了各方面的人才，他们都可以成为自己的老师。"还有学生从"谨而信"谈到了《射雕英雄传》里的郭靖，木讷寡言却极为诚信，最后为国而死，被称为"侠之大者"……

名师大家很少会这样解读《论语》，但学生们至真至性的语言好玩、好懂，恰恰是同龄人喜欢的。更为重要的是，当他们捧着墨香的《论语》读本时，会发现那个编书人正坐在自己身边，因此格外亲切、学习也格外带劲。后来，"我读的书我来编，我编的书我爱读"还被教育部列为"全国中小学德育工作典型经验"，全国40余家媒体对此事予以报道或转载。浙江师范大学86岁高龄的陈葛满教授更是两次来校，与我们深入交流并给予指导。

这都是学生脑洞大开的结果，是对学校充分信任的回报。后来趁着《嗨，孔夫子》的火热劲，我们还编辑出版了它的姊妹篇——《大画〈论语〉》《大画〈朱子家训〉》和《大画〈颜氏家训〉》，这些书也同样大受欢迎。编写、出版这批书籍时，参与的学生和家长就更多了。全校1400多名学生，有近一半人参与，由于报名编书的学生和家长太多，最后不得不实行竞争上岗。

《论语》里有亲情文化，编写《论语》的过程里更能体会到被信任的感觉。亲情是要靠激发的，在沟通与协作中产生，而一旦沉淀下来，它就会成为最持久、最能动的力量，无论是学习工作，还是为人处世，都需要它。

"活教乐学"渐成风格

自从将"亲情教育"确定为公益中学的办学特色后，我就一直在思考如何改变原来严苛有余、活力不足的教学，毕竟课堂才是学校育人的主阵地。理想的状态应该是，教师能千方百计调动学生的积极性，激发他们的学习兴趣。如此，课堂里便会多一些笑声和掌声，课堂外大家也是乐呵呵、笑眯眯的。师生关系非常松弛，学校就会给人一种讲信修睦、和衷共济的观感，就能营造一个正能量、有利发展的外部环境。

英国谚语有云"Love me, love my dog"（爱屋及乌）。很多研究和教学实践证明，师生之间的情感对学生学习有着较明显的助力功能，正是"亲其师、信其道、效其行、乐其学"。所以，学校把"学生喜欢老师→喜欢老师教的学科→达到应有的成绩"设定为教学的基本路径，要求老师把"有情"作为教学的第一要素，推广"有情、有趣、有效"的课堂和作业，借助教学节等载体，形成了以"活教乐学"为主要特色的"三有"亲情教学。

"活教"是前提，这是公益中学对课堂教学的根本要求，关键就是落实"三有"。这"三有"强调人文性、艺术性和科学性的有机结合。其中，"有情感"包括教师创设和谐的教学氛围，充满人文关爱，使学生乐于参加其中的活动；"有趣味"是指课堂组织形式和教学手段的灵活多样，充满艺术趣味，让学生乐在其中，流连忘返；而"有实效"则是一种科学性诉求，要求遵循学生的认知规律和学科特点，同时还要尊重不同教师的教学风格。

其中，"有情"是基础。我经常说，一个面带微笑走进教室的老师会把学习的好心情带给全班学生；如果他能响亮而亲切地宣布"上课，同学们好"，那么积极的、兴奋的、欢乐的情绪就会继续传递；设计教学环节时若能照顾到学生的喜好，引导他们互动式参与，就更好了。因为情感作为教学中的一个非智力因素，实在是博大深邃，情感交融助力有效教学的作用，怎么强调都不为过。

课堂有情的关键在于创设融洽的情境与氛围，老师教得活，学生自然学得乐。有一次，被孩子们昵称为"小仙女"的黄铭老师，给初一学生上写景抒情散文单元。她带着全班用两周的时间寻找学校里的网红打卡点，并为这个打卡点创作散文。孩子们拿着相机，在校园里这里拍拍，那里拍拍，记录着他们眼中校园最美的样子。当在课堂上展示孩子们眼中的网红打卡点的作品与文章时，每个孩子都兴致勃勃，"啊！这是哪里呀，我下课要去看看！""哇，我怎么还没发现这样一个好去处！"就这样，拍着、玩着、探索着，就把写景抒情散文学会了！孩子们直呼："太有意思了！"课堂气氛民主愉悦、过程生动有趣，学生就会主动参与、积极思考、乐在其中。三年初中生涯里，有这样一堂堂动静结合、妙趣横生、回味无穷的课，恐怕学生一辈子都会记得。"三有"课堂的最高境界是师生之间的心灵相通、情感相融。

为把"亲情教育"引向深入，学校也在评价改革上下真功夫、实功夫。我们把评价改革的重点放在作业上。作业的设计与评价是教学评价的一项重要内容，任何时候都不能忽视。学校统一了老师对作业的认识，让活教乐学的思想从课堂延伸到课后，以针对性、趣味性和拓展性为作业标准，明确了"两让"的指导方针——让老师钻进题海里把学生拔出来，让学生参与作业设计，还提出了做作业的"三境界"，即从"做过了"到"做对了"，最终走向"会做了"。

大多数孩子都怕写作文，写不了多少就开始凑字数。公益中学的校本作业里，作文只要 200 字就行，以"有趣"为导向来转移学生的注意力。数学校本作业突出变式练习，如一题多解、一题多变、多题同解等，以"好玩"来训练学生的思维能力。历史与社会作业则设计了手绘地图、做旅游攻略、时政演讲等，以"新颖"来激发学生去关注社会热点。科学老师每周会给学生布置一个实验作业，如搞懂与骑自行车相关的摩擦力、杠杆原理等，也非常有意思。

我们把评价改革的亮点落在评语上。这些年来，"年年一个腔、份份一个调"的说教式评语越来越无法吸引学生的注意力，所以学校要求班主任按照"全面+鲜活"的原则给予每一位学生生动活泼的写真式评语。于是，"漫画""化学元素表""班级扑克牌"等纷纷涌现出来，还有幽默风趣的对话，甚至是激情洋溢的评论，它们与那些中规中矩的指导、严肃庄重的叙述、语重心长的劝说等相映成趣，使公益中学的评价报告不仅多样，而且鲜活。

有班主任用"情书"的方式，给全班47位学生写下了不同的期末评语。信纸、小楷笔、印章……雅致的信纸，再配上诗意的书写，既劳心又劳力。有老师教的是理科，却偏偏要用漫画这种最文科的方式给学生写期末评语。40多幅草图，虽然不专业，但一看就知道那是从心底里画出来的。还有老师发挥自己的学科特点，以植物、地理、姓氏、音素、二维码、动车票等来对应与点评学生，显得有情又有味。

每个学期末，奇思妙想的公益中学班主任都会"吸粉"无数，引起媒体的广泛关注。不同的是评语的方式，共通的是暖心、接地气的情感。评语面向每一位学生，兼顾了全面性和个性化。他们秉持一颗包容的心，微笑面对学生，就像麦田里的守望者一样，拿着显微镜去寻找学生的优点，捧着望远镜来指引他们的未来。在公益，期末评语成了一道靓丽的学期评价的风景线。

我们还以"学生喜欢"作为教师评价的核心指标，出台了《"做学生喜欢的好老师"评价方案》，每年投票选出年度"学生最喜欢的十佳老师"。同时，借助"公益积分制"，通过发放特制的"公益情·公益行"毕业证书，让学生对亲情活动给予科学、全面的评价。

和"她"齐唱"快乐之歌"

体制调整弹出的三个音符

2007年刚接手公益中学校长一职时，我没想到体制调整会来得这么快。2011年到2022年，我们经历了三次大的体制调整，感触最深的是每年老师的流动数量特别大。可以说，现在公益、弘益大家庭任教的每一位老师，加盟这个大家庭的前前后后都有一个故事。

2011年，作为民办的公益中学必须和作为公办的杭州市第十三中学母体脱钩，三年内实现包括独立场地、独立师资等"六独立"。对老师影响最大的就是去或留的选择，因为这涉及编制问题。

很明显，留在公益中学，有失去编制的可能，当时老师们确实有点人心惶惶。没有了好老师，学校往哪儿去？留下来的老师该怎么办？这都是涉及切身利益的事情，不得不想，也不能不想。作为校长，我当然也很焦虑，但只有稳住老师，才能稳住学生和学校。一方面，我四处打听民办学校转制的消息；另一方面，我也咨询权威人士，看看能不能帮留下来的老师解决实际的编制问题。

记得体制调整的动员会是在十三中本部的一个报告厅里召开的。我回忆了公益中学的发展历程，真心希望老师们能留在公益。大家全身心地投入与付出，好不容易拼出了良好的发展态势。我当时流了泪，底下的老师们也抱在一起号啕大哭，大家都不忍心学校就这样被调整掉了。

很多老师再三跟我道歉，他们说："真的，潘校长，不是因为你不好，也不是因为公益中学不好，而是存在不确定性，所以不得不走。"愿意留下来的老师也担心我会离开，直接说："潘校长不走，我们也不走！"我斩钉截铁地保证自己不会走，他们又说，你是校长，想走就能走，肯定有机会的。我说："我写好保证书给你们，只要身体吃得消、不到退休年龄，公益中学存在一天，我就待在学校一天！"

到最后，原来十三中的老师只留下了10多个人，但他们个个都是中坚力量，而且对公益中学有着深厚感情。后来，在2022年教师节庆祝大会上，老师们还跟我打趣说："阿潘，我们家的保险柜里还放着你的保证书呢！"台上台下发出一阵哄笑。只有经历过当年"生死抉择"的人，才会笑得如此开怀与灿烂，那是"渡尽劫波兄弟在"的笑，也是"三军过后尽开颜"的笑。

就这样，虽然有近九成的老师"换了血"，但我们为公益中学留下了火种。俗话说"独木不成林，孤身难成仁"，有了这样一批充满仁爱之心的老师，就能产生强大的凝聚力，帮助公益中学克服一个个前进道路上的艰难险阻。

到2020年7月，体制调整又来一波。教育局要求公益中学50多位占有公办编制的老师，要么脱编留校，要么回公办中学任教。站在学校的角度，我当然希望这些老师都能留下来，但放弃体制内身份也是个艰难的抉择，我不能代老师做决定。所以，学校只通知不动员，老师们来征求意见，我们也就帮助分析一下形势，不偏不倚。我的想法很简单，一定要在学校利益与教师的个体利益之间达成某种平衡，要尊重人，而不能忽悠人。

"没问题，我们留下来干！"傅建新、陈圆蕊等老师毅然决然地脱编

公益中学有了自己的"弟弟"——弘益中学

留在了公益。要么脱编，要么回到公办学校。当时，凡是在民办学校任职的公办编制老师都需清理，分三年调整到位。纵然脱编难，因为"宇宙的尽头是编制"；纵然前路难，因为"百步九折萦岩峦"，仍然有六位老师选择了脱编。选择不脱编回到公办学校的老师怎么办？为了让选择回公办的老师有一个确定的去处，更为了"相亲相爱公益人"的根脉不断，在教育局统筹安排下，我们去三墩板块领办了一所新建的暂名为"大禹路实验学校"的初中。公益中学领办的学校取一个什么校名好呢？我发动全校老师一起来"开脑洞"。最后选中了林老师取的"弘益中学"。"公益"的弟弟是"弘益"，"弘扬公益"，比翼双飞。于是公益教育集团有了弘益中学这个全新的家庭成员。2020年9月起，回公办的老师按照上级统一要求，服从学校安排，分批到了弘益中学开始新办学校的创业之路。

2022年，最后一拨体制调整来临。当"民转公"这个重磅消息席卷学校，浪成于微澜之间，也许每位老师的心里都刮起了劲猛彪悍的大风，掀起了惊涛骇浪。我觉得我在这个时候需要特别大的定力，特别强的使命感守护好每位老师。我从老师们的切身利益着想，通过各种渠道呼吁上级领导在出台"民转公"政策时，能最大程度地考虑非编老师的实际，积极稳妥地安排，给予机会考编，或对因超龄等原因无法考编的老师、员工给予最大的支持，依法依规为他们争取最大的利益。

"一有信息，我会立马告诉大家。"办公室主任黄铭老师这样说，更是这样做的。在既兴奋又焦虑的考编复习阶段，她不仅想老师们所想，第一时间转发上级的"民转公"相关信息，而且把通过同学好友了解到的邻区的考试题型等"私房货"，以最快的速度毫无保留地分享给紧张复习的全体老师。

回望过去，我们感谢在这段时间里携手前行的所有老师们，这样的"小插曲"让我们的关系更加亲密，让我们的拥抱更温暖。"红红火火建新班"的过程中留下了每一位老师拼搏过的痕迹，在这里人人为我，我为人人，成就了一家人圆满大结局。"民转公"平稳过渡，此心安处是吾校。

三次大的调整历程中，有许多难以想象的不容易，我本心慈，在这过程中为老师的安排流过不少泪。好在有上级领导和社会各界的关怀，相亲相爱公益、弘益大家庭中亲人们的理解、配合和支持，我们每一次虽历经艰难，但都挺过来了。十一年过去，公益、弘益百分之八十以上都是新加盟的老师。如今看到公益、弘益一家人团结在一起，一起拼搏努力，一起开怀大笑，一起享受硕果，我的答案永远只有两个字：值得！

一双布鞋谱写的亲情韵律

2011年的体制调整空出了大量教师岗位，所以2012年对公益中学来说既特殊又艰难，我们需要补充大量的新鲜血液。但从长远发展考虑，学校抱着"宁缺毋滥"的原则，对新教师招聘的把关特别严格，很多人都是过五关斩六将才上岗的。

十年后，陈琳老师回忆说："第一次来到公益，潘校长办公室那一缕洒下来的阳光和那一双朴实的布鞋，给人一种心安的力量；初上讲台，每一节课师父都手把手地示范教学，倾囊相授；第一次出去上公开课，年级组长开车送我前往，全程陪同；第一次搭班，教学管理经验超级丰富的同事让我放手去管，有什么事情他顶着……"正因为有这样一个好的团体、"益家人"的氛围，很多年轻教师快速成长起来，支撑了公益中学的进一步发展。

有老师说，当初进校时，学校给予了他们极大的耐心。现在他们代表学校招人，也要秉持最大的耐心和善意，让应聘者感受到公益中学的温度与亲情，不让学校错失任何一名优秀的人才。这才是学校该有的样态，这才是亲情文化该有的力量。我经常说，"买卖不成仁义在"，招聘是个双向奔赴的过程，求职者关心的体制、编制、待遇等话题，不能避而不谈，反而要讲深讲透，让他们看到学校满满的诚意与温情。

王东升老师，来自新疆，当时深圳那边学校已经答应他们夫妻俩过去工作，来杭州也就是顺路看看。结果，跟我聊过之后，他有点心动，觉得应该在杭州落脚。我没有承诺他多少高的工资、多少好的优惠政策，就是说有实际问题可以帮着一起解决。后来他回忆说，学校编撰的一本书《站在别人的角度说话做事》，最终让他下定决心投奔公益中学。因为在他看来，这是做人的最高境界，真正的教育只有在这样的氛围里才能发生。

刚进校时，因为生活习惯、语言口音等问题，给这位老师造成了诸多不便。但我们在很多场合帮他减压撑腰，直言这是一位慢热型老师，同时帮他解决小孩就读小学等方面的后顾之忧。当年，他顺利地评上了西湖区第二届、公益中学第一位"功勋班主任"，2018年又被评为"西湖区最美教师"。可以说，没有亲情的感召，我们或许就失去了这匹千里马。2015年，他带教的学生以552分的成绩刷新了杭州中考的高分纪录，轰动全城。

"一朝公益人，一生公益情"，这是学校的信条，绝非口头上说说而已。虽然师资紧张，但我们对女教师的关怀与关爱却从未停步。特别是一些高龄备孕或者哺乳期的女教师，不仅可以不做班主任，学校还给予人性化照顾，可以在力所能及的范围内承担一定的课时。我始终认为，无论学校还是企业，亲情是最大的发展力，一个没有人情味的单位是留不住人的，更不要说留住人才。

有人说，公益中学是条船，我就是那船长；也有人说，公益中学是个家，我就是那位大家长。确实，很多年轻老师家在外地，所以校领导要像父母一样为他们操心和张罗各种事情。有一位社会老师的终身大事一度还被带到了学校教工大会上。从校长到教研组长，甚至连很多学生都知道，大家都为这位老师操碎了心。后来，他还是在公益中学里找到属于自己的另一半，组成了一个幸福的家庭。

孩子入学、买学区房、生病住院……只要能帮上忙，大家都会尽心竭力，就像是给自己办事一样。"人人为我，我为人人"，这就是学校倡导的亲情文化。所以，有骨干教师慕名而来，有优秀毕业生选择回母校任教……而学校给予的信任和关怀，他们全都留在了课堂上，传递给自己带教的学生。

正如有毕业生在留言中所说："我们都像星星，试图点亮黑暗；我们寻找发光发亮的自己，却在不经意间成为别人梦里的星星。"说得多好，我始终坚信，一个人可以走得很快，但一群人同行才能走得更远、更稳、更坚定。这就是公益中学叫"公益"、行"公益"的精髓所在，也是学校从几间教室发展成为杭州名校的奥秘所在。

摇号比例奏响的欢喜曲调

民办学校的最大挑战是生源，首先是量足，其次才是质优。报哪所学校的选择权在家长和学生手里。学校办得好，生源自然不成问题。虽然大大小小的挑战一个接一个，但我始终坚信只要全校上下拧成一股绳，什么艰难困苦都不是问题！我紧紧依靠全体公益人，用心用情待人，全心全力做事，内练内功，外塑形象，公益的知名度和美誉度与日俱增。

从2010年开始，学校的摇号报名情况有了很大的改善，甚至可以用火爆来形容。当时家长需要把小学六年级毕业生的一张电脑小票交到学校，通过学校的核验，学生才能获得报名摇号的资格。为了得到报名摇号的资格，有些家长凌晨两点就来排队交电脑小票，队伍从校门口排出去，在华星路上绵延百米长，一直排到当时的米兰洲际酒店。我们的工作也从到各个小学宣传招生变成了劝不太合适的学生不要报名。当时我们有意识地缩短了接收小票的时间，中午十二点就早早地告诉排队交小票家长不用排队了，来不及了。

那时候我们会和报名的学生和家长进行简单的面谈或者来点小测试，以此来判断是否给学生摇号资格。所以当时我们最难做的就是劝不合适的学生不要报名。有时遇到实在劝退不了的，家长坚持要报名，我们就用掷硬币的方式来决定。

我记得有一个学生确实不太适合公益中学的教学节奏，我对这位家长说："家长的心情我可以理解，但是我们民办中学的教学节奏、作业难度和作业量可能不太适合您的孩子，他进来读书压力可能会比较大。"但是那位家长对我说："阿潘校长，请您一定要招我的孩子。你们公益校风好，哪怕我孩子成绩差一点，在这种氛围中肯定能得到更好的成长，受到更好的教育。"双方意见不统一，没有谈拢，最后就掷硬币的方法来决定，如果是正面就同意他报名，如果是反面就不报名。结果这个孩子运气不错，掷硬币他赢了，最终摇号摇进了我们学校。

到了2014年，杭州市民办初中实行零门槛报名，也就是只要家长想报名就可以在网上直接报名，不需要再交电脑小票，学校摇号比例从一开始的1.2：1飙升到最高时的10：1，成为杭州市电脑派位招生学校的一匹黑马。实行"锁区招生，全民摇号"政策实施以来，我校的摇号比例为：2020年5.65：1，2021年6.05：1，2023年6.34：1，2024年达到7.6：1。

民转公后，在全市全民摇号报名人数减少的大背景下，我们学校的报名人数反而逐年攀升，而且成了全市唯一一所报名摇号人数突破3000人的学校，2023年有3271人，2024年更是达到了3923人。这有小学毕业生人数增加等客观因素，最主要的原因，或许还是学生、家长的口耳相传。

摇号报名火爆的背后是我们的校风赢得了大家的一致肯定，而良好的校风依托于细致规范的管理。当时我提出"亲情教育，让公益的孩子学并快乐着"的办学追求，"做人第一、活教乐学、开发潜能、优质服务"十六字工作方针，培养"品行正、情商高、身心棒、学业佳"的公益学子的育人目标，这些办学理念得到了家长和社会的高度认同。而"我把左半边留给您""早到早学、书声琅琅""站在他人角度说话做事"以及"降低重心抓落实，讲究方法求实效"等细节行动，也让学生和家长看在眼里乐在心里。曾经有位家长对我说："阿潘校长，孩子交给你们这样的学校，我们做家长的心里非常踏实。"

学校不仅注重文化课学习，还特别注重全体学生综合素养的提高。学生社团活动如火如荼，每一个学生都有张扬个性、发挥特长的机会和平台，真正做到了张弛有度，"学并快乐着"。

大家非常关注的中考成绩方面，我们也交出了亮眼的答卷。

2007年，钟云岚同学摘取杭州市中考第一名桂冠；2008年，顾颖颖同学获得杭州市中考第四名；2009年，阮浩波同学获得杭州市中考第三名；2011年，方睿同学夺得杭州市中考第二名；2015年，李家豪夺得杭州市中考第一名；2017年，邵奕琛同学获得杭州市中考第四名；2023年，何炜取得杭州市中考第二名。

我们并非只有几个中考尖子生，而是有一个"高分群"，一群品学兼优的尖子生。可喜的是，学校重高率、优高率等整体成绩均跃居杭州市第一梯队前列。

我们不仅重视孩子在初中的学习，还追踪他们初中毕业升入各类高中的表现。不仅关心他们飞得高不高、远不远，还关心他们飞得嗨不嗨。每年高考前夕，我们都会给三年前公益中学毕业的同学发一条短信。例如2024年，我们发了下面这条短信：

亲爱的2021届公益人，发自内心祝贺你，终于等来了乐享高考的美好日子！发自内心地祝愿你，脸带微笑进考场，心静答题得高分，自信应试赢自己。文二西路698号公益大家庭永远是你最坚强的后盾！请记得说："棒棒棒，我最棒！行行行，我能行！欧耶！"阿潘携全体相亲相爱公益人真心祝福你高考六六大顺。

2024年6月6日

公益中学毕业的孩子普遍受到高中老师的点赞。杭州第二中学的王添添老师说："我特别喜欢公益的孩子。我们班的核心班委都是公益的，阳光、正气，乐于助人、工作热情高，公益的孩子后劲大。"孩子升入高中后的表现确实令人欣喜，如2018年，杭州第二中学评出的"十佳学生标兵"中，公益毕业生王都、董桑柔、吕蓝三位同学榜上有名；又如2021届公益毕业生三年后参加高考时，单是杭州学军中学一所高中就有4人考上北京大学，2人考上清华大学，23人分别考上了复旦大学、上海交通大学、浙江大学；再如，杭州高级中学2022届考进上海交通大学的8位同学中，有2人来自公益中学；有15位公益中学毕业生考进了浙江大学等全国一流高校。

理性分析，报名人数逐年增加的根本原因在于，公益人用心用情做深内涵，让进入公益的老师、学生、家长深受亲情文化熏陶，有了"我是相亲相爱公益人"的归属感。一位又一位在校的或公益毕业的学生，用平实的语言讲述自己在公益中学"学并快乐着"的真实故事，责任心强、亲和力强的老师，丰富多彩的活动、过硬的教育实绩等，吸引了越来越多的小学六年级学生踊跃报名公益中学的摇号，并以摇中公益中学为荣，毕竟真实体验、现身说法是最值得信任的。

十多年来，我一直有个愿望：学校能有一首公益人都爱传唱的校歌。起初，我们校会上唱的"相亲相爱公益人"用的是"相亲相爱一家人"的曲调，只是根据公益亲情文化把歌词做了一些改编。2018年，"亲情教育：让公益的孩子学并快乐着"的理念系统和实践框架基本成熟，快乐成为公益中学的最大亮点，"相亲相爱公益人"成为公益人的基因。按照"学生喜欢"的基调，我多次召开学生恳谈会，多方听取孩子们对歌词、旋律的建议。2020年，我和史路引老师作词，陆琦老师谱曲的《快乐公益一家人》，终于出现在音乐课上和周一升国旗仪式上的"升校旗，齐唱校歌"的环节：

紫金港河静静流过，
西溪白云窗前飘过，
踏实勤勉和融园里，
活教乐学书声琅琅。

真情热情激情生活，
青春心事亲笔信说说，
做人第一乐观大气，
相亲相爱共翱翔，
这就是快乐的味道。
亲情的味道，
公益的味道，
这就是一家人的味道。

拥抱五彩的Panda农场，

打过最开心的雪仗，

走过最有爱的时光，

快乐公益我们一起成长。

登上闪亮的公益大舞台，

品过最公益的饭菜，

绽放我最幸福的精彩，

亲情公益我们一生相伴。

第五章

既然总要学，不如开心学

"要让初中生像个初中生"，这是我向家长、向社会发出的呼求。学习是初中阶段无法绕开的话题，快乐是初中群体的天性所需，如何将两者变为合力而非斥力，我们一直在探寻的路上。庆幸的是，我们找到了方向——"让孩子学并快乐着"，并探索出了有效的实施路径：吃得爽，玩得嗨，聊得畅，担得起，做得实，评得妙。因为，我始终坚信，"玩得开心，学得静心"是学习有效发生的最佳状态，也是初中生最好的模样。

摇身变"大厨"，亲情带回家

"阿潘羹来啦！"

"阿潘，您烧的这个羹真的好好吃！它叫什么名字啊？"初一同学好奇地问。

"阿潘，我们班昨天来得迟了点，阿潘羹早已被抢光了。您下周能不能多烧一点啊？"初三同学用恳求的语气说。

"阿潘，我们特意选了下周四来学校看老师。想在'公益大饭店'蹭饭。会吃到'阿潘羹'吗？"毕业生在微信中给我留言道。

2013年12月，在谋划一年一度的品菜会时，我想起了小时候母亲做的我特别爱吃的一道羹，想起了在白牛中学与学生同搅一锅的温馨，我准备给公益的孩子也烧上一道菜粥。和学校的大厨们一商量，我就上场了。准备了新鲜的竹笋、鲜肉、豆腐、香菇、木耳、虾仁等十五六种食材与配料，有的切成丝，有的切成片，有的切成颗粒状，加上生粉搅拌后，用文火慢慢地烹制，再撒上一把葱花、少许油渣，一道香气四溢的菜粥就新鲜出锅了。

在我老家，这道菜粥用土话叫"beibeitang"，普通话中没有对应的词。学生们索性就用我的名字给它"冠了名"，"阿潘羹"就这样诞生了。和平日里番茄蛋汤、紫菜汤等不一样的是，浓稠的羹里有青白的竹笋、黑色的木耳、白色的豆腐、淡红的肉片、米色的虾米……十多种食材熬制的羹汤，色香味俱全。学生们迫不及待地盛上一碗来喝，有人还留言说："喝着羹，就像吃到了山珍海味一般，一口气喝下了足足五碗！"后来的同学还想再来一碗，无奈早就被大家抢光了。

学生们见着我就说："阿潘，您做的这羹真好喝！没想到您的厨艺真不错哎！"听着他们的夸奖，更加坚定了我做好"阿潘羹"的信心。后来，学校定下规矩：每逢周四，只要我在校内，就会出现在食堂里，给全校师生烧"阿潘羹"。那可是1500多人份的食量，得烧上足足八大桶才能满足基本需求。

学生们记录了我忙碌的形象：

"此刻的阿潘校长头戴厨师帽，身着厨师服，认真地在硕大的锅里搅动着大勺子，像足了一位游刃有余的大厨。而从热气里透出的他的浓浓笑意，显得幸福满足，像极了一位慈爱的父亲在为孩子烹煮美味。"

确实，我喜爱这身洁白的厨师装，喜爱锅铲瓢盆美妙的碰撞声，喜爱用大师傅的腔调吆喝"阿潘羹来啦"，喜爱一勺一勺地给学生们分羹……

看着师生们争先恐后地排队盛羹，那种满足感和幸福感便油然而生。因为我知道，一旦撬动了师生的味蕾，那么距离走近他们的内心也就不远了。我经常端着饭盘坐到学生中间，陪着他们一边喝"阿潘羹"，一边海阔天空地闲聊。问问这个，看看那位，这就是家的样子，亲情关系就是这样慢慢"吃"出来的。现在的孩子什么东西没吃过，他们在乎的可能就是这种暖心的感觉。"阿潘羹"从2013年开始至2024年已经烧了十一年。经过不断迭代更新，如今已是4.0版，几十斤筒骨熬出的高汤，辅之以海参等高蛋白食材，营养更全；配上青椒、胡萝卜等辅料，颜值更高……

教师节礼物——学生心目中的"潘大厨"

有一位毕业生多年后回忆说，"有一个家叫'公益'，大家庭里有一种羹叫'阿潘羹'。忆公益，首推'阿潘羹'！"无论是在校生，还是回校看望老师的毕业生，无论他们来自哪里，吃饭前都会问一句：今天能喝到"阿潘羹"吗？如今在杭城，公益中学的美食也是声名远播，甚至喊出了"吃在公益"的口号。有人打趣说，公益的师生都是"吃货"。我说，吃得好才能长得好、学得好。

营养可口的饭菜，是学校管理链条上的第一环，师生吃好了，心气也就顺了。初中生正值身体发育黄金期，小小的味蕾背后，表达的是对孩子的真情关爱，彰显的是对"相亲相爱公益人，和谐温馨大家庭"办学理念和亲情文化的追求。这里崇尚的是简单的快乐，随着"阿潘羹"一口一口喝进胃里，它就像一股暖流慢慢流淌在公益人的心里，最后它就成了一颗种子，不仅是味觉的种子，更是爱的种子、温暖的种子。如今，食堂是公益学子返校后必去的地方之一，因为烟火气里有一段割舍不去的亲情。

"品菜会"吃出新花样

"吃"是体现亲情的最基本元素之一。

在四所学校担任校长的经历，让我越来越深刻地认识到办好食堂的重要性，同时也深深地感到学校最难办好的也是食堂。因为大食堂众口难调，也因为随着生活水平的提升，学生们不仅要吃得安全，还要吃得好、吃得有营养。另外，吃的问题最容易引发共鸣，校园里的一些矛盾极易通过"吃"的形式爆发出来。

众所周知，家里也有吃的问题，一般父母都会问："孩子，今天想吃什么，我们给你做！"知道了孩子的需求，烧菜做饭也就有了方法。移植到千人大食堂里，我们是不是也应该问问学生："今天你们想吃什么？"以往食堂办不好，那是因为总是从管理者的角度去思考，大厨只烧自己擅长的菜，而很少会去问学生喜不喜欢吃。而现在要把食堂办出彩，就必须从学生的需求出发，从了解他们的口味做起。

于是，每月一次，由学校膳管会出面征集学生、教师以及家长对菜品开发的建议。尤其是每年元旦，学校会开展一次全校学生、家长、老师共同参与的"推陈出新，挑战你的味蕾"品菜会。"我吃什么我来荐"给了学生选择吃什么的权利。活动举办前一个月，我们把推荐表发到每一位学生、家长和老师手中，请他们对推荐的菜品进行梳理，列出适合大食堂烹制、符合科学饮食要求的菜品清单。通常，大家推荐的菜品会有一百余种。

"品菜会"当天早上四五点钟，食堂师傅就忙开了，他们按照推荐名单烹制菜肴。到下午四点钟左右，近百道精心烹制好的菜肴装盘，摆放在餐桌上。每道菜旁边还立一块写有菜名的牌子，等待师生家长代表一一品尝鉴定。大快朵颐的同时，"吃货们"还有一个任务，那就是勾选出自己最喜欢的菜，并对菜品给予评点，提出建议。最后，由学校统计选出最受欢迎的三四十道菜，作为这一学期食堂的主打菜品。

像黑椒牛柳、咖喱土豆牛肉、鲍鱼、干炸辣子鸡、笑脸土豆饼等"网红"菜肴，就这样走上了学生的餐桌。另外，车厘子、红毛丹、丑八怪等时令水果也经常出现在孩子们的餐盘里。学校还规定，凡是得票率后二十名的菜品，一律不准出现在下学期的菜单中。与此同时，我们也注重激发食堂师傅的积极性，鼓励他们提高烹饪技术、多开发一些新菜，并发放一定的奖金。

品菜会让学生印象深刻，他们说，就像是一次高档的自助餐，一走进食堂就有一股香味扑鼻而来，看见了琳琅满目的各色菜肴，立刻食欲大增。拿着盘子挑选喜爱的菜，精细地品尝，真是太享受了。这样的品菜会在来公益中学之前从未参加过，也让作为学生的他们有机会参与到学校管理之中，增添了一份主人翁意识。

　　品菜会是一方面，要办一个充满爱心的食堂，平时也得要加强与学生的沟通。我们经常提醒食堂管理人员，要多点扪心自问：一是食堂目前存在什么不足，二是学生和教师还有什么需求。为此，学校还设立了一个专门的信箱，征集师生对食堂的意见和需求。这个信箱由总务处负责食堂工作的王老师张罗，所以就有了"王老师信箱"。

　　除信箱收集的意见和建议外，学校膳管会成员也会从班级中征集一些问题。汇总后，由王老师及时与学生和食堂进行沟通，每月形成一张反馈表，公布在食堂边上的布告栏里。像菜肴卫生、咸淡油腻等问题只要沟通及时，比较容易解决。最难办的是菜品菜式、水果种类等问题。后来，膳管会发下调查表，让每个学生都写下自己喜欢的菜和水果，逐一进行统计，这样食堂师傅也有了改进的方向。

　　从"我吃什么我来荐"到"味道咋样我来评"，我们把办好食堂的主动权还给了学生，让他们当家做主，成为千人大食堂的主人。慢慢地，"王老师信箱"里提意见的少了，而点赞的却越来越多。原来，很多人都觉得要服务好上千人的饮食简直太难了，而如今思维一转变，突然发现只要把学生当成办好食堂的主体，关注他们真实合理的味蕾需求，办好食堂也没有想象中那么难了。

"乐土"与"乐享"的双重奏

　　我们把千人大食堂称为"公益大饭店"。走进"大饭店"，墙上悬挂的就是大厨们的灿烂笑脸，他们欢迎师生来此品味"公益味道"；还有每月新菜的介绍，什么梭子蟹炒年糕、笑脸土豆饼、荷塘小炒、避风塘虾等，只有你想不到的，没有"大饭店"做不到的。

　　在公益中学，食堂师傅不只是后勤工作人员，他们也是亲情教育的一支重要力量。你听，他们也有很朴实的育人理念——"孩子们在长身体，学习很认真努力，所以我们一定要让孩子吃好。一周的菜式不重样，尽可能让他们营养均衡并在一餐一饭中感到快乐"；你看，他们还有默默奉献的一面——第一批工作人员早上3:30就要到校准备早餐，在清晨宁静的校园里，只有食堂一片忙碌……

与此同时，一年四季"Panda农场"里的蔬菜长势喜人：番茄开出了小花，小黄瓜已肉眼可见，玉米的茎秆已有一人高，小白菜成熟后鲜翠欲滴……20多种不同季节的蔬菜，让学生们在四时更迭中品尝春耕秋收的苦与乐。经过食堂大厨的精心烹制，它们被放在专窗里供大家免费品尝。这一纯天然绿色菜品来自校园"乐土"，浸润着学生们的辛勤和汗水，是免费的加菜，因此吃起来格外鲜香爽口。时令蔬菜不仅成为公益大饭店的常驻嘉宾，也常作为"亲情特派员"出现在学生们的家庭餐桌上。

中考结束后，食堂会给学生准备一个简单又隆重的"毕业宴"。说简单，是因为只比平常的菜肴稍微丰富一点，外加每人一瓶饮料、一份水果；说隆重，则是因为我和老师们都会郑重地走到每个人身边，与他们碰杯，轻轻地说一句"开心，毕业了"。正所谓"一切尽在不言中"，我们把无尽的关怀都浓缩进了这短短的祝福里，这一刻不论"战功"，只飨"欢宴"，让亲情带来的快乐更久一点。

2023年11月，学校召开家长会，初三年级安排的议题比较丰富，全校集中加分班级活动，从下午4点一直要延续到晚上7点左右。因此，部分家长就有这样那样的怨言。在精简议程的同时，我请食堂师傅为近500多位家长每人准备一份丰盛的晚餐，临时增加了一项"家长品鉴饭菜"的内容。体验中，他们充分肯定了食堂饭菜的质量，而且对学校安排的"毕业季教学大冲刺"活动也竖起了大拇指。

有人说，公益中学真是肯下血本，不仅请毕业生吃饭，还请家长聚餐。我说，"管人要管心，管心先管胃"，中国人的亲情关系很大一部分是在餐桌上建立起来的。学生、家长是学校办好教育不可或缺的资源。孩子入学时，要与他们一一握手；孩子有困难时，要伸出我们的双手；孩子中考时，要为他们呐喊助威；孩子离校了，还要请他们常回家看看……共享式的亲情渗透才会让学校有家的温暖，让孩子产生对家的眷恋。

过年过节，需有"礼"有"节"。除夕之夜，全家人围在一起吃年夜饭，那是一家人团团圆圆、共享亲情的最好时光。为不错过这个亲情教育的好契机，每年放寒假那天，公益中学会给每位学生送上两大袋食品，将之命名为"公益分享大礼包"，并随附这样一段话：

亲情，是人世间最纯粹的情感。分享，是公益人最美好的品质。优秀的公益人，因懂得分享而变得更幸福。小小的大礼包，因被你分享而变得更有意义。我们期待你，将大礼包里藏着的温暖，分享给你的家人，分享给邻居和朋友。让分享成为我们自觉的习惯，让分享成为我们亲情人生的快乐源泉！

分享大礼包里的东西，是分管生活的学生副校长以及各班的学生挑选的，既有适合孝敬长辈的，也有可以与其他家人一起共享的。

如今大礼包成了一个"能量包"，给予学生一年的努力以小小的奖赏；大礼包成了一个"爱心包"，把学校的关心和爱护延伸到学生的亲人；大礼包更已成为一个"家校联系包"，通过它架起学校与家长之间沟通的桥梁。当孩子们把大礼包带到家里，一家人围坐在一起，分享喜悦的同时，也能感受家的温暖、学校的温情。那一刻，我们就是相亲相爱的一家人。

很有意思的是，2012年我们分发了"分享大礼包"，我布置每位同学写一篇"学会分享"的征文，开学时进行征文评奖、点评。出乎意料的是2013年的中考作文题是"懂得分享"。学生、家长乐开了怀，一份"分享大礼包"成了"中考惊喜包"。

"贵妃"大变身，越玩越聪明

这个"杨贵妃"，真的很亲民

"阿潘，我们没玩够！"

起初，每年12月底的"公益大舞台，才艺我来show"迎新文艺汇演结束时，不少同学就会跑过来向我提意见。后来，我们把活动的时间调整到了半天。

"这么丰富多彩的活动，我们每一项都喜欢。但半天的时间真的还是太短了！"我们又把活动的时间延长到了一整天。

整整一天不上课？！老师们有微词了："这么宠着孩子，会不会被宠坏？""没大没小的，会不会hold不住孩子？"也有家长担心："都初三了，还这么疯玩，升学率下来了怎么办？"

我用大量鲜活的事例向老师、家长解释："张弛有度，玩得开心，学得静心，是学习有效发生的最佳状态。"

于是，学生、老师、家长一起嗨。从上午的人人有节目、班级狂欢、爱心义卖到下午全校瞩目的公益大舞台、品菜会，再到校园吉尼斯等，整个校园乐翻了天。从前期准备、筹划到当天活动举行，大家全情投入，忘了自己的身份、年龄，沉浸在其乐融融的亲情海洋里，也有效地融洽了师生关系、生生关系、亲子关系以及家校关系等。

这一天的班级生活，不是从常规的早到早学开始，也没有自修学习任务，而是从各具特色的班级狂欢开始的。虽然每个班都有自己的奇思妙招，但舞台却属于班里的每一个人。有走狂野路线的，有温馨小清新型的，还有用爱心温暖型的……老师们献上了《忘情水》《小酒窝》等老歌，学生们则带来了动感十足的街舞，还有诙谐幽默的小品等，最煽情的莫过于班级视频，回忆一起走过这一年的点点滴滴，眼角泛起新年的第一抹泪花……

除班级活动外，学校操场上还有各种好玩的游戏。像小时候玩过的套圈，以游戏为营销手段，学生们快乐地推销着自己的产品，用爱心筹款。书籍文具摊、甜点饺子摊、工艺品集萃摊、花卉绿植摊等也是琳琅满目，而班主任开设的小摊总是非常火爆，大家各自展示自己的才艺，还有现场演示的，以吸引学生、家长、老师前去购买。每年义卖所得善款全部注入杭州市公益中学爱心专项基金，为黔东南的孩子提供爱心帮扶。

而重头戏当然非"公益大舞台，才艺我来show"莫属。它之所以能成为所有人最期待的年度大戏，一个重要的原因就是从校长、行政班子领导到老师、学生、家长全都上了台，都拿出了自己的看家本领，展示真才艺和真性情。歌唱、舞蹈不用说，舞剑、相声全都有，不管是异国拉丁舞、童话圆舞曲，还是校合唱队、民乐队的精彩演出，或是航模"黑科技"，公益的孩子总能带给我们无限惊喜。

学生们很好奇、很关心我在"公益大舞台"上会扮演什么角色。2012年，音乐老师来跟我商量："阿潘，今年流行角色反串。能不能委屈您在《相亲相爱公益人》节目中出演'杨贵妃'？""可以。但是那'兰花指'什么的我压根儿不会演啊！"我回答道。于是他们当起了我的师傅，一个一个动作教我。万万没想到，我一登台，立即燃爆全场，许多学生直

接从最后排冲到了台前看个究竟。也许是他们没有料到，我会如此颠覆自己的校长形象！

我出演的"杨贵妃"，头戴凤冠，身着粉红色宫装，一边舞动水袖，一边引吭高歌。底下的学生们笑着说："阿潘校长扮演的杨贵妃还靓丽的嘛！""他就是我们多才多艺的百变Panda！"而且这个"杨贵妃"还很亲民，粉丝要求上台合影，他来者不拒。合影后，居然还问："要不要签名？"顿时，欢呼声、掌声响成一片，就这样，欢乐的气氛被烘托到最高点。

公益大舞台上"杨贵妃"，乐翻全场

从那以后，每年我都会服从组委会的安排或接受家委会、年级组长、班主任、学生等的邀请，"奋不顾身"地出演纤夫、葫芦娃、老先生、大厨师、功夫熊猫、印度小哥、唐僧、锦鲤等角色。在他们的笔下，我成了"易容大师"，每年都会有出乎大家意料的扮相。在公益舞台秀到来前，"今年阿潘扮演什么"是大家问得最多的一个问题。

学生们直言："只有你想不到的，没有阿潘做不到的。"

也许是在我的带动下，一些老师、家长打消了顾虑，一改平日里的拘谨和严肃，也有点"老顽童"起来。个别老师甚至完全颠覆了自己的形象，如分管德育的副校长是个身高一米八的大汉，竟然反串起了"皇后"；总务主任男扮女装演嬷嬷，也是惟妙惟肖，主打一个好玩；另有老师编了小品《熊孩子》，代表叛逆的孩子说出心里话；更有老师大跳甩葱舞、小鸡舞等，给学生们送去了欢乐；还有行政班子表演的歌舞剧《演员的诞生》，奇葩地让冯程程、熊大、熊二、光头强等汇聚一堂……

在一片欢声笑语中，老师、孩子、家长都被一种"魔力"拉得更近，贴得更紧了。而这"魔力"便是紧张学业的张弛有度，是缓释焦虑的和谐融洽，是在"小家""大家"中的独特亲情，更是公益人难忘的成长足迹。亲情的温暖让冬日不再寒冷。

亲密"共同体"，全员来参与

学校每年都要召开运动会。但一般的运动会都是每班选10男10女参赛，大部分老师、学生都是拍手鼓掌的观众。"独乐乐不如众乐乐"，运动会竞技只是一个维度，我认为更大的价值是以此带动群众性运动。所以，在我任职的每一所学校，我都把田径运动会改为"全员运动会"。每一位师生都有一两个比赛项目，人人都有为班级或年级组加分的机会，同时我们也邀请部分家长参加部分项目的比赛。正像有孩子总结的那样，与其说是运动会（Sports Meeting），不如说是运动大派对（Sports Party）。

有一年，年级组长和班主任齐上阵，他们的扮相可谓要多奇葩就有多奇葩：绿巨人和白雪公主在一起了，皇上和加勒比海盗打起来了……各位班主任的惊艳造型在红色跑道上一亮相，便赢得了学生们的阵阵欢呼声，他们没有想到平日里端庄文雅的老师还有这么可爱的一面。不少孩子说通过运动会，更加喜欢如此cosplay百变的老师了。而老师们也说，没想到颠覆了形象后，自己在班里的人气指数一下子就爆表了。

在每年的运动会上，学校有个保留项目，那就是教师、家长和学生各组成一个队，进行4×100米接力赛。读书的时候，我练过体育，因此当然要踊跃报名参加。每次我都跑最后一棒，张大嘴巴，奋力向前冲。这时总会听到全场响起"奔跑吧，Panda"的欢呼声。学生们说："阿潘那速度、那气势，还真有年轻范呢！"也是在这欢呼声中，我们共同将全员运动会的气氛推向高潮。

为增加运动会的趣味性和游戏性，学校还设计了"毛毛虫"游戏、拔河、跳长绳比赛等活动。像"毛毛虫"游戏人人都可参加，随着比赛的哨声响起，只见大家一起喊着"左、右、左、右"快速向前跑去。不一会儿，这几条"毛毛虫"出现了很多状况，如脚别在一起、侧翻了、肚子堆起来了或者掉尾巴了等，让旁观者忍俊不禁。师生家长们在游戏中缓解压力，享受乐趣，真正体现了"亲情体育"的运动精神。

每次运动会也是家长们最忙碌的时候。家委会成员都把参赛当成自己家里的事，热心地排练出场造型，还帮忙准备道具和训练队伍，有的甚至直接参加相关项目的比赛。比赛间隙，他们还给孩子们送来了肯德基鸡块和冰淇淋，作为犒赏。所以我常借用那句歌词说的，"丰收果里有学生的甘甜，也有家长的甘甜；军功章啊，有学校的一半，更有家委会的一半"。事实上，全员运动会把家校紧紧地联系在了一起。

还有"阿潘杯"校园系列赛事，也总能吸引大家的眼球。我们每年组织八人制足球赛、五人制篮球赛、篮球技巧赛、师生明星赛、活力展示赛等多项赛事。它们无一例外地均以亲情味、趣味性、参与度著称，受到了学生们的热捧。我一直认为，校园不仅是安静的，更是跃动的，不仅要有琅琅的读书声，更要有一种健康、团结、拼搏的氛围。学生们的七彩青春只有在赛场上绽放，只有通过汗水的挥洒，才格外动人。

无活动不学校，好的关系是玩出来的，运动带来了灵动的校园，运动增强了师生家长的凝聚力和亲情感。运动和亲情把老师、家长与学生攥成一个亲密无间的共同体。

一起"棒棒棒"，学并快乐着

无论是公益大舞台，还是全员运动会，这都是师生家长一起玩乐的缩影。在公益中学，我们耍乐的日子绝不仅仅是这么几天，也不只有这么几个项目。学校发动大家一起设计全年的活动，力争做到"周周有小活动，月月有大活动"，对标对表，确保学生"玩"的时间和权利。

按年级来分，初一有军训，初二有学农，初三有毅行；按月来设计，1月有校园吉尼斯，3月有"阿潘杯篮球赛"，4月去春游，5月有"八一誓师"活动，6月有学生校长竞选、主持人大赛，7月和8月社会实践活动，9月有全员运动会，10月安排了"我当一天爸爸妈妈"生活实践活动，11月去秋游，12月有"公益大舞台，才艺我来秀"。可以说，一学年下来，校园里活动不断，热闹非凡。

"玩得尽兴，学得开心"是初中生最好的模样。我尽最大的努力让学生从繁重的课业里脱身出来，步入张弛有度的学习之道，就是为了解放他们的身心，用活动促进和谐关系，用关系带动自主学习。一句话，就是用亲情去转化孩子们的学习态度、修正学习习惯、提升学习效果，让校园充满欢笑、汗水、激情与活力。

一年一度的"校园吉尼斯"是公益中学的"高光时刻"，我们鼓励学生认识自我、挑战自我，追求"更快、更高、更强、更团结"的体育精神。学生自己设置活动项目，如投篮、足球颠球、呼啦圈计数、飞镖大战、自行车慢骑、双手倒立、一分钟平板支撑、踢毽子、花样跳绳等。只要学生想玩，都可以成为校园吉尼斯项目。而且这些项目的学生参与度很高，不同身体特点的孩子都可以从中找到挑战吉尼斯的机会。

孩子到了初中，竞争压力陡增，再加上"安全"这座大山，他们或是没有时间玩，或是不敢痛快地玩。组织运动会，也以比赛成绩作为主要目的，缺少广泛的参与度；参加春秋游，也是这个不准、那个不行，必须在严格的监管下才能活动……而在公益中学，我们却反其道而行之，怎么畅快怎么来，怎么解压怎么来，实现"学并快乐着"的目标。因为我们坚信，"流水不腐，户枢不蠹"，生命在于活动，活动让人永葆青春。

　　地处江南的杭州不常下雪，所以我们把雪花飘飘当作老天最珍贵的奖赏。学生们一年到头最盼望的就是下雪天，因为可以打雪仗、堆雪人、写雪字。只要下雪，只要校园里积起了一层雪，我们就会组织学生走出教室，分批到雪地里去打一两节课的雪仗。这时候，老师们没有往日里的威严，他们与学生你追我赶，打成一片。还有调皮的孩子趁机朝老师扔几个雪球，发泄一下心中的"不满"……

　　有一种青春叫中考，有一种祝福叫"搬楼"。新学年开学前，公益中学都会为九年级学生举行"搬楼"仪式。2022年8月28日，我披甲戴胄，扮成一个带兵出征的大元帅，向师生们发号施令。2023年8月28日，我出演诸葛亮，宣读《出师表》。然后带着师生家长，自信跨入初三门，自然打赢中考战。很多人心中油然生起奋力拼搏的决心，他们从这庄严神圣的搬楼仪式中感受到了无限的支持力。

初三搬楼仪式上宣读"出征令"，自信满满打赢中考战

　　我和学生发展中心精心设计一年一度的"喊楼"活动，那也是为参加中考的毕业生准备的。夜幕降临，七八年级的学生相约到九年级教学楼下，大声地喊出心中的不舍与祝福。大家排成"加油"的队形，高举气球与花球，拉起写满暖心祝福的横幅，齐声高喊："棒棒棒，你最棒！行行行，你能行！"而初三学子们也高声呐喊："棒棒棒，我最棒！行行行，我能行！"振臂挥舞，现场气氛令人激情澎湃，久久难忘。

"解忧杂货铺"，涂了个"压"没烦恼

和和融融是我家

从亲情教育的理念出发，我们把校园定位为一个有滋有味、温馨的家。

不论大小，家是可以遮风挡雨的场所，是可以倾诉、可以依靠的港湾。就像老歌里唱的那样，"我想要有个家，一个不需要华丽的地方；在我疲倦的时候，我会想到它。我想要有个家，一个不需要多大的地方；在我受惊吓的时候，我才不会害怕……"按照这一校园物质文化建设的总基调，我们努力让公益中学的一草一木、一事一物都散发出亲情味，有爱的光芒和亲情的力量。

校园布局大气舒适，令人心生美感；树木花草错落有致，让人心旷神怡；每一处布置都饱含亲情意蕴，让人驻足深思……而一个整洁优美、宁静有序、充满生机的校园环境，必然能使学生自然而然地受到美的熏陶。法国哲学家爱尔维修曾说过，无论你现在是什么样子，都是周围环境决定的。初中三年，有形之教是丰富多彩的课程与活动，而无声之教便是学生们朝夕相处的校园。

如果你有机会来公益中学走走看看，一定会眼前一亮。一进南大门，映入眼帘的是具有浓浓中国味的徽派建筑和苏州园林，左右两边，各有一个园林式的园子，分别为"融园"和"和园"。两园并列，寓意"和和融融"，表达了相亲相爱的公益人在这和和融融的校园里，过一种有滋有味、和和美美的生活。

所以，我们还别出心裁地建造了一座"融屋"。"融屋"是一座设计巧妙、颇有些童话色彩的小木屋，远远望去像一个逗号造型，意味着初中只是人生的一段旅程，接下来的人生需要不断勇往直前。我们可从假山小径拾级而上，也可从另一侧弯曲的木栅小道漫步进入"融屋"。毕业生们把自己对美好未来的希冀与祝福写在卡片上，系在木栅栏上，也把自己与公益中学的情分永远地留在了"融屋"里。

有一棵树顽强地穿破融屋的尖顶，直插天空。就这样，树和屋奇妙地融为一体，这也是"融屋"名字的由来，寓意人和自然相互伴生的关系。木屋的另一侧，假山和流水也相映成趣，水从假山上飞泻入池，池里的喷泉润泽假山。看着鱼翔浅底，听着校园里琅琅的读书声，好像也入了迷。闲暇时，师生都喜欢到"融屋"里来走走、坐坐、看看。看树看屋，听风听水。说人说事，好不自在。这是生态之美。

行走在校园里，每幢楼都有名字，抬头可见醒目的匾额。没名没姓的建筑就是冰冷的，是没有文化熏陶的。明末清初文士张岱在给友人的信中专门谈道："造园亭之难，难于结构，更难于命名。盖命名，俗则不佳，文又不妙。名园诸景，自辋川之外，无与并美。" 他认为给园中亭榭景致取名既要避免俗气，又要防止过分文雅，比造园还要难。确实，好的名字含义隽永，令人印象深刻。

我在给校园命名时充分体现"公益元素"。如行政楼命名为"相亲相爱楼"，食堂命名为"一粥一饭楼"，有一种浓浓的亲情味道。而初一楼命名为"做人第一楼"，初二楼为"乐观大气楼"，初三楼为"活教乐

公益中学网红打卡点

学楼"，既体现学校价值追求，又契合初一重习惯，初二重心理，初三重迎考的特点。另外，教师办公室、班级教室等也都被冠以独特的名字，如"绿筠园""近悦缘来屋"。

此外，在这些"屋"的楼道上、橱窗里还特地布置了各种反映师生生活的温馨照片。师生家长们生活中的点点滴滴，一张张咧嘴的笑脸、一双双清亮的眼睛、一个个搞怪的模样都被贴上了墙，每月都及时更新。那是无数美的瞬间，更是一双双发现美的眼睛所定格的一个大家庭最好的模样。让亲情关怀洋溢在校园的每一个角落，让师生们带着愉悦的心情投入紧张的工作和学习，这是人文之美。

良好的关系就是在有生态之美和人文之美的环境里孕育出来的。耳濡目染、日积月累，那化不开的亲情让我们学会了彼此尊重与关怀，把日子过成一首隽永的诗。

我的心里话随时说

"我的抽屉里珍藏着初二时阿潘给我写的亲笔信。不仅因为阿潘的字特别漂亮，看上去非常养眼，成了我书写的示范，更是因为阿潘收到我的回信后，又给我写了第二封信，并采纳了我组织篮球赛、减少作业量、食堂里的菜少放点油等建议……"

这是一位毕业生在离校若干年后写下的文字。

不能说一封信改变了他的人生，至少它的影响力远远超过了很多人的估计，而这正是我坚持给学生写信的初衷。

与青春期的孩子交流，真的需要用他们喜爱的方式。因为他们是非常感性的，如果老师、父母运用居高临下的命令、控制的口吻，极易引发学生的抵触情绪，拒绝合作。当师生之间、亲子之间开始说话减少，甚至打起"冷战"，变成了熟悉的陌生人，就会出现很多由误判、误解而引起的问题。反之，如果你敞开胸怀、广纳言路，善于倾听而且认真倾听，那么孩子就会有滔滔不绝的话跟你讲，许多问题就能在畅通的沟通中迎刃而解。

我鼓励学生说话，大胆地表达自己的所思所想所感。但是现实中遇到的真实情况是，一方面，我不可能有那么多的时间、精力，与全校学生进行一对一的交流。另一方面，面对面的沟通，学生多少有点不太敢说、不好意思说得太直接，为此，我真心诚意地为孩子开通了反映自己内心的校园信箱。一方面，它便捷，学生只要有想法，随时随地都可以写下来，投入信箱；另一方面，它还有较强的私密性，无论倾诉还是投诉，都不会有后顾之忧，尤其适合那些性格比较内向的学生。

在学生出入最频繁、最显眼的综合楼一楼大厅，我们挂上了"Panda亲情信箱"。Panda是我的英文名，萌萌哒的熊猫造型非常喜感，似乎是在鼓励学生大胆说出自己的心事。教室里，则挂上了"班主任亲情信箱"；寝室里，悬挂的是"卢阿姨亲情信箱"，食堂醒目处挂上了"王老师亲情信箱"……这样，平日里学生一有什么想表达的想法，就可以通过书信或一张小小的字条，对学校、班主任、任课教师、宿管员、食堂师傅等提出各种意见或建议。

在"Panda信箱"中，我会收到各种各样的来信，有分享学期里那些开心事的，也有向我吐槽不爽的，更有给我提改进学校工作建议并献上"金点子"的……我一封一封认真地读、反复地看、慢慢地品。古人说："烽火连三月，家书抵万金。"学生和家长写给我的信也重若千钧，字里行间寄托着对我充分的信任、对学校满满的期待。只有每封信都落了地，每个字都有回音，这条师生之间的"邮路"才会始终畅通。

期中、期末是学期里几个重要的时间节点，我照例都会给全体学生写一封"阿潘和你说说心里话"的亲笔信。如"半个学期来，你在公益大家庭里过得怎么样"，一句话就拉近了与学生之间的距离。要参加中考了，学生难免会有些紧张和焦虑，所以我又以大家长、好朋友的身份送上"拼搏心""平常心""细致心""畅快心""规矩心"和"必胜心"六颗心。我说，这六颗心在考场上用得上，今后人生道路上的每一步也都用得着。

学生们也纷纷写来"我和阿潘说说心里话"的回信，这时候，"Panda信箱"里会塞满学生的回信。有一次，短短3天我就收到了1082封学生的回信。他们跟我讲述自己的故事，分享快乐、诉说心中的困惑等。很多学生还在信中，给学校发展贡献了自己的"金点子"，如雨天的天桥上易摔倒，是否能铺上防滑垫；食堂能不能适当增加一些玉米、红薯等粗粮的供应等。

我经常跟孩子们说，回信中可以写三部分内容：第一部分需要点点赞。与阿潘分享一下半学期来自己具体的成长情况，并为老师、同学、父母点赞。第二部分可以吐吐槽。第三部分能够提提建议。当然回信可不拘形式，也不是非回信不可。因为青春期的孩子往往有"你一定要我回信，我偏不写"的心理，写不写回信自己定，他们反而格外珍惜这样一个能倾吐心声的机会，洋洋洒洒写上两三页。

每次我都要花一两周的时间才能把信读完。读学生来信是一件特别治愈的事情，我乐此不疲。透过孩子们的来信，我可以读到学生在观察和思考，真正地在关注学校发展。他们的世界里不只有学习，而这样的孩子才是具有可持续学习能力的。而且用写信的方式把自己的心里话说出来，十分有利于他们的心理成长、情感发育，还有助于训练他们的逻辑思维和文字表达能力。

每次读完，我都会在全校大会上做出反馈，对他们提出的建议做出回应。如对学生提出要更换大课间跑操时的音乐，我立马答应："播什么歌曲，你们来开清单，下周就开始换！"

坚持写了 22 年的亲笔信，"心里话"传递的是尊重和信任

　　有人说，在一个网络发达、信息爆炸的年代，写信看上去有点落伍了。但是我和老师们给孩子们写亲笔信，让每位孩子的心里话有处诉说、有人倾听、有人回应，老师透过孩子们的回信，可以了解他们的真实想法，读懂他们的喜怒乐忧。书来信往，传递了信息，读到了真情；件件有回音，增添了信任，赢得了尊重。就学生对用书信"说说心里话"的热情来看，我认为它仍是真情而走心、朴实而有效的媒介。

我的情绪有去处

　　1998年金秋十月，我邀请到了杭州市20多位特级教师等组成的名师团来到颊口中学开展支教活动。省德育特级教师李鸿基老师的一个讲座，让我对心理健康工作产生了浓厚兴趣。李老师说，没想到一个乡镇学校校长

对心理健康教育如此上心。过了两个月，李老师推荐我去参加杭州市首届学校心理辅导员培训。据说，学校心理辅导员培训班在全国也属第一次。这个培训班为我打开了心理健康教育的一扇窗，从此无论到哪所学校工作，我都非常重视师生心理的调适。

2023年暑期学校综合楼重新布局装修时，我们为心理辅导中心留出了整整一层朝南的房间，500余平方米的空间作为"益心·益家园"心理辅导中心。我们更愿意把它称为"心理充电站"，边上有个电池的logo，意味着这是学生放松、疗愈的地方，可以补充能量，直到最后电池满格。心理辅导中心的标志图案和名称是向全校学生征集并经投票选出的，一个简洁的笑脸图案让人看了心里充满了阳光。而"益家·益心园"的称谓，不仅有一家人、一条心的意思，更寓意着和谐、康健。

沿着台阶、楼道向前，四条彩虹地贴分别对应不同区域的路线。绿色是小团辅室，供人数较少的团体辅导或心理剧排练时使用；蓝色是心理办公室，橙色是心理教室，红色则指向宣泄室、放松室和咨询室等。我们开展心理健康教育的宗旨就是承诺"每个声音都值得被倾听，每种情绪都值得被看见，每个你我都值得被深爱"，希望学生在这里不慌不忙、慢慢成长。

楼道的墙上贴满了各种暖心的话语，如"爱我本来的样子""一切都是最好的安排""我值得世间所有的美好""今日宜幸福""打包好运"等。看见这些"心语心愿"，会让正难过着、疲惫着、烦躁着的学生瞬间释放压力，产生力量和勇气。

楼道的整体设计以互动体验为主，注重趣味性和学生的内心体验。我们设置了很多好玩的游戏，帮助学生找到情绪的宣泄口。

乐高墙。对学生来说，积木模型不仅是简单的玩具，还是情感共鸣的对象。他们可以通过对模型的操控和组合，表达自己的思想、情感和创造力。乐高积木游戏为学生提供了一个丰富创造性和想象力的空间，通过与虚拟对象的互动来探索和理解世界，促进了他们的认知和情感发展。

亮片涂鸦墙。在这里，学生可以化身色彩魔法师，以手为笔，尽情涂抹。亮片的正反颜色不一样，通过改变亮片的方向，可以涂绘出不同的图案。对自己的作品不满意，随手一抹，墙面又恢复如初，又可以重新"创作"。随心所欲绘出心中所想，用图案传递出自己的情感。"涂了个'压'没烦恼"则可以"任性"写下自己的愿望、吐槽、点赞等。

情绪感受轮。有什么样的情绪，学生都可在感受轮上找到相应的按钮，然后一步步了解"我为什么有这种情绪""情绪的背后代表了什么需要""如何有效处理情绪"等。情绪感受轮的作用是方便学生了解自己，能够更好地管理情绪，从而为自己和他人提供更饱满而稳定的情绪价值。

我们的小团辅室也是一间密语教室。温馨的灯光，全软包、静音的舒适环境，可以席地而坐的小蒲团，还有团辅专用的六角桌……它为学生们提供了一个私密安全的沟通交流空间。在信息爆炸的今天，学生们可以来这里，按下暂停键，自我调节、宣泄压力、自由输出，也可以轻松交流、建立信任，体验合作的快乐和情感的表达，获得心灵的归属感与情感的支持。

重新打造的心理辅导室增添了沙盘、音乐放松按摩椅以及"抱抱人"等，还摆放了各种绿植，整个环境布置体现出倾听、共情、无条件积极关注、尊重隐私等特点。辅导室周一至周五开放，学生可以随时预约求助。作为特约专家，我也经常担任心理咨询师，让心理充电站真正成为学生的"解忧杂货铺"。

"这事听我的"，学生校长比我牛

学生校长，人小心不小

"我要成为公益的校长"，这是学生喊出来的口号。

如果你没在竞聘学生校长的现场，根本无法想象一个七年级学生竟有如此的气场与雄心。约翰·库提斯（被誉为"激励大师"）、戴尔·卡耐基（被誉为"心灵导师"）等大咖的名言金句信手拈来，英语秀、搞笑表演、飙歌言志等，形式五花八门，各显神通。台下的学生则一边围观，一边摇旗呐喊，为竞聘者拉票。

在一次"问计于生"的民意调查问卷中，有两位同学在"你最想担任的学校管理职务"一问中回答"我希望自己能当校长"，我找到他们了解缘由，其中一位说："学校里校长最大，说了就可以去做啊！"原来，他们想要的是做主拍板权，于是学校设立了"学生校长"的岗位，并规定必须通过竞聘产生。学生校长有代表学生建言、批评以及监督的权利。学生校长不仅是上情下达、下情上传的"小桥梁"，更是"小助手"和"小参谋"。

最主要的是可以做到"我的地盘我做主，我做主的事情我负责"。这在很大程度上满足了初中生最大的心理诉求：自主独立，能得到尊重。

学生校长的"牛"首先表现在"竞聘上岗"上。学生校长竞选报名不设门槛，先在班内竞聘产生一名候选人，然后再到年级里去PK，最终选出三人组成年级学生校长班子。可以说，竞聘过程相当激烈，竞选人要经过报名、自我宣传、公开竞选、师生投票等"过五关斩六将"的环节，最终脱颖而出成为"学生校长"。

学生校长的"牛"，还体现在行使权力的实效性上。学生校长一般每月召开一次例会，平时根据需要召开碰头会。只要时间允许，我都会列席，并认真聆听，仔细记录，一一解答。有时还会根据实际需要，约请学校相关职能部门负责人到会，听取学生校长的意见和建议。学生校长陈嘉梁在"学生校长办公会"上提出食堂"两少两多"的建议：食堂减少油炸食品，烧菜时少放点油，多提供一些蒸煮菜式，多搭配水果和汤。我采纳了他的建议，立即和总务处商量，发动全体公益人向食堂推荐新菜，举行"我最喜欢的菜谱"评选活动。首批评比结果中，脆炸大虾、钱江肉丝、五香牛肉、宫保鸡丁、椒盐土豆饼、酸辣土豆丝等榜上有名。不久后，食堂就将中餐菜调整为一大荤、一小炒、两蔬菜，每天一份水果的搭配方式，既不会过于油腻，又充分保障了学生的全面营养需求。

陶行知先生有首《小孩不小歌》家喻户晓："人人都说小孩小，谁知人小心不小。你若小看小孩子，便比小孩还要小！"他是在告诫教育者，别把学生当成玩偶或提线风筝，其实他们一个个"人小鬼大"，有着无限的创造潜能。我之所以这么"听话"，也是因为感受到了学生满满的智慧与能量。一些在老师看来很棘手的难题，他们总会有奇妙的解决之道，而且金点子源源不断。

一次行政会上，学生发展中心主任提出了"到哪儿去秋游"的议题，行政班子人员考虑到"前几年是不是已经去过""好不好管理"等因素，提出了各自的想法。见大家难以达成共识，我问："这事问过学生吗？我们可不能忘了秋游的主角是学生哦！"中午找来学生校长一讨论，不出20分钟，皆大欢喜的秋游方案就形成了。

凡涉及学生的事宜，大到春秋游怎么安排、公益大舞台如何组织，小到穿哪一款校服、周菜单的制订等，全都由学生校长拍板决定。因此孩子们说，"学生校长有时比阿潘哥还要牛！"是的，我希望他们都比我忙、比我牛——比我忙，说明学生校长不是花架子，工作落到实处了；比我牛，说明工作有实效，成就感不断增强，威信不断提高。当然，我也愿意跟这样的"校长"对话，因为开展工作特别高效、精准。

学生校长李子羽升入杭二中参加学生会主席竞选，高一时就一举成功。学生校长陈嘉梁升入学军中学，担任了校长助理，深得校长信任。这与他们在初中"学生校长"岗位的历练密不可分。确实，这个岗位对人的历练作用非常大。有些学生通过"过五关斩六将"的竞聘，提升了自己的语言表达能力；有些学生则在履职过程中，强化了组织管理、沟通协调等方面的综合素养；更有学生因为兑现了竞聘承诺，做出了成绩，而增强了自信心和责任心。

亲情日记，我手写我心

卢梭在《爱弥儿》中指出："什么是最好的教育？最好的教育就是无所作为的教育：学生看不到教育的发生，却实实在在地影响着他们的心灵，帮助他们发挥了潜能，这才是天底下最好的教育。"

为有效改变"我说你听""你就照着我说的去做"，教育教学的各个环节很少顾及学生感受的现状，我发起并建立了每月一次的"亲情问卷"制度，涵盖学生对上课、作业、批改、辅导以及二次批改等教学方面的需求，及早发现并有效解决教学存在的问题。

语文老师发现，取消语文课前小演讲这个环节可能错了，因为学生要求恢复的呼声很高。但要提前一周布置并指导学生充分准备，以避免因部分学生敷衍导致质量不高而再次中断。同时，学生迫切要求增加课外书籍的阅读时间，把课外阅读作为每天作业的组成部分，并且尽量多安排课外阅读汇报课。鉴于此，在校园改造设计时，我深入听取学生们对图书馆、阅览室布局的建议，满足了他们对学校"书房"的要求。

孩子的许多心理现象常常是因不同情景而发生并变化的。内心想表达的小心思、小心愿或诉求、忧愁，如果没有合适的时空，缺乏恰当的表达方式，很可能时过境迁，压抑到了心底。因此，我积极倡导孩子写"亲情日记/周记"。愿意交给老师阅读、期待老师为自己写点什么提供帮助的，则可以交给老师。着重叙述学生与老师、同学、家人之间的情感交流，如开心事、烦心事以及需要老师或家长帮助解决的事等。亲情日记主要关注即时、随性、比较浅层的事情或感受，而亲情周记则会记录比较深刻一点的心境，不仅有所见、所闻、所思，还可表达自己的观点。

有次班里推选团员，一位学生的得票率很高，但由于学习成绩不够理想，结果没能当选。班主任从亲情日记里发现，部分学生认为投票结果被操纵了。于是，他专门抽出时间，请学生来谈谈心目中的评优标准。随后，班主任又安慰了那名落选的学生，并转达了其他同学对他的肯定和老师的期待。如果没有亲情日记，老师或许关注不到这个小小的风波，更发现不了它对当事人和其他学生的潜在伤害。

无论是亲情日记还是亲情周记，我们唯一的要求就是真心诚意，想说什么就说什么，不需要文采，也没有字数要求，而且仅限于师生之间的沟通。班主任看后必须认真写上自己的想法和建议，三言两语说不清的，还要找个合适的时间当面聊。如果是对班级工作的建议，则由班委讨论后，再反馈给提建议的学生。如此，亲情记录让师生之间多了一个交心的方式，通过加强沟通，帮助化解校园内外的各种矛盾。

实践证明，亲情记录为学生提供了想说就说的平台，把家长、老师和学生三方紧密地联系在一起。有人说，亲情记录为育人工作打了一口"深井"，畅通了师生、生生和家校之间的联系，通过改善彼此的关系，实现了学校教育的根本变革。虽然它会增加班主任的工作量，但这样的"对话"形式，比口头交流更真实、更深入。似乎每读一次都能触摸到学生的心跳，每点评几句都会加深彼此的情谊。用老师们的话来说，就是"日久生情"。

记录的过程首先改变了书写者自己，学生会试着让自己冷静下来，学着控制情绪，然后再去梳理事件、理清思路。这就是反思，这就是成长。其次，学习的目的是会听、能说、能读、能写，最高阶段就是写的过程。当学生成为一个"我手写我心"的书写者时，他的表达能力提高了，创造力也会变得更大、更强。

有时候，还可以把学生的亲情记录前后联系起来看，就像是一份成长档案，记录着他们认知世界和内心日渐丰盈的过程。而老师通过文字交往，参与他们的精神成长，这是最有文化，也最有教育意义的一件事情。

亲情劳动，动手又走心

因为在当班主任时尝到过劳动给班级带来活力和凝聚力的甜头，当校长后我一直坚持把劳动教育当成改变学习、融洽关系的"推进器"，想建一个"校园里的农场"，也想把学校办成"农场里的校园"。

如果你来到公益中学，一进校门就可以看到一个"Panda农场"。我们开辟出了三亩多地，每个班都可以分到一块承包地，既可种早稻、小麦、油菜、花生、番薯、西瓜，又可种豇豆、豌豆、秋葵、辣椒、黄瓜、葫芦瓜、西红柿，还可种覆盆子、白术、灵芝等中草药。下课时，学生走出教室，就可以在自己班的那块"自留地"里，松松土、浇浇水、捉捉虫……孩子们在紧张的初中学习之余，找到了一片与自然相处的放松天地。

校园农场的班级承包地里，放松的是心情，凝聚的是亲情

我们给学生提供了"四季蔬菜种植参考时间表"，指导他们适时播种、除草和施肥等。一百多种农作物和30余种中草药让城里孩子长了见识。他们在农场里不仅能体验到劳动的乐趣，还能掌握二十四节气和植物生长的关系，相当于多了个看得见、摸得着，甚至尝得到的生物课堂。他们在陪伴植物生长的过程中感受到了生命的力量，眼睛得到休息、心理得到调节。师生家长在共同肩负起种植、养护责任的劳动中，增加了抛开学习、相互宽松交流的时间和空间，增进了感情，密切了关系……真可谓一举多得。

经过多年的探索，我们把劳动纳入学校和家庭的教育体系中，从而将校内劳动、家庭劳动、志愿劳动、特色实践活动等整合在一起，形成了公益"4＋5"的劳动教育模式。学校还推出了相应的劳动实践实施办法，做到"处处可劳动，人人会劳动"。像校内劳动就包括日常劳动和劳动课程两部分，日常劳动有清洁餐桌、送还餐具等，而劳动课程涵盖了金工、木工、烘焙、科技创新劳动等。

　　我们还组织学生去校外参加公益劳动或学农劳动。每年10月，八年级学生都会走出舒适圈，离开父母，离开大城市，坐两个半小时车，前往富阳洞桥学农基地，开展为期一周的学农劳动，让他们沉浸式地体验什么叫真正的生活自理、什么叫"劳动创造生活"。按照学农基地自学、自理、自护、自强、自律的"五自"要求和不浪费资源、不破坏环境、不给别人添麻烦、一切恢复原样的"三不一恢复"标准，学生需要从自己套被套、铺床单开始，严格有序地过"正规军"生活。

　　短短一周时间，孩子们就学到了农业生产知识和技能。在农户家，他们主动跟农民伯伯了解、学习农业生产，有的下地松土、锄地、除草、浇地，有的在庭院里翻晒粮食、喂养家禽、劈柴、掰玉米粒……大家学得不亦乐乎，做得有模有样，收获满满。与此同时，他们也品尝了艰苦，享受到了田园之乐。

　　按照惯例，学生们都要在学农基地开展五千米的拉练。拉练途中，他们握紧手中的旗帜，像战士一样，一边走，一边认识沿途的植物，如板栗树、柿子树、山茶花、喇叭花等，在翻山越岭中感叹大自然的奇妙。在学校组织的一项"初中三年，你印象最深刻的三件事"调查中，学农劳动得票高居榜首。其中，金工、木工等手工劳动让学生们津津乐道，也厚植了他们对学校的情感。

　　在与学生聊天中，我发现不少家长不舍得让孩子把时间花在劳动上，总说："只要你把书读好，其他什么事都不需要做。"我专门给家长写了一封《舍得让孩子多干点活》的亲笔信，告诉他们只要时间安排得当，劳动不仅不会影响孩子的学习，而且有助于提升成绩和综合素养。随后我们建立了"每月做一项家务劳动"的制度。从整理房间、维修小家电，到洗衣洗鞋、烧几个拿手好菜等，促进孩子愿劳动、会劳动、爱劳动。而且孩子在参与家务劳动的过程中，时不时会和父母商量、请教，并且共享劳动成果，特别有利于亲子沟通，也促进了良好亲情关系的建立。

　　多元化的劳动机制有效实现了"自己的事自己做，家里的事主动做，生产劳动学着做，公益服务抢着做"的良好局面。我们成为全国首家开发并推出了"公益积分制"项目的学校，定期进行考核并与学生评优评先、品行评价、毕业等挂钩。每学期统计一次劳动积分，积分高的学生被分别评为"劳动积分良好级"或"劳动积分优秀级"。我们根据初中生思想、心理、学业的实际，在劳动实践中激发学生参与劳动的热情，提高学生劳动的能力，培养学生崇尚劳动的情感。公益中学成了全省的劳动实践试点学校。

"花头精"很多，你我换位试试看

我考的试卷，我来出

有人说，公益中学"花头精"特别多。

我得承认，学校确实有那么一点别出心裁甚至离经叛道，但谁让我们面对的是一批标新立异的青春期孩子，谁让我们总是把学生的需求放在第一位呢？我的观点是学校的一切教育活动都要遵循"From the students and for the students."（源于学生，为了学生）的原则，只要是我们想明白了这事对学生有利，我们就毫不迟疑地去做。

要问学生最怕什么，肯定是考试啊！为什么怕考试？因为考什么，怎么考，都是老师说了算，很多学生两眼一抹黑。好像命题从来都是老师的"专利"，也是他们管理学生的重要"权杖"。天经地义，来不得半点犹豫和质疑。

我比较爱思考，每当到教室巡视学生考试时，我想的是：学生奋笔疾书做题时，只是在被动地应答。如果他们明白了老师为什么要出这道题，他们搜集头脑中信息的聚焦点，答题的针对性就会强很多，"知其然，且知其所以然"，正确率也会随之提高。

2011年休业式时，我给学生布置了一道特别的寒假作业，让每个人出语文、数学、英语、科学4份试卷。并提出了三点要求：一是不能超范围出题，按期末考试的题型，以本学期的学习内容为限；二是不能出偏题、怪题，突出重点、难点和期末考试暴露出来的薄弱点；三是不能照搬抄题，参考选用同一份资料的题目不能超过10分。

题目出完后，开学前发给任课老师作为题库，被选中的题目可作为开学检测卷的真题。出题人还要负责为其他同学讲解自己的出题思路和解题技巧等。出好一份试卷可不容易，准备过程要参考不少资料，琢磨不少题目。我们的调查显示，出这么一张试卷要前后准备2～3天时间，然后集中在2～3个小时内整理出来。

这样一来，每个知识点在无形中都掌握了。有学生出题，要求以班里的"学霸"为主人公，写一篇作文，大家拿到时觉得题目好有人情味。而且"试卷我来出"的方式，也让学生从被动考试转变为主动钻研学习，由一贯的接受者转变为学习的主人。

从2014年起，我们指导学生将出题的重点放在自己的薄弱点，并且规定学生出的题目会有20%以上被引入真实的测试卷中，实现了"学生考题学生出"，这更加激发了他们出题的积极性。有学生说，以前总认为出卷总比做卷容易，亲身体验过后，才知道要出好试题并不容易。而老师们也在指导学生出题的过程中，进一步了解到学生的思维方式，为下次不出偏题、怪题提供了真实的换位体验。

著名历史学家蒙文通先生上课很有特色，从来不带讲稿，考核学生的方式也是别具一格。考场就设在四川大学旁边的茶馆里，由蒙先生自掏腰包请学生们喝茶。考试时，不是他出题考学生，而是由学生出题考他。往往只要学生的问题一出口，蒙先生就知道学生学问的深浅。问题提得好，他就哈哈大笑，打个高分，然后再详细解读。

学生考老师的方式太有趣了，对促进"活教乐学"简直是高招。受蒙文通先生的启发，也因上级对学生考试次数有明确的限制，比如"开学一个月内不得组织学生考试"等，我们把"站在他人角度说话做事"的其中一项重点工作，放在"学生命题老师考"上。"寅时点兵卯时上阵——说干就干！"

学生们觉得特别新鲜，又自告奋勇地组队来出卷。他们说："平时都是老师考我们，我们希望通过这样的方式，让老师也能了解一下我们的学习生活。"确定题型和类别后，他们就各自分工，通过上网查、书上找以及平时的知识储备等方式，搜集他们觉得好玩、有趣又有一定难度的题目。

有学生直言，给老师出卷既不能太难，又不能太简单。或者说，既不能难为老师，又不能便宜了老师。一个多星期后，试卷就出好了。出了两份卷，一份考查的是老师们的学科教学能力，还有一份是文化素养大检测，对老师们的课外生活提出了挑战，如对电影、电视剧、综艺节目等熟不熟悉，知不知道垃圾分类什么的。

"不看不知道，一看吓一跳"，用这句话来形容老师们拿到试卷时的惊愕再恰当不过。有老师说，真没想到孩子们能出这样一份有质量的试卷，很多题目都不是一眼就能看出答案的，比较灵活，难度上也比较合适。也有老师反映，要得高分比较难，因为有娱乐、文化等各方面的内容，这是对他们跨学科、跨文化知识拓展提出了更高的要求。还有老师说，通过这份试卷，让他们清楚了学生平时在关注什么，这也是师生交流很重要的方式之一。

建立这样一个机制后，师生们互换角色，学生可以在整理一份试卷的过程中把学过的知识，做过的题目全部复习一遍，老师能在"应试"的过程中，对作业的时间、内容、难度等感同身受，进而思考上课的重点、难点、易错点的定位和教学的方式方法。通过这样的命题和考试，师生间更了解了教与学背后的种种不易，也更清楚了自己今后努力的方向。

"学生出题老师考"引发了校内外的热烈反响。学生们说，以前总认为出试卷比做试卷容易，有了这次经历，明白了老师们的难处。有语文老师则说："经过这次测试，我对学生多了一分理解，也更理解了教师的使命和责任，我们要继续做孩子们学习和成长之路的同行者。"这一小小的换位增进了师生间的相互理解，让彼此能站在对方的立场上去思考教与学的关系，让教育更有亲情味。

"父母"的角色，我来当

有人说，孩子小时候，怎么看都可爱，这时你管孩子叫"宝贝"；等长大了，怎么看都有气，这时你管孩子叫"冤家"。"冤家"这两字的背后，是家长和孩子的一段"血泪史"：小小年纪竟然早恋，看着生气；天天就知道追星，不能理解；想辅导写作业，大眼瞪小眼；要考试了，竟然一点都不紧张，抱着手机、平板电脑，怎么说都不放下来……父母不可能不着急啊！只要与孩子有关，啥事都紧张兮兮的，逼得许多妈妈直呼，"你就是上天派来折磨我的"。要我说，父母别生气了，孩子可能也是这么想的。

从"宝贝"到"冤家"，这中间到底发生了什么？最大的原因就是父母和孩子在家庭中的角色不同。如果只从自己的立场去思考问题，那么产生矛盾甚至冲突都在所难免。所以，有一年国庆长假前夕，我给公益中学的家长们写了一封《请让您的孩子当一天爸爸妈妈》的信，布置了一道"角色互换"的特别作业。因为角色变了，看问题的立场不同了，更能体会当父母或做孩子的苦衷，亲情需要在换位体验中不断生长。

在这封亲笔信中，我详细地教给家长方法，希望他们放下架子，让孩子当一天父母，自己则做一天孩子。然后，按照每家每户平时正常的节奏和方式，完整地过一天。其中，孩子要在保证安全的前提下，完成买菜、做饭、洗碗、拖地、洗衣、房间整理等各种家务，也应督促父母按时起床，履行一名初中生需要完成的学习任务。他可以模仿父母平日里的语音语调来发号施令，也可以用自己认为合适的方式来布置任务。父母同样如此，既可以学孩子平时说话做事的方式，包括撒娇、顶撞、吵闹等，也可以按照自己的想法来调整与设计。

结果，假期一结束，家长和孩子纷纷告知学校，表示对这道"作业"高度认同。孩子们说，以后要多做做家务，特别希望能跟父母一起烧顿年夜饭，承担家庭一员的责任。家长们也说，当了一天孩子，被苦恼的作业和喋喋不休的唠叨弄得不厌其烦，也体会了这个时代孩子的不易。因为理解不是从说教中得来的，而是从实践中感知的，所以这样的理解才是真理解，是永远铭刻在心里的理解。

有家长告诉我，当了一日"父母"，对孩子触动很大。从那以后，每个月底的周末便成为雷打不动的"家庭美食日"。从买到洗、切、烧，孩子会至少烧一道菜。不仅有常见的番茄炒蛋、青菜腐竹、麻辣豆腐等，更有可乐鸡翅、油爆虾、西湖醋鱼等对烹饪技术要求较高的菜。最重要的是，做这些事时，孩子总是乐此不疲，化身一个"美食达人""劳动能手"，而且家里的氛围特别和谐，其乐融融。

优秀的家长和老师就有这样的"魔力"。他们总是能从孩子的视角出发，想他们所想，急他们所急，然后巧妙地把学习任务整合其中，让孩子心甘情愿地去做、去完成。这也是公益中学践行亲情教育的初衷，我们希望用一种柔软的力量来与学生达成和解，而不是用权威等迫使他们服从。

我们还设计了一门非常特别的"职业体验课"，贯穿学生初中三年的6个假期。学生或独自一人，或组成同伴小组，全方位地深入到社会的各个层面开展职业访谈、体验。根据对每学期1500多份学生职业体验实践报告的统计、分析，我们发现学生涉猎很广，体验的职业五花八门，有医生、教师、公务员、保洁员、外卖小哥，也有造价师、插画师、警犬训练员、软件工程师、新型农民等。

活动前，很多学生只是看到了某些职业表面上的风光，真正接触后，才切身感受到了职业背后的艰辛付出，如当老师的辛苦、当医生的琐碎、当消防员的劳累与危险等。可以说，每一份工作都凝聚着从业者的辛勤汗水，没有一个岗位是轻轻松松的。大家更是体会到了"行业无贵贱"，正因为每一份微小职业的存在，整个社会才能顺利运行。在此基础上，学生们也深刻感受到，任何职业所需要的知识和能力都要求超强的自学能力，不能虚度光阴，只有努力学习，将来才有机会走上心仪的岗位。

许多孩子说："真正充当过那个角色，我才知道真的要学会站在他人的角度说话做事。"孩子的成长是知情意行逐步推进的过程，唯有让孩子亲身参与、体验，社会的优良传统才能真正内化为自己的品质。角色担当是一个特别有价值的促进孩子成长的机会。

没有一个不美丽

社会学家费孝通先生的十六字箴言"各美其美，美人之美，美美与共，天下大同"告诉我们，教育中要承认孩子个体差异，促进他们多样化发展，在相互尊重欣赏中，共创丰富多彩、充满活力的和谐生态。

我一直主张重视分数，竭尽全力帮助孩子考上适合的高一级学校，这是教师对孩子、家长高度负责的良知所在。分数是反映学校教学质量最直观的一个指标，这个指标不好会影响所有人的心气，挫伤办学的积极性。但是绝不能唯分数判断孩子的好差。

为此，我们按照这样的逻辑设定孩子的培养目标：品行正才能情商高，才有身心棒，"学业佳"才有意义。而"学业佳"中的"佳"不是绝对分数的高低，而主要是自己跟自己比，达到了自己能达到的最佳状态就是成功。

如果按成绩来排列，校园里的学生会呈典型的哑铃状分布，即两端的优等生和后进生相对较少，而中间的中等生则是大头。优秀学生、问题学生等"突出"的学生，班主任老师一般会比较关注，而中等生则往往容易被忽视，因而沦为"沉默的大多数"。其实，如果我们倡导关注学生，最应该瞩目的就是那些中等生。因为他们可上可下，拉一把能成为优等生的后备军；反之，不管不顾也可能滑向后进生的行列。

教育学上有个耐人寻味的"第十名现象"，即班里第十名前后直至第二十名的学生，在以后的学习和工作中往往有出乎意料的表现，甚至能成长为栋梁型人才。所以，中等生是个值得密切关注和深入挖掘、培育的群体，他们中既有未雕琢的璞玉，也有蛰伏的雄鹰。

然而，在日常教育教学过程中，中等生常常面临被忽视的现实。我们最重要的一项举措就是不再按照成绩、名次等来进行分组，而是根据兴趣、性格、价值取向等自由自发组队。每天错题过关任务，先由组长给副组长过关，然后副组长再给另外两位同学过关。而且评价也是通过计算小组平均名次来进行，更关注增量，有利于增强团体的归属感、认同感和情感共鸣。

我从教四十多年的体会是，成绩优秀的学生在很大程度上是自己学出来的，我们真的不妨少管一点，多给他们一些自主安排的时间、空间。而那些学业、思想、心理暂时落后的学生，他们会因为你的一次耐心倾听、一个小小的眼神肯定而重燃希望、重新振作，正所谓"给点阳光就灿烂"。

我一贯秉持"一个都不能少"的理念，尤其主张给后30%的学生多一点关注。为此，我发动实施了全体老师与后进生的"牵手计划"，每个老师结对三名后进生，要经常性地开展交流与沟通，记录学生的情况与变化，并定期进行反馈。学校要求，帮扶行动中每学期应该有不少于一次的家访、每月不少于一次半小时以上的谈话、每周不少于一次的学习辅导、每天不少于一次的见面等内容。

　　加德纳的多元智能理论告诉我们，每个人的智力千差万别，有的擅长表达，有的特有艺术天分，有的运动能力突出……因此我们不能用一把尺子来测量所有学生。教育就是帮助孩子找到最适合自己的赛道，鼓励他们持之以恒地跑下去，它不是"千军万马过独木桥"，而是"各美其美，美美与共"。

　　我们为学生提供了人人都可以参加的社团，社团给了他们放飞梦想的舞台。另外，对有特长的学生，老师还会给予他一些"特权"。记得有位男生刚进公益中学时，对电脑情有独钟，被聘为了班里的电教委员。因此他被豁免了理科作业，匀出时间来修习信息技术。初三时，他与高中生PK，夺得全国计算机编程能力竞赛（高中组）一等奖，后来圆梦清华大学。

　　我常想，学校里的一千多名学生虽然能力有大小，但只要他们都能发挥出自己的特长，那么教育就会繁花似锦、美不胜收。所以，学校每年都会举办科技节、艺术节、体育节等，为他们搭建展示特长的舞台。

　　"要让初中生像个初中生"，这是我向家长、向社会发出的呼求。我真诚地期待尊重孩子生长发育的规律，用五花八门的社团、丰富多彩的活动来释放他们的天性，让他们在兴趣的驱使下，发展各自的特长，成为最好的自己。

第六章

爱是你和我一辈子的承诺

　　回首来时的路，我深感，喜欢是父母、老师和学生共同成长的起点，关系是最大的教育生产力，爱是你和我一辈子的联结和承诺。爱孩子，我坚持主张"有规有矩+有情有义"，总结了读懂并回应孩子需求的"七字七心七大招"，探索出了"自己欢喜，他人喜欢"的喜欢循环圈，最终，教育在"亲情"中自然发生。爱是原点，亦是圆点，在这一场人生的修行中，让我们爱自己，时时滋养；爱孩子，有情有智；爱众生，柔善为美。

人生路口，时时需要"高清导航"

我不感觉自己矮，是因为每年 52 本书的滋养

我身高仅1.64米，但我没感觉到自己矮，上课、演讲时更是如此。这份自信来自我坚持每年读52本以上的书，脑子里持续增加的知识厚度弥补了身高不足。我的自我价值感很大程度上归功于阅读。

现在的我睡前不读几页书就难以进入梦乡，两天不读书内心就很不踏实。我的读书习惯源于原生家庭的熏陶。小时候看到父亲不管多忙多累，每天都会看看报纸读点书，家里的书架上摆满了那些陈旧而不失经典的书籍，洋溢着书香。如今脑海里也总浮现出这样的画面：摇头晃脑地跟着父亲诵读《论语》中的"学而不思则罔，思而不学则殆""知之者不如好之者，好之者不如乐之者"。

读高中时，由于经常停电，我不得不借着煤油灯发出的微弱光线坚持看书。由于离煤油灯距离太近，我又看得太入迷，直到晚上洗脸的时候才发现鼻孔里有黑乎乎的一圈烟灰。

在参加汉语言文学专业函授学习时，同学送了我一个"韦编三绝生"的雅号。那是因为为了弄通"中国现代文学史"这门课，我一有空就翻

一本"铜丝书"见证"优秀学员"的刻苦和用心

书，或许是翻的次数太多，以至于书都脱线散架了。一开始，我用棉线将书页串起来，后来改用麻线，到最后用了电线里的铜丝。班上一位许同学夸奖我说："潘，你这个读书劲头啊，的确称得上是'韦编三绝'！"从汉语言文学、英语高师自考两个大专，到"教育管理"本科，再到"学校领导学"研究生，每一个读书的机会我都十分珍惜并废寝忘食，以至取得佳绩，因此拿到过八张"优秀学员"证书。我还热情地为其他班级同学答疑解惑，成了大家公认的"小老师"。我的至深体会是，把自己学过的知识教给他人是一种很好的巩固方式，帮助别人学习的同时也是成全自己。开心的是，我无意间用到了"讲给别人听"的"费曼学习法"。

　　参加工作以来，我一直行走在各种非学历培训的路上。从杭州市第28期校长上岗培训，到国家教育行政学院全国骨干校长培训；从杭州市首届名校长培训，到长三角首期教育家型校长培训；从杭州市首期学校心理辅导员培训，到杭州市首期德育高级研修班的学习……

　　印象特别深刻的是1998年杭州市首期学校心理辅导员培训。培训班上的90多名学员大多是杭州市区的学员，每周六上午八点半开始上课，上课地点离我家有四个多小时的车程。彼时，颊口到杭州没有高速公路，即使搭乘最早的班车，赶到杭州时也已11点了，也会"完美"错过上午的课。我四处寻求帮助，终于找到了凌晨三点半出发去杭城进货的中巴车，成功解决了上课迟到的难题，但通勤太费时依然令我叫苦不迭。等下午四点半培训结束，火急火燎地赶到杭州汽车西站，坐上开往昌化镇的末班车，到昌化只得搭乘别人的拖拉机或摩托车回颊口。这段起早贪黑的经历固然辛

一年多的凌晨四点，换来一生受用的心理学功底

225

苦，但我的的确确学到了心理健康教育的知识和方法，并在农村中学开设了最早的学校心理辅导室。在与许多学生对话谈心的过程中，我逐渐领悟了心理辅导"助人自助"的内涵。我还把心理培训中学到的心理专业知识技能教给本校的老师，指导他们学会关注学生的心理需求，优化自身教育教学行为。

从上学到今天，我从未停下过学习的步伐。不管到哪里，身边永远有一本书，可以随时随地拿出来读几页，手中有本书也就从来不怕排队时间久。吃饭、睡觉满足我的生理需求，而读书满足的是我的精神需求。如果前一天排满了各种活动和任务，第二天早上我一定会把该阅读的那几十页书补上。

读书时，我喜欢手上夹一支笔，边读边在旁边圈圈画画。我认为看书一定要置身其中，把作者的观点与自身实际结合起来思考，这样的读书才是真读书。所以，向我借书的人开玩笑说："阿潘，边读书，边看你的笔记，就如同读了两本书。"

阅读让我明白了做人做事做学问的道理，习得了从事教育教学工作的方法。我逐渐体会到看书的功效：解决问题有方法，判断问题有依据，思考问题有逻辑。没有一本书是白读的，读书给我最大的滋养是思想厚度和深度的提升，丰富的阅读助我逐渐形成理性的思维方式或价值倾向，让我能够在不同生活情境中灵活迁移。

我读书时喜欢顺道逐级攀登前进。譬如作家周国平写过一本《岁月与性情》，十多年前初次邂逅，让我欣喜不已。于是，紧接着读了《周国平谈教育》，他提及卢梭的自然主义教育哲学又启发我读完了《周国平论哲学》。我还找来了黄济先生的《教育哲学通论》，又读了苏格拉底、柏拉图、叔本华、卢梭等哲学大家的作品。这时候，再转回去读《周国平论哲学》，就有了新的思考。

我是儒家文化的爱好者，阅读过孔子、王阳明等人的著作，也为大文豪苏东坡"一蓑烟雨任平生""也无风雨也无晴"的旷达而深深折服。心里比较苦闷时，走进这些儒者的书本里，就打开了心结，减少精神内耗，活得更加通透。

"今天读书了吗？""记住了些什么内容？"……这是我每天睡觉前抛给自己的问题。

读书改变了我的思维方式，我会根据自己的学养对各种社会现象进行独立的分析与判断，绝不人云亦云，就像2400多年前的苏格拉底一样。书籍中许多鲜活的故事案例也滋润了我的情感。对亲情教育的深入思考正是来自阅读内尔·诺丁思、马克斯·范梅南、阿莫纳什维利等人的著作，它们不但唤起了我的情感共鸣，更帮助我找到了"亲情是最有效的教育资源，关系是最大的教育生产力"的思想源头。

2023年我读了63本书。我基本保持"一周读一本书"的节奏，其中有一个礼拜就读了4本。那段时间我在异地参加专业培训，所以课余有大把的时间来看书。我一直认为，读书如同谈恋爱，如果书的主题、内容跟你的观念相契合，有眼缘，那么这场跨越时空的欢聚一定会来到。

我也带动家人一起读书，这对女儿的成长产生了很大影响。给她买的玩具可能比其他同龄人少，但她的书架上始终摆满了书。晚饭后，一家人先安安静静地看书，看累了吃点水果和夜宵后，继续各自读书写作，这是非常美妙的家庭时光。为提升阅读兴趣，读《三国演义》时，我们还给她买来了录像带，让她结合影像阅读名著。

经常有家长问："阿潘，我这孩子其他都好，就是不爱看书。怎么办？"我的答案是："最好的办法是和孩子一起读，没有之一哦！"也有的家长一脸自豪却有些不解地问："我家孩子很让我省心，一坐下来就看书。但是，我弄不明白的是，看了那么多书，写作文仍然写不好。"我告诉他们："读书是有方法的，读书时手不离笔，做些圈圈画画和读书笔记；读后能复述书中的梗概，讲述书中的故事。可以亲子共读一本书，读一部分就交流一下彼此的观点、感悟，如《西游记》中自己最喜欢哪个人物，为什么？自己从师徒四人历经'九九八十一难'取得真经的故事中得到了哪三点启发等。"既要避免家长要求孩子多看书，自己却埋头玩手机、刷短视频，也要避免一味追求读书的数量，忽视了读书的深度。

我不怕写作，是因为有25年日记的积累

晚清中兴名臣曾国藩三十岁时破而后立，是因为坚持做了三件事情：早起、读书、写日记。日记中，他记述自己每天经历的事情，评判、反思自己言行，做到"有则改之，无则加勉"。夜深人静时，复盘与反省自己一天的言行举止，与内心进行一场深刻的对话，这需要何等的自律啊！

我父亲也有写日记的好习惯。劳动归来，虽然身体很疲惫，但睡觉前他一定会从书桌的抽屉里取出记事本，拿笔写下密密麻麻的一段文字。读书时期，我也断断续续地写过日记，好几次是为了应付老师或父母布置的任务，才极不情愿地动笔。等到我十几年后当了老师，我意识到自己常常到周三就忘了周一具体做了哪些事情，到底有过哪些快乐或忧愁。二十五年前，一句"没有写日记的日子就白活了"让我下定决心：不能再让生活中那些值得回味的时刻在日常忙碌中流逝。

在我写日记的过程中，有时灵光乍现，还会诞生我的个人金句，我很享受这些幸福时刻，这也增强了我坚持写日记的信心。写日记一定是一件轻松愉快的事情，写到哪里算哪里，没必要拘泥于形式、内容等，从从容容地记录平平淡淡的日子，写下真真实实的内心感悟，穿过时光的长廊，就别有一番风姿。

《对"小何们"要好一点》——这是我参加完一届学生的30周年同学会后写下的日记。小何是谁？他是我教过的一名学生，当年有些顽皮，学习成绩也不好，初中毕业后便回家务农了。那次聚会，他一直坐在我身

边，夹菜、倒酒，感谢我当年的教育之恩。

"有一节英语课上，您叫我回答现在完成时句子中该用'for'还是'since'，我当时根本搞不清楚。让我意外的是，您压根没有严厉地批评我，反而笑眯眯地在黑板上画了图表，耐心地分析给我听，让我总算搞懂了这个知识点。"他笑着说："从那天起我就下定决心，一定要认真背单词把英语学好，否则就对不起阿潘哥。所以中考时我的英语成绩在所有科目里是最高的。"

他还提到了另外一件往事：由于家庭条件不太好，他吃午餐时菜经常不够吃，我好几次把自己的豆瓣酱、青菜等拿给他吃。我惊讶地问他："这些小事你怎么还记得呢？"他回答道，从来没有一位老师像我一样如此和蔼可亲，我从来没有看不起他这位大家公认的差生，他感受到了来自我的善意与温暖。"我爸爸妈妈还经常念叨着您对我的关爱，叫我向您学习，友善地对待身边的人。"

听了这番话，我很开心，因为自己的笑容在不经意间疗愈了他的自卑，在他心里埋下一颗向善的种子。所以，回到家后，我迫不及待地写下了《对"小何们"要好一点》这个日记的题目，告诫自己不要在孩子回答不出问题或犯点错误时就生气，甚至暴怒，对于小何这样的同学，我多一句耐心启发的话语，多一个肯定鼓励的眼神，就会温暖他一辈子。后来，这个故事在同事们之间口口相传，他们都感受到了其中真挚的师生情谊，也再一次体会到爱与关怀的力量。

《花钱的艺术》——这是有一年"十一"假期，全家人去桐庐乡村欣赏自然美景回来后写下的日记。走到一户农家门口，发现堂前有一树根，形状酷似龙。我生肖属龙，就很想把它买下来，一打听才知道要价500元，砍到300元，但农妇就是不同意。因为实在喜欢，我最终还是掏钱买了下来，并把它摆放在书房的显眼位置。到晚上，就写下了这篇日记，主要讲述自己买树根的心路历程，而得出的经验是：内心想要，兜里有钱，就果断买下！这是对"心疼自己，对自己好一点"的最好解读。

有人说："人生有两大快乐：一是没有得到自己心爱的东西，可以寻求和创造；另一个是得到了自己心爱的东西，可以去品味和体验。"这树根肯定是世上独一无二的，当时如果不舍得掏钱买下，回家后一定会后悔，正所谓"愚者爱惜费，但为后世嗤"。搬进书房的树根，竟发现还有一块圆形的附属物，凑近一看就像一只猴子，而我的夫人恰好属猴。这个意外的收获更让我觉得这笔钱花得值，所以我总结出了花钱的艺术——"Money for me, not just for money"，意思是"钱是仆人，而不是主人"。推而广之，工作不能成为生活的全部，生活与工作应该相辅相成。这篇日记让我有了花钱的标准，也让我进一步明晰了生活的态度。

《让评教更客观》——这是我与一位学生对话后，开始思考改进评教方法时写下的日记。一天中午，我刚在一位初二男生身边坐下来吃饭，就有一位女孩走过来，很友好而认真地邀请我坐到她身边去。她悄悄跟我说："阿潘，前天学校发了本学期的老师评议表。我觉得我们班主任的做法有点不太妥当。""何以见得？"我问。"因为她跟全班同学说'如果同学们给老师打低分，那老师们会很难受……'"我笑着说："你们班主任工作挺认真负责呀！"这位女生严肃而又认真地说："我们都是初二的学生了，心中自然有一杆秤。班主任这样说，不就影响了评分的公正性吗？老师要相信我们不会故意给老师打低分的。"我笑着问她："那你觉得阿潘现在应当怎么办呢？"她想了想："我有一个好建议，听老师们说，他们很爱听你周一教师会的观点报告，你下周是否能做一个如何对待学生评教的讲座呢？"我在日记本里记下了与这位女生的对话，同时也思考改进评教的方法。

慢慢地，我认识到读书是一种input（输入），写日记是output（输出)，是逐渐内化信息的过程，自我反省带来自我提升，也就提高了人生格局。如果不动笔写，很多有价值的想法在头脑中就一闪而过了；相反，动笔写的过程中，原先的想法会经过再加工，就会丰满、深刻、立体起来。我的感受是，把事情记录下来，让自己的感悟流淌在文字中，就能拓展思维，成为一个会思考的人，做人做事做学问的态度与方法也会由此发生改变。

《增广贤文》说："一日练一日功，一日不练十日空，十日不练百日空，百日不练一场空。"写日记贵在坚持，不求大而全，不求洋洋洒洒，但求小而真，但求不间断。人生能否取得成功，可能关键就在于微习惯的养成。写日记如此，练太极拳如此，很多事情亦然。

写日记是一件非常私人的事情，这是与自己内心的对话，"有话则长，无话则短"即可。每天记一点、写几句，让我再也不会怕动笔；让我增长了智慧，提升了专业水平，让我"记录经历增阅历，丰富体验省自我，走向成熟炼涵养"。

我不曾止步，是因为适时写就了几本书

《左传·襄公二十四年》提出"太上有立德，其次有立功，其次有立言"。曾国藩被誉为"立德立言立功三不朽，为师为将为相一完人"。诚然，能真正完成"三不朽"追求的当属凤毛麟角，但把写书作为一条传承中华优秀传统文化的路径者数不胜数。

40岁前我从没想过这辈子还可以写书，更没想到作品能正式出版，并受到读者的喜爱，成了一印再印的畅销书。看着书架上陈列着印有"潘志平著"的一本本书，我很欣慰，因为在不同的人生阶段，我用朴素而真情的文字记录了父辈和自己的故事，表达了自然而真实的观点和感悟，为父亲、为学生、为家长，也为自己，献上了适时的精神礼物。

《享受风雨人生》是我写的第一本书。2011年7月，父亲90岁大寿的那一天，我从杭州赶回老家，一见面就对他说："老爸，祝您生日快乐！

我给您准备了一件小小的生日礼物，不知道您会不会喜欢。"说完我笑着从包里拿出了《享受风雨人生》一书，恭恭敬敬地递给父亲，他脸上立刻流露出喜悦而又惊讶的表情："咦，我的照片怎么都印到书的封面上了？哦，原来你为我写了一本书呀。"父亲脸上洋溢着抑制不住的激动与兴奋，向我竖起大拇指，夸奖道："我喜欢，我喜欢，这份礼物太好了！"

孔子在子游请教"什么是孝"时回答道："今之孝者，是谓能养。至于犬马，皆能有养；不敬，何以别乎？"当父亲即将年满90岁时，我想着父亲喜欢舞文弄墨，就决定策划一本叙述父亲生平故事的传记，作为有别于蛋糕、衣服的精神方面的礼物，表达我发自内心的孝心和敬意。在父亲90岁大寿的前一年，暑期一放假，我就把爸爸妈妈从临安老家接到杭州，每天吃过早饭便坐下来同他们聊天，听他们讲从出生到读书再到结婚生子的各种往事，还有家长里短、工作生活中各种开心的或不愉悦的事情。爸爸妈妈有滋有味地向我讲述记忆中的大事小情，讲到开心处便发出"哈哈哈"爽朗的笑声；讲到挫折或磨难时则神情凝重，有时也唉声叹气，感慨道"人生如同一场戏，每个人只是舞台戏中的一位演员"。

作为父母最忠实的听众，我除了用心倾听，还会根据我童年记忆的所见所闻，问他们对一些事情的真实感受，追问他们当时的大背景给他们带来的困惑与感动。有人说，"时代的一颗微尘落到了每个个体上便是一座大山"，遥想父母亲那个年代的蹉跎岁月，那代人的不易很多不是性格使然，而是时代的逼仄。所以，我特别欣赏父亲那种得意时淡然、失意时坦然的人生态度，那种平淡里有着深沉的力量的人格修养。

我向前来祝寿的每一位亲朋好友送上了《享受风雨人生》这本书。他们看后都赞不绝口："志平呀，你的孝顺真是落到了点子上。"后来，《临安日报》专门刊载了"九旬老人自己出了一本书"的文章，对相关事情进行了报道。很多同辈的人看了我写的这本书，都产生了为父母写生平传记的念头。有不少人主动向我取经，询问我是怎么想的、怎么写的。这样一来，我不光自己尽了一份孝心，还带动了村里人主动孝顺父母。这本书是我的处女作，文字略显粗糙，但它融入了我对父母、对亲人的真挚情感。原先我一度担心这本书拿不出手，但许多热爱写作的朋友都告诉我："你放心吧，有了这样一份真情，能彰显对老父亲的孝心便是最好的作品。"这让我坚信：有了真情就是好书。

父亲极其珍爱这本书，经常放在身边翻阅，因为那是他的青春岁月，是他的跌宕人生。即便是住院期间，他也把书放在枕头旁，一有空就拿起来翻阅，以至于书页都被翻破了。第一页的几张照片甄选了1945年他在淳安唐村教书以及新中国成立后在嘉兴当老师、任校长的工作场景。我开玩笑地说："老爸，您年轻时候真帅啊，比我帅多了。"这时，父亲的眼里会闪烁着泪花，那里肯定有他无法忘却的记忆。都说"年纪大了，人是生活在美好的回忆中的"，看到父亲满脸的笑容，我明白写书这件事自己做对了。

我写的第二本书是《一位智慧校长给家长的50封亲笔信》（以下简称《50封亲笔信》）。2002年到2014年，我已积累了100多封亲笔信。当时浙江教育出版社的孙露露老师对我说，她每次读完亲笔信都收获颇丰，"阿潘校长，您不如出本书，这样可以让更多人受到您教育理念、教育方式的影响。这样，您不仅能带动公益中学一所学校发展，还能影响全杭州，甚至是全国。"我笑着问道："这些亲笔信也能够出书吗？"她点点头表示肯定："当然可以呀。您这本书不光有一笔一画手写的内容，还反映了您作为教育工作者的敬业精神。在当今信息化时代，大家早已习惯了看印刷体，您手写亲笔信的形式非常新颖，也带有教育的温度，一定会让读者眼前一亮的。而且您亲笔信的内容非常符合家长的现实需求，里面关于育儿的建议都非常科学、中肯。现在市面上家庭教育指导用书琳琅满目，但真正能触动家长心灵的书不多，家长急需的不是教育理念，而是实实在在的可操作的方法。您就放心动手吧！"

在孙老师的鼓励下，我着手收集齐2002年至2014年的亲笔信，根据不同主题进行归类，包括沉着应对升学考试、有效管理孩子学习、培养孩子良好品行等，再按照书的印刷尺寸标准重新誊写亲笔信。那年寒假期间，我谢绝了所有应酬活动，全力以赴将一封封亲笔信誊写完毕。开学典礼上我与师生交流寒假生活时笑着说："阿潘这个寒假的主要成果是写完了一本书。"

《50封亲笔信》2014年4月出版，5月底3000册便售罄了，于是加急重印，到年底总发行量突破了1万册，2015年1月推出了"畅销升级版"。最让我惊喜的是，《50封亲笔信》在2018年度家庭教育影响力图书评选中荣登TOP榜，成为最受大家喜爱的家庭教育用书之一。许多读者纷纷来信称赞这本书"形式新颖，内容接地气"。

一位素不相识的企业家在庆春路新华书店买了这本书，想方设法联系到我说："看完您陪女儿来杭州上学的故事后，当时我竟流泪了。因为跟您相比，我这位父亲做得太不称职了！"所以他打算再去买一些《50封亲笔信》让我签上名字，当作送给员工或是客户的礼物；一位校长告诉我，《50封亲笔信》成了他们当地暑假校长读书会的必读书之一。许多家长读完后想请我亲笔签名，借此契机我也认识了更多家长朋友，指导他们有效处理亲子冲突，正确教育孩子。他们纷纷表示"后悔没早一点看到这本书"。

这本书为何会如此受欢迎？我觉得可能有几个原因，首先，孩子的培养是每个中国家庭天大的事情，这本书紧扣家庭教育的主题，内容包含了家庭教育中具有普遍意义的一些问题，是广大家长所迫切需要的。所以，读者群体非常庞大。其次，书中讲解的家庭教育方法都是很接地气的，并非高大上的理论介绍或是空洞的说教，可操作性强，容易被家长接受。再者，手写体的方式让很多人印象深刻，也更走心。

在外做讲座或参加各类活动，我的名字经常会吸引一波"粉丝"，他们主动与我攀谈："阿潘校长，我读过您的书，您手写的亲笔信令我印象深刻，我从中获益匪浅，我还把书推荐给了我们学校其他老师呢。"在和其他人的聊天中我得知，许多学校的校长、班主任都很喜欢我的《50封亲笔信》，他们从中学到了很多实用的工具、方法，还迁移到了自己的教育教学工作中。有些班主任平时试着用我的方式给家长发短信，指导孩子改掉磨磨蹭蹭的毛病，培养良好的阅读习惯等；一些校长采用我的策略，在家长会上指导家长科学育儿，取得了良好反响。可以说，《50封亲笔信》既帮了广大家长，也帮了许多一线中小学教师。

真正促成我写成这本《50封亲笔信》的是时任杭州师范大学继续教育学院院长的项红专教授。在担任锦城二中校长期间，我参加了杭州首届名校长培训班，项院长恰好是培训班的班主任。他充分肯定了我给家长写亲笔信的做法，并鼓励我做下去，所以才有了这二十多年的坚持。

后来，我准备写《亲情教育》这本书时，也得到了项院长的悉心指导。在一次喝茶聊天中，他问我："你现在的想法出处在哪里？现在的做法与你童年时代或工作初期发生的一些故事有什么联系？""只有搞清思想源头，才能写出有血有肉的作品。"我们一起定下了整本书的基调：正文的各级标题以及书的封面都要看起来清清爽爽的，同时要凸显学术性。弄清楚顶层架构，寻找到支撑性理论，提出并论证自己的亲情教育主张。"每一位老师都按照'自己是谁'在当老师，每一位校长都按照'自己是谁'在当校长"，校长管理的学校自然具有校长本人的风格与特质，亲情教育也源于学校的文化积淀。

在撰文过程中，我真真切切地体会到了"easy to say, hard to do（说时容易做时难"。对于一线校长来说，要写出一本逻辑严密、具有一定学术性的书确实非常困难。幸好在写书过程中，我获得了多位专家的帮助：如杭师大的王凯教授推荐我读了内尔·诺丁斯关怀伦理学的相关著作，项红专院长指导我认真研读了夏丏尊、陶行知等教育家的教育思想，浙江大学的刘徽教授推荐我读了马克斯·范梅南的著作和阿莫纳什维利的教育"三部曲"，华东师范大学的刘竑波教授、上海市特级教师徐韵安等都倾心尽力给予我手把手的"开小灶"辅导。

《亲情教育》是在我当了25年校长后才开始写的。当时我积累了比较丰富的教育教学经验，但却没有独特的教育主张；学校开展了各式各样的活动，但都是散点式、碎片化的，不成体系的。历经四年多时间成书，让我从感性实践上升到理性思考，实现了自己专业的一次跨越式成长。

一位读者说："全书从始至终都充满了浓浓的用心用情的'一家人'的爱意，我感受到您的潜心办学（有心），老师们的用心教学（有情），才会有学生们的热心上学（有效）。"《亲情教育》是我通过写书向社会介绍我的教育理念的有效实践，算是在"立言"方面做了点有效探索吧。

写作时，我牢记蔡志忠先生给我的告诫"你在写任何一本书的时候都不应该给读者带来阅读障碍"，牢牢确立了读者立场，作品才会真正被读者所接纳，才能真正具有抵抗岁月侵蚀的顽强的生命力。写书的过程固然艰辛，我常常凌晨四点钟就开始写作，但写作是我最好的成长，是我对自己的最大投资。

这些写于不同人生阶段的书，对我有着非凡的意义。《享受风雨人生》表达了一位儿子对父亲的敬意，《50封亲笔信》是一位父亲给其他父母亲讲的心里话，《亲情教育》则是一位校长的教育思想和教育实践的总结。而现在正在写的这本书，可以说是我对过往人生的梳理和未来"过有趣的生活，做自在的教育"的憧憬。

拥有大智，处处可遇"人生导师"

向大师学习："四岁半的心态"

"有位作家说，人要读三本书，一本是'有字之书'，一本是'无字之书'，一本是'心灵之书'。对此你有什么思考？写一篇文章对作家的看法加以评说。"

这是2017年浙江省高考作文题，"有位作家"指的就是卢新华先生。

高考结束后的第三天，在"钱报读书会"的帮助下，我们把卢先生请到了学校，分享他心中的三本大书。读大学时，卢先生因写了短篇小说《伤痕》一举成名，引领了国内"伤痕文学"，被载入中国现代文学史册。大学毕业后，他进入《文汇报》工作，不久后下海经商，随后赴美，事业上几经起落。他在洛杉矶街头拉过三轮车，也在纽约的赌场以发牌为生。经历起起伏伏，卢先生读懂了人世间纷繁复杂……我在一旁听得入迷。或许，一位作家只有拥有真实的人生经历、丰富的人生体悟，才能写出打动读者的好作品。

卢先生特别强调要融会贯通地读好"有字之书""无字之书"及"心

灵之书"。讲座结束后，卢先生热情地与学生、家长进行互动，还一一给大家签名。

等人群散去，已是晚上十点多了。六月杭州的晚风已让人感到一丝燥热，我们一起开车前往湖边，坐在长椅上闲聊了一会儿后，他起身脱掉上衣，直接扑通一声跳入湖里，游了十多米后他回头向我喊道："这个湖水太清凉，简直太爽了！"

卢新华先生的"有意思"还不止于此。这位引领国内"伤痕文学"的大作家，次日的头等大事，就是急着找电视看球赛。一连换了两家酒店，都接不上电视信号，最后我只好把他带到了自己家里。只见他盘腿坐在地板上，眼睛直勾勾地盯着电视屏幕，还时不时做出疯狂的庆祝动作。我有些惊讶，他的举手投足都犹如赤子，对自己热爱的事情简直到了痴迷的程度。

通过两天多与卢先生的近距离交流，我真正明白了"有字之书"要"活到老读到老"，"无字之书""心灵之书"更是要常读常新。人一辈子除了要读好书本知识，还要用心钻研自然与社会这本大书。读通、读透了这本大书，人就会活得更加通透，也就促进了心灵之书的理解。万事万物皆遵循其运行规律，顺境或逆境不受人的主观意志的控制，我们需要做的是保持平和的心态，淡然处之。

从那以后，每年国庆节回家，走出家门看到金灿灿的稻穗，我都会驻足观察，成熟的稻子都低垂着头默默芬芳，正如"虚心竹有低头叶，傲骨梅无仰面花"。这不禁让我联想到，人不也是这样，年轻时如拔穗时的稻子昂首挺胸，朝气蓬勃，笑着迎接各种风霜雨雪；成熟后则俯下身子，年过半百的我，也要更加谦虚稳重。水稻生长离不开水的灌溉，就像任何个体都离不开组织或他人的关心一样。最是那一低头的温柔，充分表达了对土地的感恩之情。谦虚稳重，默默芬芳，这是水稻生长带给我心灵的财富。

山核桃是我家乡的特产，也是名副其实的"摇钱树"。"白露到，竹竿摇，遍地金，扁担挑"，白露时节往往是山核桃丰收的时间。要是提早一两天上山心急火燎地采摘，山核桃果肉就不饱满，有不少瘪子，品质就大打折扣。山核桃树的产量有大小年之分，如遇大年，一棵树可能结出一百多斤山核桃，小年的话就只有一二十斤。后来，有人盲目追求高产量，给山核桃树过度施肥，开始几年山核桃产量肉眼可见地增长了，但山核桃树遭受了不可逆的损害，没过几年许多山核桃树就逐渐枯死。

我想，教书育人跟山核桃种植有着不少相似性：农户要遵循山核桃树的生长规律，教师也不能违背孩子的身心发展规律。教育教学工作需要循道而行，循序渐进，坚决反对揠苗助长的行为。

反观自己，我又想到了人体其实也和山核桃树一样，需服从基本运化规律，切不可无视身体发出的过劳信号。在颊口中学教书期间，由于英语老师奇缺，我承担了四个班级的英语教学任务，还身兼班主任、学校团支书、乡团委副书记等。我每天就像被鞭子抽打的陀螺一样，从早到晚转个不停。如此高强度的工作让我的身体不堪重负，起初是经常体力不支，后来是腰酸胀难忍，只能扶着椅子在讲台上艰难地讲课。有一天实在坚持不下去了，我到医院做了检查，发现自己得了肾炎，只能请假回家服中药，休息了一个多月才稍见好转。

我们固然要认真工作，但透支自己的身体只会得不偿失。后来我读《黄帝内经》，弄明白了"法于阴阳，和于数术"的原理。何时工作，何时就餐，何时休息。坚持"长期主义"，适当放缓工作的节奏，才能顺应人体运化规律，实现可持续的健康生活、高效工作。尊重自然，顺应规律，这是山核桃树生长带给我心灵的财富。

与现在的孩子相比，儿时的我们少了丰富的"有字之书"，却多了"无字之书"与"心灵之书"。小时候，我常在大热天骑着自行车帮大人卖棒冰，一根白糖棒冰进价两分钱，卖价三分钱。我穿行在田间地头，接触到许多老人小孩、男人女人，感受到复杂的世间百态：有些人会同情我这个小鬼，认为我生活不易；有些人很计较棒冰的价格；有些人很大度；有些人对我这个卖棒冰的小孩态度冷漠；有些人则面带微笑……通过接触众生相，我明白了要学会适时地放下自己的面子，为家人分担经济压力才是卖棒冰的主要目的，其他都是次要的。小时候家庭生活拮据，我还到水沟、小溪旁挖过石菖蒲——一种中草药的原料，卖石菖蒲赚来的钱够交读书的学杂费，以此缓解父母赚钱养家的压力。现在想来，这些经历与体验弥足珍贵，让我可以笑对人生的挫折与苦难。

这些年，我有幸结识了不少名师大家，其中，漫画大师蔡志忠让我印象深刻。当时，我正在组织师生家长一起编写《大画〈朱子家训〉》和《大画〈颜氏家训〉》，所以很想请蔡先生为书稿提提建议。

深秋的一个下午，在西溪湿地蔡志忠工作室，我们终于见到了这位作品被翻译成二十六种语言，总发行量达四五千万册的漫画大师。只见他头戴一顶毡帽，身着一件单薄的衬衫，脚上穿一双有好几个破洞的布鞋，艺术家的范儿十足。我不免感到好奇："蔡先生，今天天气有些冷，您穿这么少不会着凉吗？"他有些腼腆地回答道："没关系，我已经习惯了，一年四季都这么穿。"我走进他的工作室，就被一个酷似米老鼠的卡通人物造型所吸引。我按捺不住好奇心，询问蔡先生能否拍照。他见我很喜欢这个卡通人物造型，便跑过来说："我也来，我跟你一起拍。没想到你作为中学校长，也是个很好玩可爱的人，看来我们俩还挺有缘分的。"

我拿出书稿给蔡先生看，也介绍了书稿设计的几个板块。他听完表示赞许，补充说道："咱们写书啊，一定要考虑书是写给谁读的。我们作者绝对不能把自己的思想观念强加给读者，最重要的一点是尊重读者，不给读者带来任何阅读障碍。"他对书里的一些插图提了修改意见，总体对我们书稿感到满意，还表示这本书出版后一定会有很大的销量。聊着聊着，他盘腿轻盈地坐在地板上，拿笔在几张白纸上写着复杂的数学公式，为我计算这本书预期的销量，"我们写书是为了有更多的人会去读，能让更多人获益。"蔡先生果真是位知识渊博的大家，他跟我从天体物理聊到了中国传统文化里老子、庄子的思想。

我看到他坐的椅子表面已被磨得锃锃亮，问道："您平常就坐在这张椅子上画画吗？"他笑着说："是的，我画画时一直都坐得笔挺。一旦进入工作状态，可以连坐十八小时，专注投入地画画。一般三四天就能画完一本读本。"他接着补充道："我喜欢整段的工作时间，你看我没有买手表、手机，我在工作时可以中断与外界的联系，防止时间被切碎。"那一刻我真正领会了"甘坐十年冷板凳"的含义。

我不由自主地竖起大拇指为他点赞。他有些兴奋地说："潘校长，当您看过40万幅画，也能掌握精湛的绘画技术；看过上千部小说，您也能写出优秀的小说作品。只要下了足够多的功夫，成功就并不是难事。"在深入的交谈中，我愈发被他超乎常人的学识所折服："您是如何做到记住这么多知识，理解这些高深哲理的呢？"他说："我的大脑是用来思考的，几乎不储存低级信息，这些交给电脑就行了。"我又问道："您每天工作这么长时间，身体会不会吃不消呢？"他说："这么多年，我已经习惯了天黑六七点入睡，半夜一点这样醒来，对我来说这就是新一天的开始。我对第二天往往充满期待，因为我又可以完成新的任务了。"他还总结出了一条人生感悟：学历是铜牌，能力是银牌，人际关系是金牌，思考力是王牌。

送我离开时，蔡先生对我说："这么多年我一直过得比较开心，就是因为我坚持做我喜欢的、拿手的事情。我会对新鲜事物感到好奇，始终保持着四岁半的心态。这可能是我成功的秘诀吧。"他还笑意盈盈地说："潘校长，原本下午我只给你留了半小时。我们聊得很投机，一下子就到了五点啦。"

我想，大概是因为蔡先生感受到了我的虚心好学和真心尊重，才愿意敞开心扉跟我聊这么多、这么久吧。半天时间不长，但蔡先生对编书的真知灼见和为人处世做学问的态度和方法，足以影响我一辈子。我最想向蔡先生学习的是：一生都保持四岁半的心态。本真自然，坚守初心，这是拜访蔡先生带给我的心灵的财富。

万事相通，万物同理。我的太极老师王老师边示范边讲解，传递给我的"阴与阳，呼与吸，柔与刚"等在自然而然中求得和谐的原理，以及"运动要像抽丝般连绵不断，转折变换要旋腕转膀连接和顺，一招一式要眼到手到意到"等方法，在我为人处世做学问的过程中，发挥了潜移默化、融会贯通的作用。

向学生学习：每位都很赞

"真的特别特别谢谢您，带着一群可爱的老师们，陪着我们整整三年，您不是在'教'我们长大，而是陪我们长大。看着您如风一般穿梭在校园间，有时候觉得您一定特别辛苦，但是只要看见我们在排队等饭或者只是在楼道里的一个偶遇，您都会和我们挥挥手，再露出招牌的Panda式微笑，好像您根本不是一位校长，而是一位可爱的'小兄弟'。"

2023届12班一位女生子诺毕业时给我的一封长信中这样写道。

我特别特别喜欢子诺给我"可爱的小兄弟"这个身份。随着生理年龄的增长和角色的转变，我已把自己定位为"一个长大了的儿童"。

"每天看到生龙活虎的孩子是我的最爱"是我的教育格言，和孩子相处让我感到其乐无穷，我与孩子相互传递着积极的情感。随着我和孩子们的交流更加频繁，我们谈话就更具体深入，我就更能读懂青春期孩子内心的喜怒哀乐。师生零距离的交往使得孩子放下内心的戒备，愿意敞开心扉向我倾诉真实想法，与我保持一种毫不拘谨、自然松弛的师生关系。

有一位北京记者来校采访，问清源同学："在学校，什么事情令你印象最深刻？"清源思考片刻后说：

"令我最难忘的是，初一下学期的一天，我来到初三楼的阿潘办公室与他聊天。没想到，阿潘竟然一边听我讲，一边在笔记本上认真地记录谈话内容，并根据记录充分肯定了我身上的优点，也提出了从心理到学业各方面的改进建议。他和蔼的面容、温柔的话语令我感动，我从他身上学到了待人接物的正确态度与方法。"

听完记者给我的反馈，我惊讶又感动，没想到自己看似平常的举动，竟给孩子心灵带来了如此大的影响。家长们总说孩子还小不懂事，理解不了大人的做法，但在我看来，大人们低估了孩子们的智慧，有时孩子们对我们的了解远胜于我们对他们的了解。尽管孩子们形成的主要是感性认识，但这些都是发自内心的，是纯粹的、真诚的，没有任何的矫揉造作，不是出于恭维等功利性目的的认识。

这么多年跟孩子们打交道的经验告诉我，教师往往就是通过像做谈话记录这些细节对学生产生影响，让他们获得被尊重、被平等对待的感觉。只要学生相信自己是老师、家长的VIP，他们就会产生比较强烈的自我效能感，就愿意敞开心扉与我们交流。用切身行动赢得学生的认同，这样的教育效果远胜于居高临下的说教，我把它概括为"actions speak louder than talk（行动胜于雄辩）"。

风物长宜放眼量。从孩子身上我还读到了：每个人都拥有广阔的个性发展空间。就像人的十根手指头有长有短一样，有些孩子可能在语文、数学等科目的学习中表现平平，但具有突出的艺术天赋。我们不能把成绩作为评判每一位孩子的唯一标准，要多找几把衡量的标尺。不同的尺子量出孩子不同的精彩，我们会发现每位孩子都很赞！每个人用其之长，就能找到属于自己的幸福人生。

有一年正月十一，我在办公室准备开学工作，一位高高帅帅的男孩出现在我面前。他自报家门："阿潘，我是4年前的公益毕业生思宇，现在在浙江音乐学院读大一。"我简直不敢相信自己的眼睛，曾经的小胖墩已出落得如此玉树临风。"我今天来是想当面感谢您当时指导我找到了另一条赛道，并汇报我的一些想法，希望您再帮我做做人生规划。"思宇温文儒雅地说。

进入公益中学时，思宇是一位典型的学困生，基础差、底子薄，上课还老打瞌睡。但他喜欢唱歌，还在公益大舞台上献过一首歌。中考结束后，家长来征求我的建议，我竭力主张他根据自己的兴趣爱好，去读音乐类的学校。进入高中后，他学了双簧管，想走捷径。因为双簧管很贵，又冷门，学的人少，竞争相对少一些。但周围的同学很多是从小学音乐的，陈思宇却是"零基础"，只能从视唱练耳起步。

他告诉我，因为学音乐特别苦，一开始还哭过鼻子，但对于自己选择的路，就要走下去，只好投入更多精力去做。为练好钢琴曲，每天六点到琴房，一直练到晚上十点，他的手都长了冻疮。

读高中时，有个浙江音乐学院的校友来校开讲座。听完讲座后思宇脱口而出："我要考浙音！"同学嘲笑他，但他一点都不气馁。凭着这点执念，进入高二，思宇的专业课成绩就上来了，并且稳定在班级前列。高三上学期，他去韩国参加美声比赛，还拿了银奖。

距离高考只剩半个学期时，陈思宇第一次接触音乐剧。表演、舞蹈、台词，再加上浙音专业课考试要求的视唱练耳，还有学校里的文化课，要学很多东西，白天晚上连轴转。小伙子告诉我，那时夜里十二点他还戴着耳机听歌，跟着旋律想乐理。最终，思宇如愿以偿地成为一名浙音学生，还接了《红高粱》等三部戏。他现在边读书边参加各种实习，还打算大学毕业后，考个研究生，甚至想去国外读个博士呢。

与思宇类似，承语同学的初中三年学业成绩也不突出，但她超级热爱绘制黑板报。有一年，我请学生编写《嗨，孔夫子》这本书，她抢下了设计23张插图的任务。我的《亲情教育》一书封面上的插图也是她画的。谈起母校，她充满了感激之情，因为公益中学的老师和同学一直支持着她、鼓励着她。2021年，承语考进英国伦敦大学金史密斯学院攻读Fine Art专业，2022年她的作品"I Just Wanted To Make You Something Beautiful"在罗马的Loosen Art美术馆展览，仅有8位中国设计者获此殊荣，同年她还被邀请参加威尼斯群展。承语对公益充满了感激之情："在公益的这三年，老师们一直支持我、鼓励我，竭尽全力帮我把绘画的爱好发挥到极致！"

这样的事例还有很多很多。从思宇、承语他们身上，我学到了只要父母、老师能呵护好孩子对自己兴趣的热爱，每个孩子都可以在适合自己的那条赛道上跑出属于自己的精彩人生，拥有属于自己的品质生活，同时为社会做出应有的贡献。

在和孩子们交往的过程中，我越来越深刻地认识到：教育是教育者与被教育者双向互动的过程。父母和教师善于向孩子学习，能有效地促进自我成长。现在的初中生已是"10后"，相较于我这个"60后"，他们在接受现代信息科技等方面足以成为我的老师。孩子们天然地对新鲜事物葆有天然的好奇心，他们脑海中常常活跃着各种奇思妙想，会以独特的视角看待世界，以独特的方式参与社会活动。

向孩子学习不仅是教育者保持的一种温柔姿态，也是做好父母、做好老师的一剂良方。从孩子身上，我们能够学到一些孩子们独有的珍贵品质：他们纯真朴实，不带有职场竞争裹挟的功利心，不睚眦必报，往往拿得起放得下。孩子要是跟父母吵完一架，只要双方沟通方式恰当，很快便能和好，基本不记隔夜仇。在学校里，学生以一种率真的方式和老师交流，他们的善良、真诚不沾染世俗气息，他们独有的纯真能通过谈话等方式净化我们的灵魂。

2015届桑柔同学在完成保送后的第二天就来敲开了我办公室的门说：

"我想和几位保送生一起拍一部纪念初中时光的微电影，作为送给母校的毕业礼物。学校是不是能借给我们一间工作室？"我爽快地答应了，表示全力支持他们。令我感到惊讶的是，为了减少学校的费用支出，他们还主动跟学校附近小吃店的老板沟通，拉到了一些赞助，他们的行动诠释了学校一直强调的"站在他人角度思考问题"。经过数周的努力，他们创作出《晚安，三年》的纪念视频并上传至喜马拉雅、哔哩哔哩等平台，因为拍得真实而感人，获得了很高的浏览量与点赞量。毕业前，桑柔还策划了一场为一位初二病患老师献爱心的义卖活动，他们的智慧、真心打动了许许多多好心人，一周便募集到十几万元爱心款。我从他们身上学到了真诚与善良。

我还从学生身上学到了一些教育管理的好办法。子逸是一位初二的班长，他设计了一套"早到早学，书声琅琅"的量化计算公式，即：早读值=早读声音传播范围×早读有效时间。其中，声音传播范围取管理者能听到某位同学读书声的最远距离，用教室地砖的数量来计算；有效时间则以邻近座位同学听到读书声的持续时间为准。以早读值来衡量学生的早读表现，比较客观公正，据此产生的获奖名单很少产生争议。

因此，当我碰到学校管理方面的一些难题，我常常会征求学生校长的意见，请他们为我出谋划策，比如学校该如何调整早读和晚自修的时间。在学生校长的协助下，我们成功解决了厕所异味较重、老师上课拖堂等问题，在如何引导父母与孩子平等对话等教育痛点问题方面也取得较大突破。宏观层面像学校整体发展规划，中观层面像日常作业的量与质、食堂菜品优化，微观层面像体育器材维护，对于这些层面的问题，学生们都贡献了自己的智慧与力量。他们往往观察很细致，不放过校园的任何一处细节，发现了问题并善于开动脑筋，并最终找到解决办法。

与这些善良、聪慧、执着的孩子在一起，我受益匪浅，不仅心态年轻了，而且也单纯了、热烈了。有首老歌是这样唱的："如果他是个单纯的孩子，那就让他单纯一辈子；如果他是个善良的孩子，那就让他善良一辈子。不要教他太多事，不要说他太多不是，不要让你的无知，惊动他的心思……"是的，在许多方面，他们是老师，而我才是学生。他们永远是我实现"做长大了的儿童"这一目标的最好老师。

向家长学习：退守到厨房

我至今已带出33届学生，遇到过上万名家长，从他们身上，我不仅学到了培养儿女的方法，更学到了育儿的精神。在此撷取其中几段家长陪伴孩子的美好故事。

仕远爸爸——每一条小鱼都在乎

早上7点多，我站在校门口迎接孩子时，发现有一位爸爸经常骑着小电瓶车送女儿来上学，每次来到我跟前，他都会笑意盈盈地说声"校长您真尽责""昨天女儿回家又说学校搞他们喜欢的活动了"……一来二去，我们渐渐熟悉了起来。原来，他是初一年级仕远同学的爸爸，一家银行的负责人，家庭条件很不错。

我问他："我很好奇，这么冷的天您为什么骑电瓶车送女儿？难道仕远没有意见？"仕远爸爸说："阿潘校长，我坚持这样做是想告诉孩子，我们不能用开什么车来衡量一个人在社会上的地位，一个人的综合能力才是在社会立足的根本。我们平时表现得低调些，对自己生活不会有影响，也体现了我们'俭以养德'的家教门风。"他坦言，女儿起初并不理解自己的做法，还担心自己在同学面前丢了面子，让他在离校门远一点的地方把她放下，后来在他的引导下，孩子慢慢改变了自己的观念。

仕远爸爸始终以这样的方式对孩子进行正向的价值观引领，这为翁仕远良好品德的养成奠定了基础。在公益读书时，她一直是学生校长团队的重要一员，升入杭二中后，担任了班级团支部书记。高考结束那天，仕远走出考场时天下着蒙蒙细雨，老师递给了她一把伞，她立刻很自然地把伞挪到了扛着摄像机的杭州电视台的工作人员头顶，上演了十分暖心的一幕。

2024年6月，仕远作为国家奖学金获得者，在接受"对话复旦榜样"采访时这样说："我的第一志愿就是哲学。我选择哲学是因为我的初中非常重视读中国古代经典，每位同学在入学的时候就能够默写出50句论语，老师、同学、家长还一起编写《嗨，孔夫子》读本。《论语》有'士不可以不弘毅，任重而道远'，我发现头尾两个字跟我的名字很像，只不过我比它多一个单人旁。父母给我取的这个名字一直在激励着我，去做一个知行合一、胸怀天下、意志坚韧的人。正是这个特质，我觉得中国哲学特别吸引我的地方，是它不仅仅是一个纸面的学问，而且是要把它变成真正的实践。我希望能够通过哲学专业的学习，加上自己的不断修炼，成为一个有健全的人格和丰盈心灵的人。"

当记者问到"科研、实践、实习……做这些选择时你在想什么"时，仕远回答道："过去两年的寒暑假，我去过四个地方支教，内蒙古锡林郭勒的小学、广西的东兴中学、贵州乌江复旦学校，还有海南的学校。我还坚持参与复旦大学和乌江信件交换活动，一个月中会彼此有两次来信、回信。支教是一件细水长流的事，彼此之间是一个长线的互动，你的牵挂我会收到，我对你的那些想念你也会记在心头。我觉得参与支教项目能让我去感知区域发展的现状。可能有人会说：一个人的支教力量是多么微小啊。但我的答案是：每一条小鱼都在乎。能给他人有一点点帮助，都值得我们去做。"

仕远一家对公益心心念念，每次仕远放假回杭，爸爸妈妈就和她一起来到学校看望老师，仕远还把进复旦的唯——枚纪念章送给了公益。2024年她以连续三年获得国家奖学金等优异成绩，顺利拿到了清华大学研究生的录取offer……从仕远爸爸妈妈的身上，我真正领会了我小时候经常唱的

"栽什么树苗结出什么果，撒什么种子开什么花"这句歌词的内涵。

桔红妈妈——为人父母是一场修行

桔红进校时学习习惯一般，半个学期下来，上课听不太懂，做数学作业时好多次都做得哭了；课余有时间看书时，看不上一两页就没了读下去的心思。

怎么办？我劝桔红妈妈："民办初中竞争比较激烈，桔红可能有点跟不上节奏。"她说："我会尽自己所能帮孩子赶上去的。"于是，桔红坐在书桌前写作业时，她就静静地坐在沙发上打毛衣，直到女儿写完作业，她才回房间睡觉。她原本不会打毛衣，但陪女儿的学习时间一长，原本笨拙的双手竟也能灵活地驾驭毛线针，打毛衣水平突飞猛进。

由于自己是初中毕业辅导不了孩子的功课，桔红妈妈就下足了"结硬寨，打呆仗"的功夫。每到周末，她就把桔红这一周各门学科所有的作业本、试卷的错题，一字不差地抄下来，有时要抄到凌晨一点多，就这样形成了一本又一本的"妈妈错题本"。她还给桔红立下了规矩：宁可舍弃新作业，也要把每道错题都弄懂；所有错题不订正完就不准睡觉。这样一来，一周一清，及时偿还先前学习中欠下的"债务"，扫除知识盲点，孩子的基础知识更为牢固，孩子日常作业的完成质量就更高；孩子会勉励自己尽量不重复犯错，对待作业的态度更认真，学习意识也明显增强。

我后来提出的"阿潘作业三进阶说"——从"做完了吗"到"做对了吗"再到"会做了吗"很大程度上是受到了桔红妈妈的启发。

我曾经问桔红妈妈："你把女儿学习抓得这么紧，她经常学得很晚，你会感到心疼吗？"她略带无奈地说："心疼肯定心疼呀，但在她能承受的前提下逼一逼她总是有用的。"

初二那一年，在桔红的要求下，她妈妈请了一位学长辅导她。这位学长是公益中学的毕业生，初中三年成绩优异，深受桔红崇拜。这位学长向她分享了很多有效的学习方法，还把自己当时的听课笔记本、复习资料送给了她，这无疑给了她莫大的帮助。相比于埋头抄错题这种"笨办法"，请学长学姐辅导是一种更高明的办法。后来，我把这种"拜师傅"的做法分享给许多其他家长和同学。

除此之外，她妈妈经常和老师联系，听取老师的建议，全心全意配合老师。家长、老师、孩子"三驾马车"合心合力，桔红的成绩来到了班级中游。她尝到了甜头，增长了不少信心，表示愿意继续接受妈妈的"折磨"，学习更有劲头，成绩进步越发明显。中考前，她告诉妈妈说想考学军中学，并和妈妈一起到学军的大门口拍了张照。中考时，她以两分之差遗憾地与学军失之交臂。我安慰她说："从初一时班级倒数到取得如今的成绩，你已经很棒了。没有哪次考试是终点，中考不是终点，高考亦不是，只要你相信，任何时候皆是新的起点，高考再证明给大家看，我等着你！"

进入杭十四中后，她仿佛打通了"任督二脉"，始终排名年级前列，还考过年级第一，最终她考上了西南政法大学，大四时以全系第一的优异成绩保研到复旦大学法律系，后来又考取了华盛顿大学的双学位。

优秀的孩子背后往往有位肯用心的家长，没有随随便便的成功，只有脚踏实地的努力。桔红妈妈在孩子求学的过程中发挥了很大的作用。当我问她为什么能把妈妈当得这么成功时，她笑着回答我："软硬兼施，边学边练当父母，陪着孩子一起成长。"

昊昊爸爸——方向比努力更重要

"阿潘，我被埃默里大学录取了。公益'先学做人，后学知识'的校训和做法对我后来的学习、生活帮助真的很大。"2021年12月，我收到毕业生刘昊的喜报，他拿到了被誉为"南方哈佛"的埃默里大学的录取通知书。随后，他爸爸也来到学校，满脸笑容地跟我说："真的没想到，真的太高兴了，我们全家真心感谢公益的每一位老师，真心感谢当时您给我们的指导！"

记得刘昊进公益中学时，学习成绩处在班级下游，但他很黏老师，一下课就化身"跟屁虫"，跟着老师问问题，帮老师拿东西，蹭老师桌上的零食。几经努力，虽有进步但中考成绩仍不理想，没有如愿考上心仪的高中。

有一天，他爸爸打电话说他们想选择出国读高中，问能不能抽点时间给他们做个参谋。我当面和两位Crespi高中来杭招生的老师细聊了半个多小时，告诉刘昊爸爸："这所学校对学生管理既严格又友好，我觉得可以考虑。但最最重要的，是要问刘昊自己的意见，去美国读书、生活是需要他自己面对的，我们可千万不能替刘昊做决定哦。"刘昊起初对出国读书没什么想法，我和他爸爸向他详细分析了出国求学的种种挑战与优势。在他内心愿意出国时，我又让他承诺必须做到几件事，如无论什么情况都要抵挡得住毒品的诱惑等。

做出去美国读高中的决定并不容易。刘昊的妈妈和外婆当时坚决不同意孩子出国。他爸爸自己态度坚定苦口婆心地做通了家里人的工作。

没有想到的是，进入Crespi高中后，刘昊的数学成绩总是名列前茅，原本的薄弱学科英语也取得了很大进步。最可贵的是，刘昊向Crespi的校长和老师介绍，是公益中学"相亲相爱"的文化、"踏实勤勉"的态度为他打下了扎实的基础。他充分发挥了"情商高"优势，高中的校长、老师也都非常喜欢他。他不仅扬长补短，成绩考到了年级前列，还领衔创建了学校数学俱乐部和羽毛球俱乐部。

我从刘昊爸爸身上学到的是选择有时大于努力。有的孩子是要在被逼入绝境后，才会激发出最大的潜力与能量。这时候，父母要敢于抉择，敢于直面失败，敢于奋起一搏。如果还是按部就班，或许就失去了改变甚至逆袭的机会。

子轩妈妈——做成长型的父母

在一次分享自己怎样陪伴孩子成长时，子轩妈妈这样说：

"我每天研究各种各样的食谱，准备早饭和夜宵。孩子早上胃口不佳，为了让他吃得顺心，每天早上6：30，我精心准备的三四个品种的'妈妈营养早餐'会准时出现在餐桌上。我的想法是：吃得好才能学得好。

"我也是第一次当妈妈，常常会担心自己不能把孩子照顾好。紧张、困惑、迷茫时，就看书、请教老师或相关专家，寻找解决这些问题的良策，做一个成长型的父母，努力和孩子一起成长。"

另外，我还从其他许多家长身上学到了宝贵的育儿理念，得到了很多教育启示。

怎样与动不动就发呆、发飙的青春期孩子相处？

亦佳妈妈：看上去是亭亭玉立的美少女，但把自己"独立"的权利看得特别重要，自我意识极强。由于跟她讲大道理几乎无效，我就采取了"无为"政策，退守厨房，期待孩子幡然醒悟。每天晚自习结束回家的路上，我不急着问女儿考试成绩如何，而是跟女儿谈论一些共同感兴趣的话题。令我惊喜的是，女儿会主动与父亲讨论学术问题，也会自己主动洗衣服。一家人因此平稳度过了亦佳叛逆的初中时期。看来"多做饭，少说话"确实是个不错的选择。

睿睿爸爸：初中三年一直坚持为她做一件事：看到当天报纸上有什么重要新闻，就剪下来粘在本子上，周末她一回家就把这本精选新闻集交给她，她看完后就会和我交流自己的感想。这样，不但亲子关系越来越融洽，而且锻炼了孩子的思辨能力。

用怎样的态度和话语与孩子交流？

品睿爸爸：主动问问孩子"今天在学校里有什么有趣的事情吗？能否跟老爸聊聊你这次期中考后的心情？"，在觉察孩子情绪的基础上，激起孩子同大人沟通的欲望。尊重孩子，以平等的身份同孩子对话，耐心地听孩子把话说完；信任孩子，不要老是追问孩子，也不要动不动给她贴标签，给予孩子充足的自信。

译予妈妈：所谓叛逆就是两个人没讲好，或相互不讲话造成的。一家人要经常沟通，遇到烦心事就跟家人讲讲，共同商量。最重要的是理解孩子，鼓励孩子，让他愿意向你倾诉。

怎样对待孩子身上的不足？

冰泓妈妈：冰泓做事容易磨磨蹭蹭，写作业时老是喝水，开小差。有一次我实在忍不住就打了他一顿。他哭着说："妈妈，我控制不住自己。"我心一下子软了，觉得自己操之过急了。想到自己跟学校老师沟通时，老师对冰泓基本都是肯定的，所以他在学校比在家更开心。于是，我决定调整自己的教育方法，让教育节奏慢下来，从此跟儿子谈话时，少了催促与责备，多了几分耐心与鼓励。冰泓开始变得更加上进，学习更有信心，动作也快了不少。我们需要等孩子慢慢地长大啊！

实践真知，每每能寻"更优解法"

把想法装进孩子的脑袋里

世界上最难的是什么？人们总结出了两件事：一是把自己的想法装进别人的脑袋，二是把别人的钱装进自己的口袋。前者成功叫老师，后者成功叫老板。在四十多年的一线教育实践中，我发现父母、老师确实需要认认真真"备好课"，才能把自己的想法装进孩子的脑袋里。

一天早上我刚上楼，就看到一对学生父母在等我。我连忙把他们请到办公室，爸爸迫不及待地说："阿潘校长，这段时间我们真的连上班都没有心思了。什么道理都跟他讲了，他不但听不进，还处处跟我们作对，学习成绩也过山车似的令我们心惊肉跳，您看我们该怎么办？"

我让他们心平气和地、不带太多感情色彩地把"作对"的事实叙述了一遍。站在父母的角度，我能感受到他们的焦虑和无奈；但问题的解决必须发生在孩子身上才有意义，所以我需要听听孩子最真实的想法。更多地站在孩子的角度，才能找到适合孩子的有效解决方法。

在向班主任了解完孩子在校的基本情况后，中午休息时，我约了他们的儿子，一位成绩很不错的初二男生，边走边聊，在具体化赞赏他在校的各方面出色表现后，委婉地把话题转到了他和父母的关系上。没想到，男孩一提到父母就来气，言辞激烈地说："就知道说那些不知说了多少遍的大道理！我心中也知道那些道理没错，但就想偏和他们反着来！要是他们能像您一样，用讲故事的方式给我们讲道理就好了。"

其实，我在与女儿的沟通中，也碰过一开口说理她就冒火的钉子。后来，我再想与她说理就认真备课——准备一两个故事，发现她会很感兴趣地听我把故事讲完，不再抵触我的观点。渐渐地，我在把自己的想法传递给学生时，越来越多地运用寓道理于故事的方法，发现以前我在校会上讲话时，学生会有点不耐烦，而现在每一次讲话，我都会讲两三个孩子爱听的故事，他们不但爱听，而且能听进去了。

经过二十余年的摸索，我总结出了讲好故事的"四字诀"：真、近、升、活。"真"包括故事真实、内含真情，"近"指的是故事时间、空间接近孩子的生活，"升"就是要提升故事的内涵，引导孩子升华自己的感悟，"活"表达的是故事内容活力趣味，讲故事的方式生动活泼。

在2023年6月18日的"永远的相亲相爱公益一家人"毕业典礼上，我向即将告别母校的同学们讲了三个故事，分享了我的六点感悟。

第一个故事发生在6月15日，18岁的邸同学冲入北京工体足球场，激动地拥抱自己的偶像梅西，在狂奔了数十米后又跟阿根廷队门将击掌，随后被安保人员追上带离球场。这成为引发热议的新闻事件。播放完邸同学冲入北工体球场的视频后，我与毕业生分享了两点感悟。第一，每个人都要有自己的追求，要找到热爱的人或事。邸同学在采访中表示，自己从6岁开始就喜欢梅西。因为喜爱梅西，喜爱足球，他每天坚持跑5组1000米，这一运动习惯帮助他那天在球场上甩开安保人员的追赶，实现了拥抱偶像的梦想。第二，虽然"人不轻狂枉少年"，青春年少可以有适当的任性，但务必以遵守社会规则为前提。邸同学将为自己擅自冲进球场的行为付出代价。同学们即将踏上新的人生道路，对社会规则一定要心怀敬畏，做事要三思而后行。

第二个故事讲述的是在6月13日，杭州外卖小哥彭清林在送外卖途中看到钱塘江里有一位落水女子在挣扎，他勇敢地从15米高的钱江三桥一跃而下，救下了这位落水女子。但是，彭清林付出了胸椎骨折的代价，不得不住院养病，社会各界人士来看望、慰问他，为他提供了读大学的机会，有几位女子向他写信表达了爱慕之情。可爱、真实、善良的彭清林在接受《人民日报》等媒体采访时说"我当时也怂过，但再不跳我怕她没机会获救了""我从小尝过被别人帮助的滋味，所以我愿意把这份善意传递给别人。"我跟同学们也分享了两点感悟：第一，无论毕业后去了何地，无论何时我们都要心存善良，"你只管善良，其他命运自有安排"。第二，我回放了视频中落水女子看到清林来到身边使劲伸手求救的瞬间，并告诉同学们，女子获救上岸后涕泪交加，表示今后一定珍惜生命，对帮助过她的人心怀感恩。毕业以后步入高中乃至将来走上社会，难免会遇到困难和挫折，不论遇到多大的风雨，记住只要做到不伤害自己、不伤害别人，坚信没有什么迈不过去的坎。

讲第三个故事前，我先展示了一组照片。从6月17日、18日，我在学校南门跟考生一一击掌说起，追溯了我从读书、教书、当校长、陪伴女儿的一段段经历和心路历程。分享了两点至深感悟：第一，学会选择，并朝着自己向往的目标勤耕不辍。第二，理清"什么时间该做好什么事情"的思路，读书、工作、结婚生子等，循道而行，行稳致远，拥有属于自己的快乐和幸福。

脑科学、心理学的研究表明，人的大脑天生习惯在故事中思考，习惯从故事中获得知识与经验。父母、老师要想办法把枯燥道理装进生动的故事里，让故事和孩子的学习、生活产生关联，促进孩子理解一个个人生道理，使道理入脑入心，进而转化为他们自发的行动。

孩子喜欢什么样的故事呢？要么与孩子相关的，要么孩子喜欢的。早些年我主要讲关于乌龟、兔子等虚构的寓言故事，孩子们很难在现实世界中找到原型。后来我向孩子们讲一些国内外名人的生平故事，因为与孩子们相距甚远，他们很难获得直观感知，教育效果一般。于是，我逐渐转向讲身边的同学、老师的故事。这些故事像一面面镜子，映射出孩子们真实的生活状态，让他们更好地认识自己与他人。

有一年秋季开学典礼上，我讲了学校的两位"黑人"老师，他们是总务处的正副主任。因为跟建设施工单位对接，经常顶着烈日骄阳，皮肤黝黑，所以他们被戏称为"黑人"老师。公益校园能焕然一新，与他们忘我的付出不无关系。借这个故事，我就想让孩子们懂得感恩，感恩身边每一位默默奉献的人。

我还提到了我校初一女生沙净宇的故事，她曾获得过杭州市第一、二届青少年10公里越野赛冠军，这个暑假又拿了"千岛湖夏日跑青少年总冠军赛女子组冠军"。越野赛中训练和比赛中会遇到许多难以预想的困难，而沙净宇却能始终坚持下去，并从一次次挑战自我中获得了快乐，我由此告诉同学们，"快乐学习"中的"快乐"不是有更多娱乐休闲的时间，真正的"快乐"分为三个层面：第一，主动做自己喜欢的事情；第二，尽管不是很想做，但心中有坚定的目标，能通过完成小目标获得成就感；第三，通过自己的努力，赢得他人的认可与肯定，进一步增强学习动力。快乐不是凭空产生的，而是源于辛勤的付出。我还顺水推舟向学生抛出了另一个问题：你愿意当一头快乐的猪还是做痛苦的苏格拉底？引发了同学们关于快乐的深刻思考。

让人印象最深的是我那次主题为"善良地走向高贵"的9月开学第一课。由于"高贵"一词比较抽象，我借用了海明威《真实的高贵》一书中的名言："优于别人，并不高贵，真正的高贵应该是优于过去的自己"。讲完这句话，我发现许多同学仍一脸茫然，于是我猛地趴下来，在台上做起了俯卧撑。同学们一下子兴奋了起来，纷纷站起身、伸长脑袋看我表

和学生PK俯卧撑：这次我做了46个

演。"1、2、3……"计数声、加油声响彻整个报告厅。最后，我拼尽全力做了35个俯卧撑，起身时已满脸通红，额头渗出了不少汗珠，同学们向我送来了热烈的掌声。"如果阿潘在期中总结表彰会上能做38个俯卧撑，大家觉得阿潘是不是高贵的人呢？"同学们起初愣了一下，我示意再读读大屏幕上海明威的名言，同学们这下恍然大悟。"我们在场的任何一位都可以成为一个高贵的人，只要努力超过了过去的自己"，我用实际行动为同学们解读了比较高深的道理。

"我是一个高贵的人"的故事仍在延续。在10月份的洞桥学农活动中，我和同学们玩得太疯不慎扭伤了右脚，遗憾地错过了在期中大会上证明自己是"高贵的人"的机会。同学们似乎一直对这件事耿耿于怀，来年的初三毕业典礼上，同学们纷纷"起哄"喊我上台做俯卧撑。我当然要满足孩子们的心愿，便很自觉地做起了俯卧撑。最终我做了42个，明显优于上次的35个。看到我的优异表现，同学们纷纷鼓掌欢呼，报告厅成了一片欢乐的海洋。

好故事总是充满温情，能打动人心里最柔弱的部分。"欲讲道理，先说故事"是易被孩子接受的、行之有效的教育方法之一。

让教育顺应孩子的天性

有一次晚餐时，一位初二男生主动邀请我坐在他们一桌，在起初轻松自然的闲聊中，他突然变得忧郁起来。

他说："阿潘，我感觉很苦恼，我想向你吐槽一下。"

我惊讶地问："是不是阿潘做错了什么？"

他连忙答道："是我妈妈，她很变态。"

我连忙打断了他的话："你可不能说妈妈变态哦，说她变态是指什么呢？"

"上个礼拜六下午，我在家里做作业，前后做了两个小时，每隔一段时间妈妈就要进来拖一次地板，2个小时内她居然来我房间拖了6次地板！"

这位男生表现出很郁闷的样子："我向她抗议，她也不听。"

晚自修下课，男生妈妈来接儿子的时候，我笑着问她："你为什么老去孩子房间拖地板呢？"

妈妈捂着脸很无奈地回答："阿潘校长，我也不想这样呀，可是我还能有什么办法呢？孩子学习不够自觉，他把房间门一关，天晓得他在里面干些什么。"

于是，我读出了妈妈和儿子的关系状态是缺乏有效的沟通和信任。事实上，像这样两代人很难通过对话心平气和解决问题的家庭不在少数。许多孩子认为父母不信任和尊重自己，不少父母认为孩子不理解自己的良苦用心，双方往往各执一词，互不相让，使得原本完全可以调和的矛盾加深，有的甚至到了互相之间厌恶的窘局。

鉴于此，我们把2023年德育节的主题定为"其实我想更懂你"，2024年又出了升级版"我想更懂你——Chat（聊）好关系"。通过"拍一拍""辩一辩""夸一夸""改一改"等环节，聚焦亲子关系，为学生、家长提供敞开心扉的机会，让他们读懂彼此心里话，回应各自真诉求。

"拍一拍"——我们让学生找出儿时的全家福，拍一张当下的同款全家福。有些家长千方百计找到同一个地点，用同一种姿势，记录下青涩的成长，用回忆杀的方式讲述了亲情故事。虽然岁月是把杀猪刀，但跨越时间的亲子合影，总是让人回忆满满、感动满满。相机定格的永远是一家人其乐融融的场景，曾经蹒跚学步的孩童已成长为意气风发的少年，父母的脸上多了不少皱纹，两鬓也长出了银丝，但彼此的血缘关系从未发生改变。"拍一拍"拍出了一家人最温馨的回忆。孩子表示"父母不容易，要铭记父母的养育之恩"。

"辩一辩"——我们邀请了四位学生和四位家长代表，围绕"孩子做作业时开着门好还是关着门好"这一辩题，倾吐心声，读懂彼此的心意。例如有孩子爸爸表示，"孩子做作业关门，关的是边界和自主，家长们可以理解。但是孩子毕竟是未成年人，自制力相对较弱，做作业开着门，利于专注力和学习习惯的培养，这些恰恰是优秀成绩的保证。"而学生回应道，"从青少年的立场出发，关门营造了一个类似于学校课堂的学习环境，具有相对良好的隐私性。这有利于我们培养自觉、自律的精神。家长们应当给予孩子充分的自主生活、学习、交往的空间。"辩论赛结束后，台下的几位家长讨论热烈，原先没有想过孩子们会如此在意是否拥有一片隐私空间，日后如果遇到类似的分歧，应该多听听他们的真实诉求。辩论赛让双方都有平等的发声机会，了解彼此的思维方式，增进互相理解。

"夸一夸""改一改"——为父母和孩子提供了正视对方的机会。每个人身上都有优点和缺点，优点不应当被忽视，缺点也不能揪着不放。孩子和家长每人都有一张点赞卡，请孩子写出父母10条以上的优点，也请父母写出孩子10条以上的优点。有些学生平常不注意父母的喜好，因为要"夸一夸"，开始用心地去看、去听、去想，这会让一个人变得温暖起来。

在这里我节选了一些父母夸孩子的金句：

1.你很善于学习新知识，妈妈很多时候都不如你。

2.每天能用番茄钟管理好自己的学习，不用我操心你的作业。

3.有什么话都愿意跟我说，让我能和你一起及时打败问题。

4.你是个体贴家人的"小暖男"，你还是家里的"开心包"。

5.喜欢你打球时的那份潇洒！你爱锻炼身体，这是深厚的本钱哦。

6.你是爸妈眼里的完美宝宝，将来谁娶到你就是捡到了宝。

孩子给父母点赞的话有：

1.很幽默，让我觉得在家里很舒服。

2.在我做作业时从不会推门进来。我做作业时你们放下了手机。

3.当我考试出现错误时不责骂我，而是及时帮我解决问题。

4.选择兴趣班时，听取了我的意见再做决定。

5.公平对待我和弟弟，没有让我们兄弟俩觉得你们对谁偏心。

6.周末一家人打篮球、搭乐高、下棋，举行登山、游泳比赛。

我也从全校1400多名学生提出的"希望父母改一改"中遴选出排在前六的问题：

1.太唠叨。

2.没弄明白事情的缘由就开始批评孩子。

3.沟通时急躁，没耐心，不站在孩子的角度说话。

4.爸爸妈妈玩手机的时间太久。

5.孩子写作业时经常进进出出房间，或者不敲门就进来。

6.常和别人家的孩子作比较。

当然爸爸妈妈们也期望孩子能够改正缺点，排前六的问题是：

1.学习效率低，主动性不够，不会利用碎片化时间。

2.家务做得少。

3.在家体育锻炼少。

4.过多使用电子产品。

5.动不动就发小脾气。

6.不爱跟家长说话。

父母与孩子以这样的活动为契机，彼此敞开心扉，真正读懂了对方的内心，进而站在对方的角度说话做事，避免了常揪着孩子小毛病不放，打击了孩子的自尊心和自信心。家长反馈说："我们会把这些做法迁移到平时与孩子的沟通交往中，用心用情读懂孩子的内心世界，使自己能真正成为孩子一辈子的挚友。"

在"我和阿潘说说心里话"的来信中，我读到了有位同学的吐槽："一天的时间中，除了用于听老师讲课，就是用来奋笔疾书完成作业，真希望校园生活再丰富多彩一些。"我非常理解初中生承受的压力，尽最大努力挖掘资源，满足他们爱玩的天性，创造条件让他们能"玩得开心，学得静心"。

学校食堂、教学楼旁的空地上种了好几棵枇杷树，每到5月，金灿灿的果实总是让人垂涎欲滴。看着学生站在枇杷树下抬头看成熟枇杷的样子，我读懂了他们的心思，他们是很想采，却又害怕违反学校纪律。所以我们就把这个实现愿望的机会留给了每一届的初三学生。果实成熟后，由年级主任随机邀请十多名学生，一起摘枇杷。个中的原因，一是帮他们放松一

采摘的是成熟的枇杷，留下的是张弛有度的快乐

下身心，别被紧张的备考压垮了；二是以累累的硕果寓意公益学子中考顺利，前程似锦。

　　初夏的阳光洒在地面上，微风拂过树梢，飘来阵阵果香。金黄的枇杷像一盏盏小灯笼，在绿叶的映衬下显得格外诱人。经过20多分钟的采摘，篮子里便装满了沉甸甸的枇杷。拿起一个枇杷，轻轻剥去它的外皮，显露出晶莹剔透的果肉，轻咬一口，一股甜蜜的汁水顿时在嘴巴里弥漫开来。不少同学品尝后纷纷赞叹道："这枇杷真的好甜呀！"初三老师趁机给大家普及了一下枇杷的相关知识，从李时珍的《本草纲目》讲到汪曾祺的《枇杷晚翠》，从止咳清肺、促进消化等功效讲到坚韧顽强的生命力。美术老师还准备了收藏于各大博物院的《枇杷山鸟图》《枇杷图》等画作，供学生们欣赏。

　　可以说，这是一堂果香四溢、趣味盎然的"枇杷课"，更是一堂舒缓焦虑、增进亲情的"团建课"。从摘枇杷、尝枇杷到品枇杷、赏枇杷，不仅度过了一段快乐时光，更形成了对枇杷全方位的认知，让学生们感受到了公益中学别样的祝福，从而信心满满地迎接中考的到来。

让学习冲出"忙而低效"的重围

有一种用功叫"看起来很用功"。孩子一天到晚坐在房间，没有玩的时间，却常常磨磨蹭蹭，不知忙了些什么。父母最痛苦的是计划做得很完美，却难以执行到位，到临开学了，暑假作业还有一半没完成。怎样指导学生有效学习，这个难题同样困扰着老师。

实践证明，从"番茄钟"到"清单革命"是一剂值得尝试的良方。

2020年我读到了一本非常实用的书，它是瑞典作家诺特伯格的《番茄钟工作法图解》。书中介绍的"番茄钟工作法"，是从一只形状像番茄的厨房计时器里获得的灵感而形成的时间管理方法，通常把一天的任务切割成25分钟的"番茄钟"，每完成1个番茄钟后就休息5分钟；每完成4个番茄钟后，可休息15分钟。我边读边试，番茄钟帮我有效抵抗外界因素的干扰，以游戏化的方式大大提升了工作效率。

我想，这一方法完全可以迁移用在学习效率的提升上。于是，我分层分批向老师、学生、家长详细介绍了"番茄钟学习法"的三个步骤：

第一步，具体拆解番茄钟任务。拿出两张白纸，一张白纸写上一天你要做的所有事情，另外一张写上这天需要完成的学习任务。然后在每一项学习任务上标上预估所需的时间（预估时间是关键），例如小作文16分钟，两页数学19分钟。常规的清单可能仅罗列了任务但没有预估时间，是任务导向的；而番茄钟凸显了任务与时间两大要素。接下来，把所有任务拆解为一个个番茄钟任务。

心理学研究表明，每工作25分钟后休息5分钟，有利于大脑保持最佳状态。但每个番茄钟任务的时长可根据孩子自身学习能力、学习任务特点等灵活调整，学习40分钟搭配休息10分钟或者学习30分钟搭配休息5分钟，原则上都可行，不过连续学习时间最多不超过1小时，尽量控制在45分钟以内。

第二步，逐个执行番茄钟任务。按下番茄钟便意味着开始执行任务。在此过程中，孩子要确保自己全神贯注，远离手机等电子产品，除非遇到不可抗拒因素，否则绝对不分散自己的注意力。父母、老师也坚决做到非十分必要不要打扰孩子。

当孩子高度专注、忘我投入地做一件事情时，他们就进入了心流状态（flow）。在没有外界干扰的情况下，学习者几乎感受不到时间的流逝，这是一种身心愉悦的学习体验。但一旦心流被破坏，重新进入心流状态需花费10～15分钟，因此千万不要轻易打断它。

等番茄钟时间一到，哪怕还有学习任务没完成，也要立刻停下，响起的铃声便是番茄钟任务结束的标志。这样，孩子在做每一个"番茄钟"时，像参加正式的中考、高考一样，"考试时间已到，请立即停下手中的笔，否则就作考试违纪处理"，有了明确的时间倒逼意识，紧迫感和责任感随之增强，磨磨蹭蹭和"假勤奋"现象逐渐减少，学习效率自然得到提高。

休息几分钟后，回到书桌前，就开始下一个番茄钟。记住：千万不要去做上一个番茄钟没有完成的任务！否则就可能会步入不断还"欠账"的循环中。

第三步，当晚回顾、复盘。到了晚上六七点，一起检查今天计划的番茄钟任务实际完成了多少，是否保质保量地完成了每个番茄钟任务。如果孩子完成了所有的番茄钟任务，父母、老师一定要给予大大的点赞。如果有个别番茄钟任务未全部完成，父母引导孩子反思，是因为计划的番茄钟任务太多，时间估计不准，还是自己学习的专注度不够呢？试着与孩子商量，让孩子再抽一点时间完成。如果实在来不及完成剩下的番茄钟任务，可以酌情留到第二天再完成。

我还向师生讲清楚"番茄钟学习法"的好处：第一，它重新定义了任务组块，把原先耗时较长的一项任务拆解为一个个时长适中的番茄钟任务，孩子每次只需保持半小时左右的专注学习状态。这样减少了任务本身带给孩子的焦虑感、紧张感，增强了学习动力，提升了完成学习任务的信心。第二，重视时间概念。预估好完成每项番茄钟任务所需的时间，从"是否完成任务"为标准转向"是否完成番茄钟"为标准，实质上是对任务完成提出了一条重要的时间标准。这从根源上消除了学生写作业拖拖拉拉的借口，让学生在适度紧张的情况下提高学习效率。

同时，我强调了"番茄钟学习法"的几个注意点：首先，在一个番茄钟任务开始前，孩子要做好准备工作，如上好洗手间，倒好开水，摆放好可能用到的文具、作业本、资料书，无关的物品放到一旁，尤其iPad等电子产品务必放在另外一个房间。其次，在孩子专心完成番茄钟任务的时候，父母不要给孩子端去水果或者提醒他注意坐姿等。再次，一个番茄钟任务结束后，一定要起身活动活动，缓解大脑和身心紧绷的状态，保证旺盛的精力投入接下来的学习。

根据美国管理学家戴明提出的戴明环（PDCA循环），好的质量管理应当包括计划（plan）、执行（do）、检查（check）和处理（act）四个阶段。"番茄钟学习法"实施的三步骤"计划——执行——复盘"恰恰囊括了戴明环的核心要素，因此具有较强的科学性。番茄钟学习、工作法帮助许许多多的学生和老师从根本上打败了学习和工作拖延症，大大提升了学习和工作的实效。

高质量的学习工作需要不断创新载体，搭建"脚手架"，让师生家长向更高的目标攀登。

继"番茄钟学习法"后，我们把2024年确定为"清单革命年"。清单革命法的原理是：最新的脑科学研究成果表明，人的经验和记忆并不稳定，尤其是在感受到压力的情况下，而明智的做法就是把大脑的这部分工作外包给清单，由清单来可视化地呈现我们一天要做的事情，确保不遗漏任何一项任务。清单作为一种实用的任务管理工具，能把需做的事情可视化地呈现出来，督促我们把事情做全做好，避免遗漏或疏忽。

2024年2月，在"开学第一课"上，我讲清了用好清单这个工具，优化学习、工作方式，促进孩子"学并快乐着"的目标。

清单可分为"有为"清单和"不为"清单，除了规定"要做什么事情"，还应当规定"不要做什么事情"。实施清单革命时，清单要求简单明了、具体可测，如"跑步25分钟"而不是"进行适量锻炼"，"屏幕时间在45分钟以内"而非"少玩手机"。清单内容要根据自己的实际情况，每隔一段时间灵活调整，增加或减少相关事项。执行清单时要设置明确的检查点，如活动前、活动中、活动后，要认真查看清单的完成情况，及时提供自我反馈。

说干就干，全校师生家长积极响应，如火如荼地开展了"清单革命"，并取得了阶段性成果。以初二（10）班为例，半学期下来，班中70%的同学有了不同程度的进步，其中有六名同学取得了进初中以来的最好成绩。不少同学都表示，制定清单让自己学习目标更加明确了，这两个月来，自己不光学习成绩提升了，日常的行为习惯也有了明显的改善，得到父母和老师表扬、赞赏的次数明显增加。

这些改变，虽不敢说全是"清单革命"的功劳，但该班的每位同学都制定了每周清单，这是其中重要因素。班主任陈鹏老师以"公开点赞+私下提醒"的形式对学生进行反馈：在班会课上具体表扬清单执行到位的同学，私下里单独提醒未能认真按照清单行动的同学。月底，陈老师根据每周家长、老师的反馈及学生本月的学习表现，评选出五位"每月之星"，公开表扬"每月之星"并给予小小的物质奖励。他说，有了清单，学生就有了明确的奋斗目标和可操作的有效措施。此外，孩子们还通过集体商议制定了班级清单。例如，针对部分同学吃饭排队动作慢，耽误全班同学就餐的问题，同学们在班级清单上写下了"30秒内全班完成排队集合"的任务。班级清单每个月更新一次，每位同学和任课老师都参与班级清单实施情况的监督与评价。集体目标的达成有赖于每一位同学的支持与配合，班级清单的实施增强了同学们的集体意识，无形中提升了班级的凝聚力。

以下是初二（10）班同学做的清单：

我的任务清单		
序号	作为清单	不为清单
1	提高作业效率使用番茄钟管理时间	不迟于十点上床
2	坚持每天做至少一道难题	仅在周末使用电子产品，每周不超过 2 小时
3	每天至少积累五个英语单词	奶茶不超过 2 周一杯
4	早上大声朗读分贝达到 80	不频繁上厕所
5	积极体育锻炼，特别是实心球、跳绳	不会的题目尽量不要空着
6	30 秒内在门口排队集合	周末不能老是坐着
	……	……

番茄钟学习法和清单革命较好满足了孩子们的自主感、胜任感和归属感。而这"三感"正是培养孩子内驱力的核心要素。

步入循环，好关系出"真情智慧"

"喜欢循环圈"

从当老师的第一天起，我就有一个梦想，想当个好老师。带完我的第一届学生后，我隐隐约约找到了一点感觉——要当好老师，就是要让学生喜欢我，正是与他们兄弟姐妹般的关系让我首战告捷。随着时间的推移，我越来越深刻地感受到，好老师的至高标准就是"学生喜欢"。

要让孩子喜欢，自己先要有一颗欢喜的心，进而形成一个"喜欢当老师——喜欢学生——学生喜欢老师——老师更加喜欢学生——学生更加喜欢老师"的"喜欢循环圈"。当老师如此，做父母也是这样。

四十多年过去了，我遇到过一万多名学生，"喜欢"是父母、老师和孩子共同成长的逻辑起点。无数个例子证明，"喜欢循环圈"是当好父母、老师的制胜法宝。正如罗伯特在《影响力》一书中所说的："越是喜欢一个人，受到这个人的影响就越大，愿意认同他的观点，接受他的建议，支持他的行为。"

喜欢循环圈的原点是老师发自内心地喜欢教书育人这份工作。每年放假前，我都和老师们一起发出"灵魂三问"：一问"我喜欢当老师吗？"

如果真的不喜欢当老师，就马上写辞职报告。二问"我喜欢在公益中学当老师吗？"如果不喜欢在这里当老师，就立即递交调动报告。三问"我该当一个怎样的老师？"始终以"学生喜欢"作为自己当老师的初心和追求。

"喜欢当老师了"就会发自内心地喜欢学生，学生就会发自内心地喜欢这位老师带的班级、教的学科，老师带班级就会比较顺，教的学科平均分、合格率、优秀率就能达到预期，就拥有了成就感，从而更加喜欢学生，学生因此也更加喜欢老师。

老师要发自内心热爱工作，热爱学生，就需要一颗欢喜的心。那怎么样才能有一颗欢喜的心呢？

一要有激情。有了激情，就有了全身心投入工作的动力，就能以乐观大气、奋发有为的内心，带动学生积极向上、斗志昂扬的状态，让自己带的班级正能量满满。

二要能平和。帕尔默在《教学勇气》中说："我们自己的心灵舒适自在，与人交往就会亲密无间。"我一直奉行做事先做人，做人先做心情的原则，有人问我"忙不忙"时，我会说"这段时间确实很充实"，不一样的表达，不一样的心境。我坚信"顺着平和的内心做，就会越做越顺"，所以坚持乐呵呵做教育，面带笑容当老师，平和得欢喜，欢喜赢喜欢。

三要登好"育人育己三层楼"：第一层是会教课，会当班主任（know how）；第二层是会思考，明白为什么这样教（understand why）；第三层是会享受，与孩子关系密切、富有默契、乐在其中（enjoy what）。以外在的充实、内心的丰富，津津有味当老师、乐呵呵地做教育。

诚然，在当今内卷的大背景下，老师承担着太大的压力，难免产生焦虑。内心欢喜还需要拥有一种松弛感。如何衡量并保持松弛感呢？可以用这个公式进行评估：松弛感=看得透+有办法+能喜欢。所谓"看得透"，是指老师了解自己所处的环境，并掌握了教育教学的基本规则；而"有办法"是有清晰的应对和解决问题的方案，且有直面挑战的勇气和能力；"能喜欢"则是用饱满的热情来促进自己更努力地工作，激发出更强的活力，对教育教学工作赋予积极的意义，遇到困难和问题能做到"不挑剔、不埋怨、不指责"，对学生、家长、同事保持耐心和友善。

欢喜的心还需要以健康的身体作为基础。闲暇时跑跑步、打打球、练练太极，办公桌上永远有鲜花陪伴。还可以主动地创造一些生活中的"小确幸"，譬如有一次我经过校园一角，一抹明黄色闯入我的眼帘，原来是学生种的南瓜开花了。那丝绒般的花瓣，用力绽放着，生命的力量让人怦然心动。我赶紧拿出手机拍上一张照片，乐呵呵地和家人、朋友、同事分享。生活之于我始终丰富而有趣。

如此，在会生活的基础上会工作，工作好了又可以推动更好的生活。当喜欢循环圈有了初始的动力，转动起来后，我们就在"学生喜欢"上下足功夫。

苏霍姆林斯基说，不要忘记自己曾经是个孩子。陶行知先生也说，我们必须变成小孩子，才配做小孩子的先生。当老师要有"孩子立场"，我们的教育应该是基于人性、符合天性、适合个性的。当老师站在孩子的角度说话做事，倾听学生的内心需求，回应学生的真实需求，让孩子真正感受到老师对他的尊重和关怀，学生柔软的内心就被拨动了，良好的师生关系就是水到渠成的事了。

要让孩子喜欢，首先就是要读懂、理解并体谅孩子。

做班主任的那些年，我每周都会给学生发一张小问卷，问问他们一周以来，我在班级里做的哪些事情让他们感到欢喜，为什么喜欢？而不喜欢的事情，也可以吐槽一下。作为英语老师，我每周也会了解学生关于板书、语速、课堂氛围、课后作业等方面的想法。通过这种"问计于生"的方式，我不仅掌握了他们真实的感受和需求，更调动了孩子们参与课堂学习和班级管理的积极性，启发他们去主动思考。

271

要让孩子喜欢，需要尊重、欣赏孩子。

我把每一个孩子都当成是班级和学校的VIP（very important person重要人物）。开学报到那天，早上七点，我会站在教室门口，对于进入班级的每一个孩子，我都会叫出他的名字（在带这个班之前，我已经认真仔细地读了孩子们小升初的一些资料），笑眯眯地和每一个孩子握手聊天。孩子们听到我叫出他名字的时候都觉得非常惊讶，都问我："老师，你怎么知道我的名字？"我能感受到他的喜悦。卡耐基说，叫得出一个人的名字，那是对他的一种尊重。

在我的班级，人人都是班干部，人人都有事做。孩子们也因此在班级里找到了存在感，获得了自我价值感，进而对这个班就有了归属感。我每周会找5到10位同学做简单随意的交流，人人有份。在组织任何一个活动的时候，并不限定在某几个成绩好的同学或者班干部上，比起获奖，我更在乎的是参与面。多少人参加比赛比获得什么名次、拿了多少奖更重要。所以我当了校长后，把一般的田径运动会改为全员运动会，一般情况下运动会每个班只有三分之一左右的人能参加，可是我认为人人都可以是运动员。文艺汇演时也是如此，大家都有登台表演的机会，人人都是演员。

这样一来，孩子们都认为我是很平等友好的，并不因为贫富贵贱来差别对待学生，对于每一个孩子都是喜欢的。我也因此赢得了孩子们的喜欢和尊敬。

在课堂教学时，我也坚持尽最大努力在每节课给每个同学开口的机会。根据孩子们的程度设置不同难度等级的问题，哪怕是对错选择题也要请英语较弱的同学来开口回答一下。要让孩子喜欢，更要be one member of the children（成为孩子中的一分子）。

在做班主任的时候，我常常把自己当作班里的一名同学，我和孩子们一起制定班规，班规约束学生也约束我，我们彼此互相监督。当校长后，每年学校组织的爱心义卖活动，我就是一个大买家，一旦我出场的时候，

每年运动会上，长跑落后的同学期待我陪着跑完最后一圈

孩子们就纷纷涌上来向我推销各种各样的商品。学校开展运动会，我总是陪着男子1500米、女子1000米项目里跑在最后的同学跑完最后一圈。一般运动会长跑项目有12组，我就会陪孩子们跑12圈。我时时刻刻都陪伴在孩子们身边。

有位初三家长叫我"六个一"校长，我问他是哪六个一呢？他说是一封说心里话的家信、一本孩子喜欢的《论语》、一个孩子喜欢的祝福字、一把做孩子们喜欢的菜的铲子、一件孩子喜欢的"锦鲤服"、一场孩子喜欢的雪仗。

这些用心用情的举动受到媒体的报道，浙江日报、浙江电视台以《学生迷上了〈嗨，孔夫子〉》《〈嗨，孔夫子〉很好玩》为题，《钱江晚报》以《贵妃、锦鲤、诸葛亮……杭州有位百变校长》为题都进行了报道，这一系列主题报道获得了社会好评，提高了学校的知名度和美誉度。

当校长后，我感觉到一个人的力量是有限的，于是我想从一个人变成一群人，带领全体老师真正喜欢上当老师。我不断跟老师们强调"喜欢循环圈"的重要作用，久而久之，我们的老师也衍生出了自己的理解和做法，如和男生一起锻炼并完成10个以上引体向上，用化学元素周期表和科学实验仪器与学生互写评语。陈老师评价班级里一位潜力很大但情绪变化也大的男生为核反应堆，在自我控制好的情况下能创造巨大的能量，以此来鼓励这个孩子增强自控力。孩子们则评价他为指南针，说他有事没事总喜欢在班里转来转去，更重要的是在自己迷茫时他能帮助指明前行的方向。评价从传统的老师单向居高临下地评价孩子，变成了平等互动的双方对话，师生之间的距离一下子被拉近，喜欢循环圈就越转越顺。

"喜欢循环圈"就像呼啦圈，以"自己喜欢"为发力点，然后快速地转动制造出向心力，接着不停地使力，到后面就不用费太大的力，只要持续发力，就能形成一个正向、有节奏、有互动、有推力的圈，转出班级和学校的向心力。

成功的教育＝"有规有矩"＋"有声有色"

有人说："小学淘汰的是家里不管的孩子，初中淘汰的是家里管不了的孩子，高中淘汰的是家里不敢管的孩子。"深以为然。孩子的优秀品行、优良成绩，80%以上都是家长愿意花时间和精力管出来的。反之，孩子没有达到应有的品德和成绩，失败的背后大多是必要规矩的缺乏。

小时候妈妈时不时提醒我："小孩子吃少不得，穿少不得，骂也少不得，打也少不得，严格一点容易让孩子长记性。"确实，教育是让孩子从自然人转化为社会人的过程，需要父母、老师为他设立边界感和分寸感，并舍得适时应景地严格执行到位，以此战胜"放任自流、懒惰"两大敌人。

　　我曾见过这样的场景。有一年正月，一位高中同学带了六岁的儿子来参加我们的同学聚会。就餐时，见服务员端上来一盆西瓜，他儿子就"嗖"一下把西瓜转到了自己面前，把每片的西瓜尖头都咬了一口，爸爸只轻描淡写地说了一句"你怎么可以这样的，人家都要吃的啊"，就再也没有下文了。我悄悄跟我那位同学说："恕我直言，你得抓紧培养孩子的礼仪规范了。12岁前不把规矩做好，会影响他一辈子，'有规有矩'才是真的爱孩子呢。"

　　我也碰到过匪夷所思的案例。一天下午一位父亲来向我求助，说："潘校长，你无论如何帮我管管我儿子，他越来越无法无天了！"我把他儿子从球场上请来我办公室，没想到他见到父亲压根儿没有一丁点长幼有序的感觉。聊了几句后，他就说："不要在这里讲了，阿潘也很忙的。"过了十多分钟，父亲回来在我面前号啕大哭，说："潘校长，你知道他刚才跟我说了什么？他居然说：'不要再来给我讲道理了。我们到法院去，脱离父子关系！'"后来，我了解到他们家里条件优渥，只有这一个独苗，所以从小他要什么给什么，在家里他就是"小皇帝"。小学的时候，老师稍加管理，爸爸妈妈、爷爷奶奶就给他找各种理由，有时候还和老师吵架。渐渐地这个男生变得肆无忌惮，没有任何的约束。正可谓"好孩子是管出来的，熊孩子是惯出来的"，小洞不补容易大洞吃苦。

　　从这些我看到和亲身体验的事例中，不难看出，父母和老师需要像《西游记》一样，给我们的孩子画一个圈，在这个圈内给孩子充分的自由，但是突破这个"圈"，就是突破了边界，违反了底线，就要念一念"紧箍咒"加以约束。这个"紧箍咒"就是"有规有矩"。

　　怎样做到有规有矩？我主张坚持"做规矩三原则"：

　　一是全家人要统一思想，一起做规矩，一起舍得做规矩。一个人在做规矩的时候，其他家庭成员不能给孩子帮腔。很多时候，规矩做不成功的原因就在于妈妈做规矩的时候爷爷去帮了，爸爸在骂的时候外婆去管了。

二是家里要有一位有权威的、在孩子面前能说一不二的长辈。三是孩子上学后，需要和老师结成统一战线，不给孩子任何"钻空子"的地方。

具体来说，可以用"做规矩三步法"：

第一步，把规矩具体化。列出哪些是没有商量余地必须做到的，哪些是"高压线"绝对不能触碰的。内容切勿泛泛而谈，而要根据孩子特点，细化可操作。

第二步，和孩子有约定。即时的、较小的事可以口头约定，持续的、较大的规则不妨开个家庭会或者班会，在共同商量的基础上，"民主集中制"形成协议，一式两份或三份，共同签字。

第三步，执行时可视化。有约定还要有监督，监督了还要有反馈，根据实际执行情况给予相应的奖励和惩罚。

例如针对手机管理这一难题，可以使用"机·动记载表"。从"手机存放专用抽屉"拿出来开始玩时开始计时，玩了几分钟登记在记载表上。女儿读初一时，为了联系方便我给了她一只旧手机，并说好只能放在寝室不能拿到教室，结果她还是没能做到，被老师发现课间在走廊上玩手机，为此我把手机收回了。没想到到了初三，她竟用爷爷给的压岁钱偷偷去买了手机，我十分严厉地教训了她一顿，进而签订了一份承诺书：女儿承诺到高中毕业不再买手机，我承诺高考结束的那天，与她一起去买她最喜欢的手机。

"有规有矩"不是大道理，而是一套通过细微处入手让孩子形成规矩意识、付诸行动的规则。我在学校的大会小会上经常强调对长辈一定要孝和敬，绝对不允许对长辈直呼其名；吃饭时按照我们中国的传统文化，让长辈先动筷；大年三十晚上，倒一杯饮料，规规矩矩走到长辈面前，眼看长辈、声音响亮地说感谢和祝福……我们制定了《优秀公益人修炼秘籍》，对孩子可触摸到的各个细节提出了明确的标准，如上下楼梯时，我把左半边留给您；跟他人交流的时候，眼睛要看着对方；敲门时，需要由轻到重等。我们成立了道德评判团、卫生监察团，形成"人人管我，我管人人"的工作机制。孩子既是被管理者，也是管理者，宽严相济，该管则管，及时严格，以让规矩真正落地进而内化为孩子的良好习惯和优秀品德。

人是情感动物，随着年龄的增长，孩子的自主意识越来越强，越来越想独立，越来越不想受规则的制约。所以父母和老师如果说"不准"，他往往会"偏不"，一味强化父母和老师的权威，往往会适得其反。所以，需要我们"有规有矩做基础，有情有义促内化"。

"有情有义"体现父母和老师要做好"骑象人"。人的内心一半像一头桀骜不驯的"大象"，另一半则是理性的"骑象人"。人的脑子里有管情绪的杏仁核（像汽车的油门）和管理性的前额叶（像汽车的刹车），前额叶一般在18~25岁才会发育完整，所以当孩子情绪爆发时，父母和老师千万不能跟孩子"一般见识"，不能跟孩子硬拼、硬干、硬斗，否则，败下阵来的往往是我们。

孩子发脾气时，父母、老师马上闭上嘴巴不说话，笑眯眯看着他，直至看得他不太好意思，因为你始终是脸带微笑，他会感觉到是安全的，感觉到在父母和老师这边是能够得到包容的，这"有情有义"是一种带给孩子的最大的接纳，这种爱，孩子是能够体会得到的。

当然父母、老师有情绪也很正常。可以表达自己的情绪，如说"看到你又超过了手机使用的时间，我真的很不开心"；但尽最大可能不带着情绪说话，避免一着急就大发雷霆。实在生气的时候，可以运用"一离开现场，二做深呼吸，三洗把冷水脸或喝杯热开水"等方式调整情绪。

当孩子犯错误的时候，我们多用一点"三明治"的方法——表扬+批评+指导。先夸一夸，然后指出他的问题，再告诉他改正的措施。用这样的方法，孩子会感受到他自己被肯定、被尊重，就愿意跟你畅所欲言，愿意接受你的观点。

当孩子的成绩不尽如人意时，我们可先请他叙述这次只考了56分的情况，再听听孩子的看法，然后一起来商量接下去的弥补措施。

怎样的教育是成功？既要"无条件地爱"也要"有原则地做"，就像心理学家温尼科特所说的："孩子必须确认自己可以随时回家,才可以安心地向前发展。""无条件地爱"就是"有情有义"，让孩子感受到家和学校是安全、温馨的地方。但是我们又要"有原则地做"，让孩子领略到"有规有矩"，不争斗，但也不让步，教育才能成功。

好的关系>对的言行

三十多年老爸、四十多年老师的经历让我深刻体会到：成为好父亲、好教师的密码就是好关系，关系是最大的教育生产力。否则，大人们自以为很有道理的话，孩子听不进；自认为很合适的事，孩子不去做。有时父母、老师越"关心"，孩子就越不开心，教育也就越容易事与愿违。

一个周五早晨，我照例站在校门口迎接孩子们上学。孩子们热情地跟我打招呼，"阿潘，早上好""阿潘，你好帅"。我看到初二徐同学迎面走来，就把他叫到身旁说："昨天的'阿潘杯'篮球赛你表现很精彩，灵活的运球、帅气的投篮动作，征服了现场好多同学。你什么时候也能教教我呢？"他露出了腼腆而又自豪的笑容。然后我在他耳边轻声地说："你的头发是不是太长了一点？把眼睛、耳朵遮住了，周末去改变一下？"他听完挠挠头，有点不好意思又带点豪爽地说："阿潘，下周一我会亮出让您满意的发型！"

在我即将转头走回办公室的时候，一位爸爸快步走上前，握着我的手说："阿潘校长，我真的很羡慕您。我刚才一直在边上观察您和学生的互动，学生们居然这么听您话。能不能抽空跟我儿子聊一聊，我真的是拿他没办法了。就拿理发来讲，我好几次提醒他了，但他压根不听，每天看着他不精神的样子就有点糟心。我现在都不太爱说他了，因为越说他越不听，我有点知所措了。"跟这位爸爸简单地进行了交谈，我了解到他是高校教授，凭借自己努力从一所小县城考进了名校。他父母从小对他严格管教，习惯于居高临下地发号施令，拥有绝对的权威。受到父母教育方式的影响，他信奉"严父出慈子"，望子成龙心切，在儿子身上花了大量时间、精力，没想到儿子根本不买账。

当天放学后，我找来了这位学生，跟他唠唠嗑，"你最要好的同学是谁呢？""你喜欢哪位老师？""平常爸爸妈妈多久陪你外出走走或爬一次山呢？"……他略带无奈地对我说："阿潘，比起回家，我更愿意天天待在学校里，我很讨厌放假，不喜欢跟爸爸妈妈讲话。"看起来正值青春期的他确实有点倔强。我笑眯眯地问道："你不喜欢爸爸妈妈的原因具体是什么呢？能不能跟我讲讲，看看我是不是能为你出出主意。"他终于说

让孩子听话的秘诀：专心倾听读懂孩子，平等交流信任孩子

出了心声："第一个原因是，父母整天为我操心这操心那，开口闭口都是'我们这样做都是为了你好'，总是埋怨我不理解他们的良苦用心。我知道他们的出发点是好的，但这些话需要每天挂在嘴边讲吗？他们只会对我讲道理，喋喋不休，几乎不给我说话解释的机会。第二个原因是，他们经常因为一些鸡毛蒜皮的小事而吵架，一吵就非得争出个你清我白。之前都是我出面做和事佬，现在我懒得管了。"

难怪他爸爸说"越说越不听"，问题的根源在于家庭关系不和谐，家这个最需"多讲情少讲理"的地方成了讲理争论的公堂，孩子缺少了亲情的润泽，感受不到相互的理解、尊重和支持。

我在"开学第一课"等各种场合反复告诉学生，这世界上有两类人的话一定要听——一是父母，父母始终不求孩子回报，全心全意奉献，永远是最爱孩子、最愿意帮助孩子的人。二是老师，几乎所有老师都巴不得把自己知道的所有知识都教给学生，希望学生比自己更优秀。

我也多次在家长、教师论坛中阐明自己的观点：关系是最大的教育生产力。关系融洽的话，父母、老师说的话就具有号召力，孩子愿意按照父母、老师的要求去执行；关系不畅的话，孩子就听不进父母、老师的话，也不愿按照父母、老师的要求去做。

怎样和孩子建立好关系？其一，建立好关系的信念是彼此成全，相互关爱。在良性的亲子关系中，父母关爱孩子不是一种单向的付出，父母教导孩子不是一种单向的输出，孩子的到来和成长也是对父母的成全。其二，建立好关系的核心是平等尊重，相互信任。捷克教育学家夸美纽斯说过："应当像尊重上帝一样尊重孩子。"其三，建立好关系的策略是站在孩子立场，方法走心。站在他人角度思考问题，是我一直倡导的，父母也应站在孩子的立场，急孩子之所急，想孩子之所想，用合情合理、仔细思量的方法教育孩子。

在建立好关系的过程中，父母需扮演好四个角色：

做知心的同行者

所谓"同行"，便是父母、老师与孩子朝着同一个方向前行。"知是行之始"，父母、老师在开展教育活动前要先了解孩子需要什么，了解当代孩子的身心发展规律，不要以成人化的思维考虑孩子的问题，不要把自己的意愿强加给孩子。为了达到彼此亲密和谐的程度，父母、老师有必要让孩子知道自己的真实想法，可以毫无保留地把自己对某件事情的态度、看法等分享给孩子。

当初自己跟着女儿来到了公益中学，我是她老爸的同时也成为她的校长。或许正是她与我的特殊关系，给她带来了有形和无形的负担。一些老师会有意无意地说："你是校长的女儿，你应该表现得更加优秀。"期末评优评先时总会传来质疑的声音："她是校长的女儿，她不就是依靠这关系才评上吗？"她做一些事情搞砸了的时候，有些人会不怀好意地说："你是不是以为自己爸爸是校长，你就可以不受批评了？"我当然清楚背后会有不少人议论，于是我时不时会抽出时间跟女儿促膝长谈，了解她内心的不愉快和压抑，照顾并疏导她的情绪。

我总是站在女儿的立场考虑她的心理感受，预判她的想法，"如果我是女儿，我会怎么想、怎么做"。我会设身处地，告诉她如何应对别人有意无意的批评，面对关于评优评先的质疑该如何调整心态。女儿读高二时，考虑不好到底选文科还是理科，一度很纠结。她觉得既然考入了学军中学，读文科会很没面子；我作为她的爸爸，自然了解她的个人特质、兴趣爱好，经过综合分析，我认为她适合读文科。我们父女俩产生了不小的分歧。选文科还是理科毕竟事关重大，我们决定坐下来好好商量。

我先请她谈了谈自己的想法，她觉得身边同学选理科居多，而且她愿意钻研数理化题目。我耐心听完她的陈述，也真心地表达我的设想，始终没有用"你必须""你应该"之类的话把我的观念强加给她。谈到最后，我俩达成了共识：选文科还是理科事关未来就业，是职业生涯规划的重要环节，应该多听听别人的意见。我让女儿填写了北师大研发的生涯规划心理测评表，结果显示她擅长的领域如文学、哲学、传媒等，几乎都是文科。我也请来了大学招生办老师，对她做一次全面客观的评估，为她选科出谋划策。最终，她觉得自己比较适合读文科，我和她的谈话取得了预期的效果。

我与女儿始终进行着双向的对话。除了聊聊学校里发生的事情，我还常常跟女儿谈论家庭事务，比如问问她房间装修用什么材料的地板、选什么品牌的家具，让她时刻感觉到自己是家庭中不可或缺的一员。有时我会主动请教女儿工作上的一些事情，比如询问她新生代孩子追捧的偶像明星、流行的网络热词，她会把知道的信息毫不吝啬地告诉我。

在女儿的帮助下，我和学生之间几乎不存在明显的代沟，更容易和他们打成一片。如果学校工作和孩子的事情在时间上有冲突，我会尽可能地调整工作安排，例如她大学毕业典礼恰好是周五，我就和校行政班子商量把周五上午的行政例会提前到了周四放学后。这样，尽量兼顾好"小我""大我"，让她感受到我们互相是对方的依靠，给足她被重视和关爱的幸福感。

做专心的倾听者

女儿上了初中后，我越来越感受到，她愿意跟父母聊天是一件特别珍贵的事情，有时甚至成了一种奢侈。无论多忙，跟女儿聊天时，我一定会放下手中的工作，全神贯注地听她讲话，时不时用眼神与她互动，让她感受到自己是被尊重的。哪怕她生气哭闹，我也会耐心地坐在一旁等她平复情绪，听她最真实的想法。

很多家长说自己平常工作太忙，没时间静下心来和孩子聊天。其实不然，在我看来，孩子上学、放学坐车的那二三十分钟，便是亲子对话的黄金时间。在这个虽狭小但私密性极好的"聊天吧"里，孩子可以不受拘束地分享自己一天的喜怒哀乐。"聊天吧"见证了我和女儿数不清的对话：

讲到开心的事情，她会高兴得手舞足蹈；如果遇到了烦心事，她便低垂着脑袋，一言不发，我可以及时地捕捉到她的消极情绪。另外，我每周末都会花30~40分钟跟女儿单独聊天，每个月都会举行一次家庭会议，我们充分利用family time（家庭时光）同孩子深入交谈，这促成了我们彼此的心意相通。

我一直坚持用很朴素但有实效的方法——写亲笔信与女儿交流，借此跟她说说心里话。书来信往是一种平等而又私密的交流方式，用无声的文字传递丰富的情感，有时比直接的言语交流能产生更好的教育效果。

做暖心的服务者

俗话说，"若要好，大作小"，如果父母、老师能适当放低自己的姿态，让孩子感受到双方是平等的，可能彼此关系会更加融洽。青春期初中生有着强烈的自主意识，我们不妨让他们当一回"总裁"，满足他们"我的地盘我做主"的心愿，我们则做"总裁助理"，及时地回应他们提出的请求。只要孩子们的诉求是合理的，只要当前客观条件允许，我一定全力帮助他们实现。

我女儿不喜欢早上被突然的闹铃声吵醒，但又担心上学迟到，于是我发明了"三遍敲门法"：第一遍敲门共三声，比较缓慢，目的是把女儿叫醒；第二遍敲门共两声，节奏稍快，力道稍大，防止女儿又睡过去；要是第三遍敲门前还没起床，我就会提高音量喊："再不起来就迟到咯。"高中三年，我坚持做好她的"专职驾驶员"：每天早上7：10前把女儿送到文三西路188号学军中学，每天晚上9：10前到学军门口等她晚自修下课。晚上把女儿接回家中就问"black or green"（来杯红茶还是绿茶），在给她泡上一杯热腾腾的茶后，做上一大盘水果拼盘，这成了我每晚的"必修课"。

做开心的陪玩者

良好的关系往往是在轻松愉快的氛围中形成的，同孩子打成一片、玩在一块，那么感情就会越来越深厚，关系就会越发牢固。

研究表明，阳光照耀能改善人的情绪状态。"公园20分钟效应"告诉我们，晴朗的日子在公园待上20分钟，即使不做任何体育运动，也能明显改善人的精气神。因此，每周末，我都会安排两小时的亲子活动，和女儿一起爬爬山、打打羽毛球等，从中找到自己和女儿共同的兴趣爱好，常常玩得不亦乐乎。

鲁迅先生曾经说过："父母亲存在的意义，不是给予孩子舒服富裕的生活，而是当你想到父母时，内心会充满力量，感受到温暖。"如今孩子们生活在"后物质时代"，不再仅仅追求物质的满足，而是更加注重精神的满足。父母在照顾孩子衣食起居的同时，要尽可能多地为孩子提供精神支持，时不时观察孩子的嘴角是否往上扬，判断其情绪，通过一起开心活动，助力其情感发育和心理成长。

收获喜欢，乐分享入"柔美境界"

走近家长，分享"懂为先"的育儿经验

我喜欢跟学生家长聊天，无论是正式场合，还是非正式的场合，特别乐意与家长探讨"把孩子培养成什么样才算成功""什么路子可以'一路绿灯'赢得孩子喜欢，什么方法是'此路不通'会遭到孩子反对"。近年来，我不但通过浙江电视台、杭州电视台，浙江省教育厅、浙江省家庭教育指导中心视频直播，也在杭州、宁波、嘉兴、绍兴、湖州、丽水等地线下开课，为全省各地的家长做家庭教育指导，而且为上海、青岛、鄂尔多斯等全国各地的家长做家庭教育讲座。

现在许多父母存在"三高"现象，高期待带来高焦虑，高焦虑产生高维权。以"别人家的孩子"为标准，对自己的孩子提出过高要求，想不明白为什么孩子衣食无忧，还这么不懂事；遇到问题缺乏有效针对性办法，出现担忧又无奈，并把紧张、焦虑、压抑的情绪传递给孩子的情况；竭尽全力在孩子面前维护自己的权威，动不动在老师面前通过不合适的途径维护自己家孩子的权利，常常陷入"双输"的被动僵局，严重影响孩子的思想、身心、学业的良性健康发展。孩子思想、学业、心理出现的许多问题

源于父母育儿理念和方式方法的缺失。

我一直跟家长说"无懂不育"，有效育儿的本质在于读懂并回应孩子真实合理的需求，不懂孩子就谈不上培养孩子。父母和孩子分属成人和儿童两个世界，打开心结才能消除隔阂，根本在"懂你"。其实，相较于父母，孩子更懂父母。许多时候反而是父母不那么懂孩子，导致孩子内心很痛苦，轻则对父母冷漠疏离，重则离家出走，甚至出现谁也不愿意看到的结果。例如有家长无视孩子的隐私，在孩子房间里装上了监控，孩子发现后患上了严重的抑郁症，与家长彻底决裂，因此，父母需要少一点对孩子的掌控欲，多顾及孩子真实的需求，真正把孩子当作VIP，促进孩子从内心认同并自觉接受父母的观点和做法。

懂在先，做在后。我总结了读懂并回应孩子需求的"七字七心七大招"——玩得开心、听得专心、谈得舒心、帮得细心、管得走心、容得耐心、融得齐心，用实实在在的行动做懂孩子的事，让孩子感受到父母的真爱。

第一招是"玩得开心"。父母和孩子一起玩，和孩子培养一两项共同感兴趣的运动类爱好，并且要腾出一起玩的时间。在孩子学业还没那么紧张的时候，最好每天有15到30分钟的户外玩耍时间，周末和节假日每天有一个小时以上的户外时间。父母还要放下身段玩，善于把自己变成孩子，以童心来唤醒孩子的天性。因为玩是孩子的天性，是情感发育的基地，也是必需品，一起玩得尽兴了，关系就会和谐起来。"亲而近，近生情"，当父母和孩子有了充分的亲子时间和活动后，"懂孩子"就水到渠成了。

第二招是"听得专心"。孩子跟父母说话时，父母要放下手中的活，无干扰地倾听。如果漫不经心地听，孩子会敏感地捕捉到父母随意的态度，会失去向你吐露心声的欲望，也就很难真正读懂孩子的内心。要和孩子有眼神交流，让孩子感受到父母和自己在同频共振，聊天的时候父母可适当引导但不轻易打断，让孩子感受到被父母尊重和信任。很大程度上，孩子不听话，是父母不愿意好好听孩子说话。

父母要善于从言语中读出孩子的潜台词，比如孩子婴儿时期不会说话，通过歇斯底里的哭泣来表达需求；儿童时期到商场想买玩具，如果父母不给买就会闹，用打滚等方式表达自己；进入青春期则用"怼""无语"等方式表达情绪和需求。父母可以从表情、动作觉察他的内心戏，还可以通过书信往来、作业等，了解孩子的真需求和真感受。在倾听过程中，还要少一点居高临下的追问。比如为什么这次只考了这么一点分数？为什么你会去动手打人？追问可能导致孩子不断地找原因、找借口，甚至编谎话，并且感受到父母并不信任他、尊重他。

第三招是"谈得舒心"。许多父母跟孩子聊天时，没有把自己和孩子放在平等的位置上，只是单方面地说（tell），而不是谈话（talk）。从tell变成talk，要选择合适的聊天时间。父母在周末需要和孩子有半个小时到一个小时聊天，工作日则能保证每天有5到10分钟的聊天，出差时可通过视频通话的方式。接送孩子上下学的路途中就是很好的聊天时机，如果是开车接送孩子的话，汽车里是很好的聊天场所。

最好一个月开一次家庭会。家庭会议也要有仪式感，比如可以买点孩子喜欢的水果、小零食，条件允许的话可以一起出去吃个饭，边吃边聊。其次和孩子聊天的时候，不妨尝试这样说："老师刚才发短信来了，我看到你的这次单元测试43分（客观讲述事实）。我看到这样的成绩，非常担心，也很纳闷（描述自己的感受）。你觉得接下来爸爸妈妈可以帮助你做点什么来帮你克服这个难题（共商解决的办法）？"

除了用讲话的方式，到了小学高段以后，我们还可以用写信的方式和孩子谈，注意要有来有往。"饭桌上的聊天"是亲子沟通的重要方式之一，这时候家长要避免批评孩子，尽量不谈学习，可以和孩子谈天说地，只要是孩子愿意聊的话题都可以说。

"谈得舒心"的关键在于身份上的平等，让孩子多说。始终记得：

"不在于父母说了多少，而在于孩子听进去了几句。"

第四招是"帮得细心"。一是帮孩子营造一个物理"学习六件套场"。父母和孩子一起挑选孩子喜欢的学习专用桌子、椅子、台灯、闹钟、清单夹、五层书架。

不管是学习上、生活上，还是人际交往方面，只要是孩子有需要父母帮助的地方，一定及时、有效地帮助到位。当然，父母要把握好帮孩子的度，把握一个原则，那就是"不求不助，有求必帮"。

第五招是"管得走心"。管孩子的时候要注意"柔中有刚"，把握好边界感。还可以用目标来引领孩子成长，在管理的过程中不断给孩子点赞，和孩子一起做一面"优势墙"，让孩子觉得自己有能力去实现目标。

在帮助孩子分析学习成绩时可以用"比值法"，即孩子的分数做分子，班级或者年级的第一名做分母（也可用班级或者年级的前三名或前五名的平均值做分母），得出的商就是孩子的"比值"。只要孩子的"比值"在增大，他就在进步。以避免简单粗暴地用名次评价孩子的学习状态。

第六招是"容得耐心"。犯错是孩子成长的必需品，当父母面对孩子的错误时，父母尽最大可能温和地指出问题，妥协地商量问题解决的方法。遇到孩子比较暴躁的时候，家长要学会"以冷制热，以静制动"。

第七招是"融得齐心"。一家人只有心往一处想，劲往一处使，孩子才不会钻空子，所以家庭成员在管教孩子的问题上一定要达成共识，夫妻尽量避免在孩子面前争吵，营造和谐温暖的家庭氛围，全家人步调一致。

老师是父母培养孩子最重要的合作伙伴。父母在心理上发自内心地尊重信任老师，时时处处维护老师的威信，对老师好就是对孩子好。一旦得到老师表扬，就要借用老师的话多多鼓励孩子。孩子就会觉得老师对自己这么好，他教的科目学不好就难为情了。父母也要传递好孩子对老师的赞美，这样就形成了一个良性"点赞循环圈"。

德国哲学家莱布尼茨说过："世界上没有两片相同的树叶。"培养孩子没有固定的模式，不同的家庭、不同的孩子要采用不同的方式。

　　内向型的孩子往往喜静，人多的时候会更多地消耗他的能量。家长应适当给他自主选择的空间，遇到亮点就拼命表扬，让孩子感受到自己被认同。不对他讲太多大道理，否则容易思虑过多从而焦虑甚至抑郁。外向型的孩子则"人来疯"，人越多他越开心，家长可以鼓励孩子参与各种各样的活动，让孩子在人多的场合找到自我存在感，培养他的内驱力。

　　"公平"是让二孩家庭头疼的问题。大宝原来是父母的唯一，独享全家的宠爱。有了二宝后，他仍旧会认为"所有东西都应该是我的"，就易产生矛盾。要避免总是对大宝说"你是老大，要让着弟弟妹妹"，要和所有孩子说清游戏规则。当两个孩子有了争执或矛盾时，父母把"判官"的位置让出来，让孩子自己根据规则协商谁对谁错。遇到大宝和二宝争宠时，可以用"石头剪刀布"来决定妈妈先抱谁。如果两个孩子争执不下，妈妈索性做到谁也不抱，慢慢地争宠的情况会得到缓解。父母要有公平的意识，但又不要过于"一碗水端平"，多维护老大的权威和荣誉感，既要让他感觉到"我是先出生的，我在家里有一定的话语权"，也要"权责一致"，让他参与照顾二宝，学会自觉爱护弟弟妹妹，形成"兄友弟恭"的良性循环。

　　现在很多家长工作生活压力大，免不了会有老人帮忙带孩子的情况，这就产生了一系列隔代教育的问题。人们常说"隔代亲"，祖辈对孙辈会格外疼爱，甚至有时会失去分寸，完全满足孩子的需求，甚至祖辈会变成孙辈的"提款机"。祖辈是重要的带娃力量，但要避免这股力量变成"负能量"。全家人可以平和商量，达成"不溺爱孩子，舍得对孩子说'不'，是对孩子和家庭最大的负责"的共识，并一起学习、探讨符合自己家孩子特点的新育儿观念、方式方法，避免经验主义，因为老经验难以适应当代孩子思想和心理发展的需要。

走近老师，传授"柔为上"的育人秘籍

教育自有其规律，需坚守育人的本质；教育面临新时代，需顺应育新人的变化。一路走来，领导和同事对我比较一致的评价是"实干、好学、爱思考"。我坚持每次教师会上向老师汇报自己的所学、所思，与老师们"与时俱进识形势"，站在时代的前沿解读教育的发展方向；和老师们"因势利导促成长"，立足工作的实际提升自身的素养。

2023学年，我围绕"优化思维"的主题，做了18个校本研修讲座，如《师能提升：从改变自己的思维方式开始》《情绪价值：教师开心教书的核心能力》《"柔"为上，从说对方听得进的话开始》《交付思维：教师靠谱成长的导航仪》《思维决定成长：自我增值有灯塔有航道》等。

一花独放不是春，万紫千红春满园。如今的校长、老师正在经历教育学从"认知教育"到"情感教育"转向的大背景，面临诸多相似的教育问题，我坚信一群人可以走得更远，多交流才能开阔思路、增长智慧。最近几年，我应邀为31个省、市的书记、校长、中层干部、教师、班主任等，做"怎样以亲情做学生喜欢的好老师、办学生喜欢的好学校"等方面的讲座，传播"育人先育己，刚柔并济柔为上；学生为中心，双向奔赴共成长"的理念和方法，与同仁共同研讨如何适应教育新变化，怎样应对教育新问题。

每次讲座开始，我都展示一组反映近期校园师生生活的照片，启发同仁思考和讨论：学校是一个什么样的地方？回答往往五花八门，而我的观点是"学校是个大家庭"：孩子读书时乐呵呵地来，在学校待得住；孩子毕业后还心心念念，一有空就回校来看看；是一个读书时孩子依恋，毕业后孩子留恋的地方。紧接着，我会问老师是一个什么样的角色？每个人也都有心中的标准。我的回答是"师欢喜，生喜欢"：老师自己拥有一颗欢喜的心，发自内心喜欢学生；赢得学生真心喜欢，享受当老师的乐趣。

学生给我的画像里，展现的是我的教育理想

之所以把这两个问题作为打开与同仁交流探讨的话题，一是因为这是办学校、当老师必须思考的两个原点问题。学校、老师的出发点和归宿都是学生，学校里有学生喜欢的老师、同学、活动、饮食，学生就愿意来，否则就失去了学校、老师存在的意义。二是因为一直以来，每每谈到教育改进，大都围绕如何提高教育的技能技巧展开，较少讨论怎样通过改善师生关系促进学生内驱力的提高。在我看来，亲情是最有效的教育资源，"喜欢"是当老师的底层逻辑。三是因为我们面对的是新时代的学生，他们依然可爱、有爱，但又感到无奈、无助，更有前所未有的迷茫和迷失感，特别渴望情绪价值。在AI时代，很难被人工智能替代的是师生情感传递带来的教育力量。

I have a dream（我有一个梦想）：当一位学生喜欢的好老师，办一所学生喜欢的好学校。无论在革命老区薄弱初中，还是在省城品牌初中，不管遇到什么样的学生，我始终坚持建立"发自内心喜欢学生—学生喜欢我—学生喜欢我教的学科—我更加喜欢学生—学生更加喜欢我"的循环，和学生建立良好的互动关系，以此激发他们的学习内驱力。

四十多年过去了，The dream comes true（梦想成真），我们已形成"师欢喜——生喜欢"的重关系的亲情理念、育全人的亲情目标、融生活的亲情路径、促成长的亲情课程和富温情的亲情文化。

从临安白牛中学教第一届学生开始，我就把学生当作自己的弟弟妹妹；在临安锦城二中当校长的时候，我提出了"刚柔并济柔为上，奋发有为争一流"的工作策略和奋斗目标，与全体老师共勉。

怎样做才叫"柔为上"呢？"柔为上"强调以柔和、真诚的心态去喜欢和关爱我们的学生、同事以及我们所从事的教育工作，用亲情来拨动彼此的心弦，构建感情深厚、内心相融的关系。"柔为上"需要老师走近学生，走进学生，察觉学生情绪，less lecturing, more understanding（少说教，多共情）。"柔为上"需要老师问计于生，基于学生需求说话做事。老师如果觉得自己的控场经验不足，可以"三四分刚，六七分柔"；如果自己有了收放自如的能力，则做到"两三分刚，七八分柔"。

我越来越深刻地体会到，师生情感关系是任何教科书、道德箴言或奖惩制度都不能代替的教育力量。讲座中，我都会与同仁们分享我的成长路上的三段故事——在父母影响下开始当老师、在1992届学生影响下开始当校长、在女儿影响下开始做亲情教育。会和同仁们分享三段故事给我的启示，呈现师生情谊在我与学生亲人般的交往中散发出无穷的教育魅力。

家是什么？清末教育家王凤仪先生有四句话："夫妻不讲理，讲理气死你。夫妻要讲情，讲情互相疼。"充分说明家是一个需要讲情、讲爱的地方。社会情感能力是新时代教师关键软实力，未来教师首先应是读懂学生的分析师，陶冶情感的咨询师。学校有了情，有了爱，就是有了教育的内核，有了教育的灵魂和根本。在"亲人般"的校园中，师生如父子，同学如手足，学校如家庭，老师、学生、家长共建和谐温馨的学校大家庭，在这个大家庭中，老师开心教书，孩子快乐学习，家长阳光育儿。只要有机会，我就会把这些理念"灌输"给老师，因为家的温暖需要他们来营造。

我经常跟同仁讲，教育不是说出来的，而是用情感化出来的。老师要有工作上的激情、才情，要有对学生的真情、对家长的热情、对同事的温情。"五情并举"，形成一个温馨的"情感场"，从而促进亲情的相互传递、流转。

我认为，温馨的情感场的发生机理是，亲而近—近生情—情立德—情促智—情育人。温馨的情感场可以通过吃得爽、玩得嗨、聊得畅、学得乐、做得实、评得妙六大行动来打造。情感培育需要师生家长共同参与、体验，需要融进这些踏踏实实的行动之中，需要融入每一个教育教学环节的细节中，从开学到放假，从初一到初三，一步步地去触动他们、感化他们，这就是教育的真谛。

秋游时，教学生爬树

吃得爽："我吃什么我来选，走心先走胃"。从人最基本的需求出发，始于"妈妈的味道"，又尽力超越妈妈的味道。如果孩子们上午上完课，到食堂一看，"哇，这些菜我都爱吃"，然后选了两荤两素，满足了味蕾又温暖了心，他们下午上课的积极性就高。

玩得嗨："我在玩时别催我，爱玩才会赢"。爱玩是人的天性，师生一起玩耍，有利于发展积极的情感。老师放下身段，自己成为"初中生"，以师者的童心释放学生的天性，玩成一片了，学生会觉得："不听老师的话，我都不好意思了"。卢梭说："最重要的教育原则是不要爱惜时间，要浪费时间。"让初中生像初中生，玩得开心，学得静心，是最好的教育状态。

聊得畅："我的心里话有处说，我的诉求有人回应"。学校以学生校长、学生班主任领衔，建立学生参与学校、班级管理的制度，搭建多元化表达心声的平台。运用老师、学生、家长间的亲笔信，实现每个人的心里话有处诉说，需求有人倾听、有人回应。老师们透过孩子们的回信，走进孩子们的内心，读懂他们的喜怒乐忧。书来信往，传递信息和真情，赢得信任和尊重。

学得乐："我读的书我来编，我编的书我爱读"。除了有情有趣又有效的"三有"公益亲情课堂，还有"我做的作业我参编"的校本作业，"我考的题目我来出"的测试卷子，以及"我读的书我来编"的校本教材。这样，把学生作为学习活动的主体，参与教学的全过程，从被动接受、应付，走向主动探究、思考，学生学习的能动性、创造性得到有效发挥，自然找到了"学并快乐着"的感觉，学习效能得以提升。

做得实："我有规矩来约束，我的情商能提高"。学校坚定"成功的教育=有规有矩+有情有义"的信念，以"哇，我成为相亲相爱公益人啦"等仪式感促进归属感，以《优秀公益人修炼秘籍》为规范标准，养成良好习惯；师生家长共做"站在他人角度说话做事的公益人"，不断提高情商；降低重心抓落实，讲究方法求实效，修炼优秀品行。

评得妙："事实说话我会服，花式评语我喜欢"。学校推出全国第一家"公益积分制"项目，建构求新入心的学生评价体系，制定"公益心，公益行"系列行动方案，确保"五育全面发展+特长个性发展的施行"。三十多位班主任各显神通，写出新颖别致，又贴合学生实际的"花式评语"："弹幕式"评语、"细胞"评语、"刮刮卡"评语、"表情包"评语、"觉醒年代"评语……每位孩子都是独一无二的，每一份评语都是不可复制的。在公益，班主任们每一学期末，都会用评语传递着爱与亲情。

育人先育己。我与同仁一起探讨了"柔为上，育自己"的三个关键和六个着力点。

第一个关键点：善心做人

着力点1：拥有好的心态和身体。一是做好心情。做事先做人，做人先做心情。做心情需要保持乐观大气、积极平和的心态。所谓"平和得欢喜，欢喜赢喜欢，激情促动力，热情出活力"就是如此。既要尽力做好能做的，也要乐观接受不能改变的，找到与他人关系和自己内心的平衡点，不挑剔、不埋怨、不指责。有属于自己的积极心理支持系统。有一两知己能分享、可倾诉和宣泄。二是保持好生活节奏。别熬夜、勤运动、注意饮食，保持身体健康。

着力点2：构建好关系。真心诚意待人，发自内心喜欢。以亲情拨动最柔软、最持久的情感，建立感情深厚、内心相容的关系。倾听学生的内心需求、筛选学生的合理需求、回应学生的真实需求，基于人性、符合天性、适合个性，发自内心地关怀、关心学生，引领学生感受关怀、学会关心。

第二个关键点：开心做事

着力点3：拥抱全新思维。我们要努力让教育教学活动有设计感，好看又艺术；有娱乐感，好玩又幽默；有意义感，方向清目标明；有故事力，会讲故事能写迷你小说；有想象力，会跨界思维能比喻转化；有共情力，会体会情绪能产生共鸣。这些可以不断提升"情绪价值"能力，既能照顾好自己的情绪，又给他人带来舒适的感受。

着力点4：靠谱地精进。我们要清晰知道目标，分辨出哪些是最重要的事情；善于内驱，知道自己为何而战；善于反省，能修正自己的错误，优化攻略；我们不是完人，但一定值得信任。说到做到，想到做到，精进不息，行稳致远，成为靠谱的教师。

第三个关键点：用心做学问

着力点5：无一日不读书。曾国藩语："人之气质，由于天生，本难改变，唯读书则可以变其气质。"读书是自我成长的捷径，日读10页书有活水，虽然读了会遗忘，但人生没有一本书是白读的，每一本都算数。每天、每年都盘点自测一下"我今天读了几页书""我今年读了几本书"，人也就在"页页""本本"中成长、成熟。

着力点6：无一日不写书。日记是写给自己的书，我们要把没写日记那天当作白活的一天。通过每天写日记，记录经历增阅历，丰富体验省自我，专业成长生点子，走向成熟炼涵养。改变自己，从养成每天写50个字日记的微习惯开始。

我常用这段话作为我讲座的结束语：

"当老师、任校长，我们不可能不忙。但我希望有人问您'忙不忙'的时候，您能用'这段时间，我确实很充实'来作答。不一样的表达方式，展示的是我们不同的心境。如此，我们以外在的充实、内心的丰富，津津有味当老师、乐呵呵做教育，就能顺应学生需求，走进学生内心；就能赢得孩子喜欢、家长放心、自己满意。顺着做，就会越做越顺，收获'有滋有味生活、有规有矩做事、有情有义相处、有声有色工作'带来的快乐和幸福！"

我用心用情地真诚交流，得到了同仁的认可和认同。2024年7月22日，泰山景区的郭建华老师听完我的讲座后说：

"潘老师讲座最大的亮点是特别接地气。他是真心诚意做教育，实实在在有方法。他'以柔为上'的理念特别打动我。"

走近社会，共品"善为美"的人生感悟

如今，我还会去一些事业单位、企业、高校做讲座，是因为想从学校走向社会，分享的同时，汲取更多他人的智慧，"跳出教育"走向更广阔的人生。

2022年12月6日，我应邀为西湖风景名胜区综合行政执法队做了《自己欢喜，他人喜欢》的讲座，以自己40多年工作的故事为例，分享我对成己惠人的感悟。

怎样让自己活在成长的欢喜中？我以三张图片开场，让听众思考、回答"我是谁？我从哪里来？我要到哪里去？"一下就引发了他们的兴趣，积极反思自己的过往、现在和未来，逐渐形成了共识："有意义的快乐"才能给我们带来幸福。我毫无保留地跟大家分享了自己经常使用的工作、生活工具：番茄钟工作法、ABC情绪调节法、精力管理金字塔等，一起学习了复盘法的具体操作方法。

我以自己的经历为例，简要复盘自己的心路历程，进而带着他们思考：我曾有过的"高光时刻"有哪些？在这些时刻中的"关键他人"有谁？每天睡前问一问："今天哪点做得棒，哪点有点小遗憾？"每到周六想一想："这周哪些可点赞？哪些可以更优化？"月底年底盘一盘："本月（年）亮点和经验是什么？下月（年）目标和举措有哪些？"我想告诉大家的就是，坚持复盘，做有意义的事，在不知不觉中，我们都能成为更

厉害的自己，这是让自己真正欢喜的秘诀。

怎样赢得他人的喜欢？我们一起观看了一个短片：一男子乘坐出租车，前车急刹车导致两车差点撞上，前车司机气冲冲地过来辱骂出租车司机，出租车司机却没有反驳。男子不解，为什么出租车司机能如此冷静又和善？出租车司机告诉他："有的人就像一辆垃圾车，他们带着烦躁、挫折等垃圾情绪到处走，等他们装满了或许就会倒在你身上。但是你要知道，你不必太过在意那些，你只需要微笑，然后过好自己的人生。"下车前，司机还送给男子一句话："10%的人生是上天注定的，剩下的90%是你自己谱写的。"

我选用这个故事是因为听众在日常工作中或多或少会遇到类似的情形。故事带给我们这样的启示：人一生中，不顺心的事情有很多，看不惯的人也有不少，很多事是争不明白的。很多人没必要和他辩论，因为你辩不赢的。愚者只争高低，智者以退为进。真正聪明的人，静而不争，淡然于心，从容于表，不深陷烂人烂事。反之，我们也千万不要让自己成为"垃圾车"，把不好的情绪散播给周围亲近的人，对身边的亲人、朋友、同事好一点，就是对自己好！

怎样看待自己所在的单位？也许很多人知道要对家人好，但不明白为什么要对单位里的同事好。在我看来，亲人是我们的依靠，单位是我们的后台，二者对我们的人生都很重要。《善待你所在的单位》一文告诉我们，单位是你和他人、和社会进行交换的桥梁，是你显示自己存在的舞台，是你美好家庭的后台。在单位要学会珍惜，一是珍惜工作，二是珍惜关系，三是珍惜已有的。因为单位离开谁都能运转，但你离不开单位，你要努力证明，你在单位很重要。

这其实就是让我们常怀感恩之心，常存仁善之念。阿潘在单位里，有一批批我爱的、爱我的学生。他们亲热地叫我"阿潘"，让我每天充满热情和激情。我把老师、学生也当作家人，对学校的一草一木饱含真情。把自己当孩子，做"长大了的儿童"。正是有这样的心态，让我一步步形成了"亲情教育"的思想体系和实践框架，带动公益大家庭里的教师开心教书、学生快乐学习、家长阳光育儿。我们一起做"有亲情的好教育"，成为"真性情的公益人"。

怎样实现双向奔赴？在引导大家了解做强自己、心存感恩、与人为善这些道理之后，我更希望能以自己的学习与生活体悟，分享一些实现自己与他人双向奔赴的路径。

第一条奔赴路径是在读书中读人，找到几位人生的引路人、好榜样。

专业成长路上需要引路人。我开始当老师时没有拜师父的条件，在反复研读儒家经典《论语》后，我悄悄地认了孔子为自己当老师的师父。我后来的"亲情教育""学并快乐着""分层教学"以及《嗨，孔夫子》等，根脉都在孔子的教育思想体系和教学行动系统中。孔子教会我怎样做到"师生如父子、快乐教学、因材施教、有教无类"。

心中有榜样，行动有方向。曾国藩是我做人做事做学问的导航仪。他从农家子弟，到直隶、两江总督，还带出了一批优秀的徒弟和子女，并不仅是靠聪明，而且凭着一股子韧劲。"天资拙，唯有恒破之。"他带湘军挽狂澜于既倒，扶大厦于将倾，是靠结硬寨打呆仗，忠信笃定，一步一个脚印走出来的。曾国藩教会我怎样自省、育儿带徒，打开格局增智慧。

2020年我读完了《杨绛全集》，又果断拜她为师。杨绛105年的人生岁月，历经曲折动荡，饱经岁月打磨，始终明媚从容、淡定优雅，如深谷幽兰、温婉如初，兼有柔润与刚强，身上不变的是知识分子的特有骨气。就如她自己所说："我们曾如此期盼外界的认可，到最后才知道，世界是自己的，与他人毫无关系。"杨绛教会我淡定、优雅、从容。

读完《道德经》，生活中很常见的水也成了我的老师。水至柔至大至谦，无形而有万形，无物而能容万物，润万物而无声，善利万物而不争，有博大的胸襟和气度，这与我们当老师做教育的初心高度契合。天下莫柔弱于水，而攻坚强者莫之能胜，以其无以易之，弱之胜强，柔之胜刚，水教会我形成"柔弱胜刚强"的管理风格。"柔弱胜刚强"成了我的座右铭。

我能走得比较顺畅的第二条路径是：恪守"工作是为自己干的同时为他人干"的信念。不管在什么岗位，无论待遇如何，永远不摆烂，坚决不躺平！正如作家吴军在《见识》一书中说："很多人成不了大气候，不是能力不行，机会不够，而是因为过早地选择了安逸，停止了奔跑。"

怎样实现能量借力？我以赵朴初先生的《宽心谣》作为我分享的尾声，这首歌谣充满智慧，揭示的是最质朴、真实的哲理：

> 日出东海落西山，愁也一天，喜也一天；
>
> 遇事不钻牛角尖，身也舒坦，心也舒坦；
>
> 每月领取养老钱，多也喜欢，少也喜欢；
>
> 少荤多素日三餐，粗也香甜，细也香甜；
>
> 新旧衣服不挑拣，好也御寒，赖也御寒；
>
> 常与知己聊聊天，古也谈谈，今也谈谈；
>
> 内孙外孙同样看，儿也心欢，女也心欢；
>
> 全家老少互慰勉，贫也相安，富也相安；
>
> 早晚操劳勤锻炼，忙也乐观，闲也乐观；
>
> 心宽体健养天年，不是神仙，胜似神仙。

讲座分享是一种知识与体悟的传递，也是自己成长的过程。我一直坚持以"善为美"为大方向，传递正能量，分享"自己喜欢、他人喜欢、成己惠人"的理念背后，是我在一次次社会性的分享中都坚持的三"底"原则：

一是与人为善，这是"底色"。

人与人之间最佳的关系是彼此成就，互为贵人，所以与人为善的人，永远被世界温柔以待。《道德经》有言："天道无亲，常与善人。"《周易》中有言："积善之家，必有余庆。"在人与人交往的过程当中，多从对方的角度来说话做事。有这样一种修养，人生就有了底色，说白了就是你好我好大家好，这就是"与人为善"这个概念。

2022年9月6日，我来到新东方做讲座。当时，新东方在发展过程当中遇到了一些瓶颈，需要提振员工的士气。我跟他们说，我个人非常佩服俞敏洪老师，我自己当老师、当校长的这些年，也是致力于"成人达己，彼此成就，双向奔赴"。就如季羡林先生在《读书与做人》中所说："你想走的路，有时候无论如何也走不上。你不想走的路，不知不觉之中，不管多少曲折，最终还是要跟上。"所以我们在工作生活中，要意识到有组织我们才有靠山，无平台的个体往往啥都不是，每个人都要少一点怨念，多一点善意，欣然做好能做的，坦然接受不能改变的，跟上了，一切都会越来越好！

同为教育人，我真心实意地希望我的体悟能给新东方的员工们一点启示，在不确定的时代，把眼前确定的事情做到位，把未来可能的情况想明白，经历磨难方成长，有情有义抱团胜！

二是做强自己，这是"底气"。

我们日常要面对着社会中各种各样的人和事，处于纷繁复杂的社会背景，我们需要始终如一地把自己的工作做好，虽然人与人之间可以彼此成就、互为贵人，但我们最大的贵人还是自己——对自己有合理的认知，能够接纳自己的优点和不足，不断提升自己，让自己多一些光亮。善良的人强大起来，才能更好地帮助他人。

2022年5月25日，我应邀来到浙江大学做讲座。能够考上浙大的学生，都是同龄人中的佼佼者，但大学不是终点，而是另一种人生起点，现在很多大学生存在"空心病"的情况，觉得人生毫无意义，对生活感到十分迷茫，不知道自己想要什么。于是，我分享了自己成长中的三段心路历程和故事，及从中悟到的人生思考。

始终保持向上的志向、昂扬的斗志；能看清楚前行的方向，动脑筋探寻问题解决的方法；紧紧依靠组织，善于借助身边人的正能量；富有激情和热情，坚持毫无怨言的踏实行动。我给了他们几个做强自己的小贴士：如少宅一点，多动一点；少怨一点，多和一点；少"单"一点，多"团"一点。我希望这些大一的孩子们能对自己的未来生涯有更清晰的规划，并且行动起来，去实现自己的理想，开启更广阔的人生天地。

三是永存感恩，这是"底线"。

善良的人是懂得珍惜、感恩、包容的。我一路走来，遇到了很多的贵人，比如抚育我的长辈、我学生时代的老师，教书以后遇到的关心我的领导、同事，和我一起成长的学生、家长等等，当然还有我的家人，以及在工作生活中遇到各种给予我帮助的人。如果一个人没有这样一种感恩珍惜的心，那就失去了人生的底线了。所以，善良的底线就是感恩。

2022年9月20日，我来到了浙江外国语学院，进行了题为《当老师真的很有味道》的分享。当时来听讲座的许多大学生，将来是要往教师这个职业发展的，我就和他们分享了我的教育理念和故事，学生就像我的弟弟妹妹，对他们，我心存感恩。正是他们，让我尝到了当老师的乐趣，给我埋下了发自内心喜欢孩子、善待孩子的种子。让我不管是当班主任，还是当校长，一走进校园，走到教室，走近学生，便充满激情，浑身上下有使不完的劲。

讲座结束时，我还给他们布置两项作业：一是"为自己写一份求职简历"，以终为始，让大学生活的每一天都过得有意思、有意义。二是给父母写一封亲笔信，守好善良的底线，永远心怀感恩。

2024年6月14日，我参加了浙江大学教育学院毕业典礼，与浙大2024届的本科、硕士、博士毕业生分享了三点感悟：越欢喜，越喜欢；越肯干，越能干；越感恩，越幸运。同时也送给毕业生三个"爱"：爱学习，一定不会矮；爱工作，一定不会老；爱自己，一定不会败。

写在最后

一个"情"字"亲"一生

再回首，我心生欢喜。

我欢喜，因而"我自己便是幸福，凡是遇见的我都喜欢"。

"再回首，背影已远走，再回首，泪眼蒙眬……再回首，相亲相爱，再回首，学并快乐，永远有亲情的公益伴你我……"2024年6月24日，我唱着《再回首》，登上报告厅舞台，以《亲情相伴，把自己活成一道闪亮的光》为题，为我带出的第33届毕业生上最后一课，讲述了我成长的真实故事，说了掏心窝子的六点感悟，并领着全体毕业生诵读泰戈尔的《用生命影响生命》。这首诗是送给孩子们的毕业礼物，也是送给自己从教43年、当校长30年的礼物。

再回首，情真意切

再回首，确实有太多的感触。这一路走来，绝不是一个简单的"不容易"能言说清楚的。细细品味，我领悟到了一个人生真谛，那便是：一个"情"字"亲"一生。

我在《去做孩子，去做孩子们喜欢的学校》一文中曾写道：

每天清晨，我总用一杯清茶的时间提醒自己："去做孩子，去做孩子们喜欢的事，去做孩子们喜欢的学校。"从教30多年，我一直把学生当作我的弟弟妹妹乃至亲生儿女，只有走在学校，穿梭在学生中间，我才会觉得心安。我与他们之间有一根"亲情"的线牵引着，让我总是不自觉地想为他们做些什么。

我愿意用心做好每一个细节。每届初一新生到校的第一天，我都会早早地守候在校门口，微笑着问候每一位孩子并与他们握手；每年寒假前夕，我都会亲手给每一位孩子写一张大大的"福"字，让他们把公益人的祝福带回家；每届初三学生的毕业典礼，我都会郑重地亲手把毕业证书交到每一位孩子手中，送上我真诚的祝愿……

再回首，我内心知足。这一路走来，我不仅成为了自己想要的模样，还在许多方面取得了超过自己预期的成绩。自己的学业成长、专业发展，女儿的培养、家庭的建设，学校的文化营造、品牌打造……这些年来，之所以能收获许许多多"没有想到，我会……"，我想或许是因为我心中始终坚守着这些难以言说的"感谢"。

感谢家人，滋润我成为一个重情之人

我有两个姐姐、一个弟弟，小时候一家六口的生计全靠父母进生产队挣工分维持。由于家里吃口多，劳力少，有时吃了上顿就没下顿，能够吃饱穿暖对全家人而言已是极大的物质享受。"吾少也贱，故多能鄙事。"我八岁开始干农活，拔猪草、上山砍柴、犁田插秧、纺纱织布，什么活都干过。虽然小时候家里物资匮乏，但全家人不离不弃，抱团取暖，靠着血浓于水的亲情，我们挺过了那段艰难岁月。从小比较艰苦的生活环境磨炼了我耐挫坚毅的品质，使我具备了不怕苦不怕累的精神，这也支撑着我日后从容应对高强度工作。在招生季的校园开放日，我一天要为探校的学生、家长做6场讲座，讲9个小时，第二天醒来发觉嗓子沙哑、腿脚酸痛。在身体允许的情况下，只要学校工作需要，哪怕奋战到凌晨一两点钟，我也绝不抱怨不推诿……

儿时最甜美的记忆是除夕夜全家人一起观看春节联欢晚会，中途妈妈给我们端来水果或者其他夜宵吃。最难忘的是我有时深夜回到家中，看到妈妈靠在沙发上，电视开着，而她已经处于半睡状态。我叫醒她，问道："老妈，您睡到床上去不是更舒服点吗？""我在看电视呢！再说你没回来，门不能上栅，我也睡不踏实啊！"不管我年龄多大，在妈妈眼里我永远是她的孩子，她心里始终装着对我的牵挂。爸爸妈妈相濡以沫的感情至今仍然滋养着我，使我成为一个重情重义的人。

感谢师长，为我的人生之路打下厚实的基础

读小学时，我的求学上进之路异常坎坷。庆幸的是，我在成长道路上遇到了许多爱学生、爱教育的好老师：上小学时，头发花白的启蒙老师姜老师，牙齿不全的潘老师；上初中时，教语文又教物理的邵老师、漂亮温柔的王老师；高中时，能讲一口流利普通话、还能把物理知识讲得头头是道的李老师……他们一次次点燃我学习知识的热情，他们的谆谆教诲化作我一辈子前行的动力，让我从临安的小山村勇敢地走向广袤天地。

后来，我完成了英语和汉语言文学两个大专、教育管理本科、学校领导学研究生课程，并参加了杭州市首期德育高级研修项目、杭州市首期学校心理辅导员培训、杭州市首期名校长培训、首期长三角教育家型校长培训等。求学路上一位又一位恩师引领我不断完善知识结构、持续优化思维方式，他们为我日后探索办学之道打下了厚实的基础。

感谢"贵人"，不断助益我走顺了成长之路

1997年，我被调到颊口中学当校长，当时教室不过是几间泥墙危房，存在较大的安全隐患，异地建造新校舍势在必行。镇党委政府倾尽所能，把颊口水泥厂转让所得的30万元作为启动资金，全镇百姓抱着对教育的满腔热情，将压在箱底的5元、10元积蓄都捐了出来……最终建起了总投资1000余万元的全省一流农村初中。我和社会各界齐心协力，有效推动了学校教学质量，跻身全市乡镇初中前两名。

2007年至今，公益中学从一所招生困难的学校变成了杭城第一梯队的优秀初中。在公益十七年办学过程中，我先是助力争取到了北区操场前的5000多平方米企业写字楼调整为教育教学空间，后又作为项目前期的负责人，参与完成了古墩路和莲花街交界处"炮台实验学校"（现育才外国语

学校）新建项目的定夺、设计等工作，终于实现了公益中学和育才外国语学校各自拥有了独立校园的梦想。2023年暑期，我们开启了校园物质文化建设，角角落落都进行了精心的布置与装饰，处处体现了浓浓的亲情味，校园真正成为了师生依恋的温馨家园，这大概是迄今为止自己完成得最满意的一件作品。

作为校长，把学校治理好固然需要自己的才能与努力，但如果没有领导的悉心关怀、同事的真心帮助、社会各界的全力支持，单凭我一己之力断然不可能完成这些学校建设工程，不可能造就学校的稳健、快速发展。

在湘湖师范读书那会儿，同学们聊未来想实现的愿望，我说自己的一个愿望是凭借实打实的工作业绩，若干年后评上个省级优秀教师之类的。当时大家听着各自的愿望只是开怀一笑，没想到若干年后自己真的实现了当初的愿望，还获得了其他许多优秀荣誉：临安首届十佳青年教师、杭州市首届教科研先进个人、杭州市首届十佳中小学校长、杭州市首届杰出教育工作者，浙江省中小学优秀青年教师、浙江省家庭教育先进个人、浙江省师德楷模，全国师德先进个人等。

这些年，我的专业能力逐步迈上更高台阶，相继获评特级教师、正高级教师。我依旧记得，2000年自己抱着试一试的心态，填了高级教师申请表，带着备课本、作业本，去萧山朝晖初中现场抽签、备课、上课并参加论文答辩。当时张学雅老师是其中一位评委，她问了我一个让我印象特别深刻的问题："潘老师，你今天课上得特别不错。你在论文中写到'英语课堂学生主体意识培养'，请你具体讲讲，你的这堂课是如何做到这一点的？"好在我前期投入了大量精力撰写这篇论文，对各部分内容相当熟悉，也在教育教学实践中获得了不少感悟，所以我稍作思考便自信从容地做出了回答。从各位评委的表情中，我隐隐约约感觉到，这次破格申请评高级教师有不少希望。最终我如愿以偿。

后来，原杭州市学军小学校长杨一青鼓励我去评特级教师，起初我婉言拒绝："一来学校正处于发展关键期，确实没有时间和精力；二来自己可能条件也不够。"但杨一青校长劝说道："阿潘，我看你各方面条件都挺优秀的。评上特级教师不光是个人专业发展的一大成就，也能提升公益中学的影响力呀。"于是，我再次抱着试一试的心态提交了特级教师的参评材料，现场答辩时我深入浅出地解读了个人提炼的英语教学法——"以情激趣，以情育人"，赢得了评委的好感，最终成功评上了特级教师。

后来我七次担任省特级教师、正高级教师的评委，我时常想起那次面试时，张老师对我这样一个来自偏远农村、有点怯懦的参评者的友善态度。她提问题的角度，深深启发了我该如何思考问题，促进了我思维方式的转变。我常常提醒自己，要以张学雅、杨一青等前辈为榜样，认真学习他们真心待人、用心做事、潜心做学问的态度和方法。

感谢师生家长，让我感受到了"教育之美"

1994年，我到马啸中学当校长，由于教育经费不足，我发动师生利用课余时间，到小溪里搬石头，到山上砍木头，终于成功建造起食堂。每每回想起大家一起劳动的场景，就会被全校师生如家人般互帮互助的细节所感动。

在做教育的过程中，最幸福的事情莫过于得到学生、家长的认同或赞美。一路走来，是学生和家长的支持与信任，让我感受到了教育之美。因为有了孩子们发自内心的"喜欢"，我才更有动力做一名"欢喜良师"。

2011届毕业生孟章昊同学称赞我为"见过的最好的校长"：考试前会动员大家，为大家打气；亲笔写每一期《致家长的信》；晚自习结束后，站在校门口与学生道别……袁润秋同学说："我称他为'阿潘'，是因为他把我当成了朋友。我很欣赏阿潘能放下校长的架子，真诚地与我们每个同学沟通交流。"

杨心怡同学是公益2015届毕业生。有意思的是，她爸爸当年也是我的学生。他说，女儿上初中的三年，他又重温了我的认真劲儿。在大雪纷飞的日子与孩子们玩作一团，每个星期即使再忙也不忘为孩子和老师们做几桶可口暖胃的"阿潘羹"……这跟当年做班主任一样干劲十足，热情有增无减。

2017届翟予非同学的妈妈称我拥有"洪荒之力"。我参加的学校活动，手指头都数不过来，但我丝毫看不出疲惫，"发自内心的微笑始终挂在脸上"。张喆羽同学由衷地感慨，"公益真是一个处处充满着温情的大家庭，老师、学生、家长都在自觉维系着大家庭的温暖"。

2018届甘尹亮的爸爸是浙大竺可桢学院的老师，他多次感谢道，我的教育理念给他工作带来了很大帮助。受到我亲情教育理念的影响，他担任混合班班主任后，主动建立家长微信群，加强与学生、家长的沟通。一年后，班上学生成绩明显提升，班级成为了优秀班集体，自己也获得了"教学名师"荣誉。洪晨皓妈妈在亲笔信中一再感谢我的《50封亲笔信》以及《家校连心桥》，让她学会了有效地与青春期孩子进行沟通的方法。

2019届童欣露妈妈回忆了在校门口发生的温暖故事："一天早上，我在校门口值岗，突然天降大雨，雨水即将打湿我浅蓝色的西服。这时三四位家长立马向我走来，为我撑伞，并一起维护上学高峰时的交通安全。这一幕让我真正感受到了相亲相爱公益人的真情。"

2020届王柯霓同学对我上的一堂课印象深刻。那节课开始，我在黑板上写下了"Nothing is impossible for your willing heart（只要你愿意，万事皆可能）"。他说，以往都是在新年"福"字上看到我的真迹，今天看到了我行云流水的英文字体，不禁赞叹不已。从此，那句话就深深刻在了他的脑海里。

2021届黄余庆家长说，当时是在朋友的极力推荐下选择了公益中学，现在回头看看觉得很幸运，初中三年遇到了全杭城数一数二的好校长。他说，阿潘校长总是能把学校教育理念与家长的需要很好地结合起来，听过的一场场家庭教育讲座更是教会了他如何做一位好家长。

2022届徐省非家长对我的德育方式表示赞赏。我跟三位男生比拼俯卧撑，最终我以40个的成绩一举夺魁。我借比拼俯卧撑，告诉大家"刻意练习是成为天才的必经之路"的道理。他夸赞道，校长身体力行，能让孩子更深刻地理解道理，这便是具有公益特色的德育活动。

感谢自己，让坚持孕育出了理想和初心

我的几十年教育生涯中，正是因为有了这些让我感念、感恩的人，才有了今天值得"感谢的自己"：感谢自己对兴趣的坚持，对梦想的坚守，对初心的坚定。

上学的时候，我喜欢写文章，渴望自己的文章有朝一日变成报纸杂志上的铅字，哪怕就几百个字也好。高二的一天，我在学校阅览室里看到一本《中国体育》，翻开一看，里面有"读者来信"板块，读者可以写信与杂志社编辑交流。为了能在杂志上永久地留下"潘志平"的铅字印记，实现积压已久的心愿，我当即给杂志社写信，询问"早上跑步后肚子疼是什么原因"。信封好寄出后，我心中有一种莫名的快感。

工作以后，我始终梦想着在《中小学外语教学》《班主任》等刊物上发表文章。尽管从事了多年教育教学工作，积累了不少教育故事素材，但如何提炼背后的教育机理，撰写一篇规范的论文，我对此毫无头绪。幸运的是，我得到了许多专家的细致指导。我依旧记得，在贵州支教时的一天中午，我跑到王凯教授为培训班授课的宾馆，讨论撰写稿件的事情，我们俩就坐在一楼大厅里，兴致勃勃地讨论完，我立马赶去车站。整体框架确定下来后，我立刻动笔，利用来回坐火车的时间以及支教工作的空隙，高效地完成了论文的撰写，最终在《人民教育》上顺利发表，实现了我在核

心期刊发表论文的梦想。

学生时代，浙江大学在我眼中是神圣的精神殿堂，我一直渴望进入美丽的校园参观。一次爸爸带我去西湖三潭印月，路上经过了浙江大学玉泉校区，看到刻着"浙江大学"的校门，我兴奋地喊叫起来，想让爸爸赶紧带我逛逛校园。遗憾的是，在那个年代，大学并不对社会大众开放，我只能隔着围墙，眼巴巴地望着这片无比向往的校园，这大概是我学生时代最接近浙江大学的时刻了。

工作后，我第一次到大学讲课是在浙江大学西溪校区，当时我站在田家炳书院五楼大教室的讲台上，面对着台下乌泱泱的学生，我仿佛坠入梦境，感觉周围的一切都是那么的不真实。之后，我到过浙大华家池校区、之江校区、紫金港校区讲课，授课对象不光有中小学生校长，还有本科生、硕士生、教育学院的博士生，以及浙江大学的老师们。一次我在紫金港校区的临湖小剧场，给台下200多位浙大教授做"家长学校"讲座，大家全程三个小时都聚精会神地听着，也算得上是一种不小的成就吧。后来，我还到国家教育行政学院、华东师范大学、江苏第二师范学院、浙江师范大学、杭州师范大学等高等院校做讲座。这些讲座既促进了我的专业成长，也提升了公益中学的知名度。

静心复盘，这一切可能与我拥有比较适度且恰当的自我认知以及坚持不懈有关。我时常思考"我是谁，我喜欢做什么，我能够做点啥"等原点问题。一旦想明白，认定正确的事，就用心用情地做到位、干到底。一次聊天中，有好友说，"志平啊，我最佩服的是你的'坚持'，这也可能是我没能实现自己美好愿望的根由"。在好友的提示下，我梳理了几十年来自己坚持做的富有教育价值的事情。

每年发录取通知书时站四五个小时，与每一位新生及家长拍全家福；
每年军训在烈日下站四五个小时和学生一一握手；

每周四下厨，给全校师生烧"阿潘羹"；

每个月给家长、每半年给学生写亲笔信；

每年在运动会和"公益大舞台"上做"百变校长"；

每年放寒假前为全校1500多位师生写"福""乐"；

每年中考在校门口跟学生击掌，加油打气；

每年亲手把毕业证书发到近500位毕业生手中，再拍全家福；

每年高考前发短信，祝福参加高考的公益毕业生考试顺利。

……

三十年里，我先后在马啸中学、天目高级中学、公益中学等五所不同学段、不同区域、不同体制的学校任职。不管调到哪里，不管在什么岗位，我始终坚信"育德是教育的灵魂，动情是德育的关键"，始终坚持育人先育己，把老师、学生、家长当自己的亲人，真心真情待人，用心用情工作。在我的帮助指导下，先后有32位老师走上了校长、副校长岗位，有许多老师在我的指导下在专业发展道路上走得更加坚定，获评高级教师、正高级教师、特级教师等。

我始终坚持落实"做人第一"理念，关注孩子的未来发展，也关心他们当下是否快乐。我提出"品行正、情商高、身心棒、学业佳"的培养目标，尽最大努力保证学生德智体美劳全面发展。在校学生心理健康调查结果显示，有抑郁症状、焦虑症状或触及心理健康水平预警的学生比例逐年下降，学生心理弹性比例、心理专业求助态度及心理健康素养有效提升。

2022年，我们对3000多名公益毕业生做了回访调查，结果显示：93.2%的人认为初中三年生活充实而美好，"相亲相爱一家人"成为他们的集体文化记忆。

重出发，亲情相伴

琼·安德森在《海边一年》中写道："我用前半生努力让自己变成一个成年人，也许后半生该学习如何做一个小孩。"我读到这句话时产生了强烈的共鸣，我又何尝不是如此？

年少的时候一心想着自己快快长大，竭尽全力地做一名"成人"，不依靠爸爸妈妈，能够有所担当和作为。成人以后，我始终渴望保持纯真的童心童趣，竭尽全力地做一名"儿童"。特别是当老师之后，与十三四岁的孩子相处时间越长，越感受到拥有孩子般的童真童趣的快乐，把自己当作孩子们的同龄人，我就和他们拥有更多共同的话题可聊，更多走心的事情可做。"教育即生长"，教育也就在这"共通、走心"中悄悄地发生。以"自己欢喜孩子"的心，赢得"孩子发自内心的喜欢"，在给孩子们带去快乐和幸福的同时，自己也享受到了当老师、做教育的快乐和幸福。

在陪伴孩子成长的过程中，我也在不断接受教育。我们对孩子的每一分真情，都能得到孩子发自内心的温暖和数倍的应答。与孩子们交往，他们传递给我们的是纯真、质朴。他们脸上灿烂的笑容，常常能治愈我们工作一天后疲惫的身心。这便是陪孩子、做教育的乐趣所在。每一天，我们和孩子都在相互教育，互相从对方身上汲取促进自己成长的营养，彼此成就。更重要的是，和孩子打成一片后，我们更容易站在孩子立场思考问题，更能理解他们的心理需求，以"顺应孩子天性，适合孩子个性"的方式做教育。《小王子》里写道：人在童年最具纯正的天性。我们在陪伴孩子的同时也在不断顺应孩子天性，这是做教育的真谛之一。

这些年，我始终把自己定位为"我是一位长大了的儿童"。提到"成年人"，总是联想到"一本正经""老气横秋"等词语，对孩子以"命令式、教训式"的口吻，居高临下，指手画脚。我坚决不学"教书匠"的匠气、"老学究"的傲气，尽可能地避免"倚老卖老、老大伤悲"的样子，努力实现"老骥伏枥，志在千里"的豪迈。作为一名教师、校长，我虽然不可能每天嘻嘻哈哈，像儿童一样尽兴地玩耍，但跟孩子沟通时做到了使用和他们相似的话语系统，遇到问题能征询他们的意见，耐心地倾听、回应他们真实合理的需求，做到了可敬更可亲。

2024年上半年，是近十年来我待在学校时间最多的一个学期。说内心话，越临近学期结束，我越是想早一点到校，晚一些离开校园。我常常是早上四点多起来，读读、写写，等到五点半，就出发到学校。迎着早晨的阳光，站在校门口，享受着学生背着书包陆陆续续来学校，热情地、微笑着跟我"阿潘，阿潘"打招呼的快乐。大课间的时候，我来到操场"逆向跑"，跟孩子们迎面相遇，为的是看到全校每一位孩子灿烂的笑脸。中午食堂就餐时，我会坐到学生身边，跟他们聊聊最近的学业、生活。傍晚，我站在四楼办公室的窗户旁，静静地看着余晖照在小广场边的题字"亲情教育：让公益的孩子学并快乐着"上，放空身心，享受着此刻的安宁。

2024年6月，我已到法定的退休年龄，意味着需要静下来思考未来的日子怎么过。正巧，区教育局组织校长去南京培训，我用心倾听了江苏省教科所原所长成尚荣先生三个小时的脱稿讲座。尽管成先生已到耋耄之年，但他依旧精神矍铄，思维敏捷，流畅表达中透露出对教育满满的热爱。他一直站在教育最前沿，深度思考教育问题，形成独到理解，让我敬佩不已。

在互动环节，我请教了一个问题："成先生，此前读过您的《做中国立德树人好教师》等著作和许多文章。您说退休只是把办公桌从单位转移到了家里，您还制定了'黄昏起飞计划'。我特别好奇，是什么让您有如此的格局和精气神状态？"成先生问我："潘老师，你几岁了？""我64年的，您说我是不是也该做个'黄昏起飞计划'？""那你还年轻着呢，我都83岁了。我看不是黄昏起飞计划，应该是壮年起跳计划吧。"当时在场的汪局长说："对对，革命者永远年轻嘛。"我想，只要始终保持对事业的热爱，拥有精神追求，永不停息，人就不会显老，更不会颓废。从与成先生的对话中我还学到了，要坚持每天阅读，"腹有诗书气自华"，多读书会丰富一个人的精神涵养。此外，要多思考看到、听到、想到的问题，"学而不思则罔，思而不学则殆"，多思考才能提升一个人的思想境界。

这次对话后，我逐渐想清楚了"60岁以后的日子往哪里走、怎么走"。于是我给自己定下了12字的生活工作基调：过有趣的生活，做自在的教育。"有趣的"需要永葆童心，充满童趣；"自在的"则意味着自由自在地奔赴，奔赴自在的人生状态。

我一直奉行"在适合的时间做好应景的事"的原则。2024年8月，我领到了第一个月的退休工资。我已在公益中学深耕了17年，与公益的老师、学生、家长有无法割舍的深情厚意，我不想因为我的退休给他们带来任何"断舍离"的困扰，所以我给自己确定的原则是"悄悄地退休"。上级考虑把我退休后的"潘志平工作室"设在公益中学，完成自然过渡。没想到，8月22日，有媒体登出了《公益中学校长换帅，著名的阿潘校长不再担任校长，评论区满是不舍》后，不少媒体相继发布了《功不唐捐，雁过留声》《巅峰荣休，亲爱的阿潘校长》《从没见过这样的校长，他就是个传奇！》等文章，进而掀起了一波不小的关于"离开公益后，阿潘校长去了哪里？"的讨论，直到9月6日，在视频号发布《官微正式发布消息！阿潘校长原来去了这所学校》,揭晓"原公益中学的阿潘校长担任临平一中教育集团总顾问"才收锣罢鼓。

退休了,压力一下子减轻了许多,我有更多的时间做一些原来想做而精力不允许的事。我给自己的定位是聚焦学校管理、家庭教育等方面的研究,带带工作室,当当学校发展顾问,做些教育专业指导,助力教师、学生、家长成长和学校发展。退而不能休,对教育的热爱之情不可断。我愿意把"永远爱公益"之心,化作"有需要我就到,没需要不打扰"的言行;我愿意把"永远爱教育"之情,付诸"只要我能出力,我当全力以赴"的行动。

从今往后,无论做什么,我都追求"生活并快乐着"。张弛有度,美好的日子里不仅仅只有工作,我也追星、追剧,欣赏明星演唱会、话剧、音乐剧、芭蕾舞,逛逛书画展。

当然,写作也不例外。为了实现"写并快乐着",我写完一段落停笔休息时,顺便追追剧。写到这里,最近正追的热剧《玫瑰的故事》也播到了第38集大结局。其中主人公玫瑰与飞行教练何教练有这样一段对话打动了我。

何教练:"一年之后,我就会回来,等我回来的时候,我想跟你一起……"

玫瑰连忙打断他,"不要承诺未来,这一年会发生很多事,未来会发生什么,我们其实谁都不知道。这种不确定,才是未来最值得期待的部分。你有你,要飞去的地方,我也是。"

世界在我面前,
指向我想去的任何地方。
从此,
我不再希求幸福,

我自己便是幸福。

凡是我遇见的我都喜欢，

一切都被接受，

我完全绝对地掌控着自己。

——致敬沃尔特·惠特曼《大路之歌》

在我未来的人生大道上，亲情将永远伴随着我。基于人性、符合天性、适应个性的教育，会持续在"亲情"中自然发生。

附

潘志平：教育在"亲情"中自然发生

《中国教育报》2023年6月21日　记者　蒋亦丰

　　校长名片：潘志平，浙江省特级教师、正高级教师，浙江家长学校常驻专家，首期长三角教育家型校长培养人选。杭州市首届十佳中小学校长、全国师德先进个人。

　　学生叫他"阿潘"，做"阿潘羹"、演葫芦娃、运动会上同场竞技，校长是他们抹不去的青春记忆。

　　教师视他为"兄长"，在学校，学他的教育艺术，家里的大事小情也想听听"阿潘哥"的建议。

　　家长称他"亲密伙伴"，他的书被家长放在枕边，家庭教育遇事不决随时拨打"阿潘热线"。

　　从山区初中到杭州市公益中学，潘志平做了29年校长。他以质朴的个性和不竭的灵感，将师生、家校、干群之间的关系以亲情的形态去联结，让教育找到最佳落点并自然发生。

亲情是最有效的教育资源

　　潘志平出生在杭州临安的小山村，当地民风淳厚清朴。因为变故，潘志平小时候一家人的生活陷入困境。此时，几位村民送上了省吃俭用下来的物品，一次次帮助他们渡过难关。童年的他问母亲为何有人愿意无私帮助他们。母亲回答说："你爸爸教书时把他们当成自己的孩子，现在他们也把你爸爸当作了亲人。"教书、亲人，潘志平第一次将这两个词连在一起装进心里。

为了成为"像父亲那样的人"，潘志平1984年来到临安一所中学教英语。发现学生对生硬的管教有排斥，他暗下决心，要让自己的教书"亲"起来、"暖"起来。走进教室，他会高举手臂用英语问好。课下，他在宿舍里熬菜粥，解解孩子们的小馋虫……

时间久了，潘志平和学生打成一片，其教学也越加灵动起来。"亲人"要有生活味，他就把课堂搬到商场、河边、山林，开展场景式教学。"亲人"一个都不能少，他就试水分层教学，更多地关注学习困难生。这些教法在当时可谓新鲜事物，村校中更是罕见。如今回忆起来，潘志平归结为"心里有学生，就会想尽办法教好他们"。后来，班上14名学生参加临安初中英语竞赛，全部获奖。6人拿了一等奖，创造了村校的奇迹。

一炮打响的潘志平很快走上校长岗位，辗转几所学校后到杭州市公益中学任职，其亲情教育的理念和实践框架也渐次成形。"亲情是最好的教育资源"，潘志平认为，广义的亲情关系具备情感教育的积极本意，能帮助受教育者克服消极情感，主动悦纳教育者的教育行为，获得全面而健康的发展。所以，"校长要用心去经营校园里的'亲情场'"。

开学第一天，潘志平早早站在校门口迎候，亲手将入学通知书送到学生手中，再与每个家庭合拍一张"全家福"，并笑着说："以后阿潘就是你们的伙伴了。"许多学生心生好奇：头回听说能这样称呼校长的。

一周后，"阿潘羹"新鲜出炉。潘志平化身大厨，亲手给全校师生做一道美味的羹汤。每周一次，食材几乎不重样，一些不爱喝汤的学生也会干个底朝天。这个学期他又烧起"阿潘生日面"，给当天过生日的学生尝尝鲜。

半学期后，第一封亲笔信"阿潘和你说说话"发到每个孩子手里。学生回信如雪花般纷至沓来，学校召开专门的分析会，采纳主流建议。做运动操时的激情配乐、下课提醒教师别拖堂的铃声等，都遵循着学生的想法。

艺术节上，他能打扮成各种人物角色。运动会上，他会和学生同场竞技。平时只要学生发起挑战，俯卧撑、掰手腕、引体向上，"阿潘"来之能战。

起初，一些老教师觉得新校长是在作秀，"最终还会板起面孔抓中考"。结果，"阿潘羹"烧了10年，亲笔信写了21年，运动会、艺术节全勤登场。只是年龄见长，白发也多了起来。跑步拿不了第一了，和学生玩疯后也容易受伤了。可学生心中的他始终不变：校长是最愿意和我们在一起的人，我们就叫他"阿潘"吧。

从亲情定位到教育落点

阿潘的魔力影响了每一位教师，亲情宛如一汪清泉，在公益中学里温暖流淌。黄铭老师每周五陪送一名有特殊情况的学生去往回家的公交车站，连续3年风雨无阻。陈鹏老师为学生定制"三行情书"等亲情味十足的期末评语。申屠德君老师对一名沉迷游戏、不愿返校的学生，连续一年半每周不少于两次上门家访，直到孩子答应"9月1日我一定来上学！"……潘志平收录了150多名教师的亲情故事，编辑成《我们的故事》一书，作为校本师德学习教材。

在潘志平看来，亲情教育不只是简单的爱与付出，更是基于"假如我是你"的角色互换与认同，是教育目的也是育人手段。在完成了人际关系的"亲情"定位后，潘志平思考的是将教育融于其中，以达成"品行正、情商高、身心棒、学业佳"的育人目标。

假如我是校长，学校管理如何体现以生为本？公益中学选出6名"学生校长"，每两周潘志平与他们召开一次会议。他只做旁听、适时追问，集思广益之后，尊重并采纳学生的决定。后来，"艺术节请保安、食堂师傅一起参加""重复性的作业再少一些"等决策也都出自学生之手，他只忠告一句："我的地盘我做主，我做主的事情我负责。"

假如我是教师，"双减"后的作业该怎样布置？潘志平让学生在寒假里给教师出一份试卷。学生发现一道3分语音题，竟能折腾半个小时，"以前总认为出试卷比做试卷容易"。教师也感慨，偏题、怪题的确是为难学生。师生在角色互换中对作业都有了新的认识，他再用一句话点题："如果你是孩子的父母，你会给他布置这些作业吗？"

假如我是家长，初中生家庭教育怎样做？潘志平设计了"一日家长"作业。那天，学生胡可昕早早起床准备可口早饭，督促爸妈洗漱、用早餐，然后布置背单词、写作业。没想到刚一转身，他们便玩起手机，又得好好教育……一天下来，胡可昕尝到了当家长的辛苦，爸妈也对孩子的表现感到吃惊。许多家长纷纷向潘志平讨教类似的妙招，他一一回应，并从几千封给家长的亲笔信中选择50封结集成书，"一不小心"入选了全国家庭教育影响力图书。

校园亲情到社会亲情的跃迁

每年春节，潘志平都会回到家乡去看看村里的老人，那些曾经帮助过他们家或者需要他帮助的人。社会亲情，在潘志平的人生辞典里分量很重。

这同样体现在他的教育行为上。公益中学的学生必须完成一次职业体验活动——走出校园采访从事公共服务的职业者。一场场对话下来，学生感受颇深：医生需要高明医术，更要面对病人时保持细心与耐心；消防员要有过硬本领，还必须不惧劳累危险；清洁工、快递员、保安在社会中同样不可缺少，职业无贵贱。

为了润养学生的社会亲情，潘志平主导了校内的一场评价改革。2017

年，学校制定了初中生《公益积分制实施办法》。在其中，公益活动细化为可操作的具体条目，校园值周、爱心义卖、看望孤寡老人、整理共享单车、给环卫工人送清凉等，实施量化考核。一学年统计一次公益积分，30分合格，50分良好，70分优秀。初中毕业时，根据三年总积分，潘志平为学生颁发"益动中学毕业证"，浙江省少工委颁发公益奖证书，开具公益成长证明。

评价改革孕育出社会亲情的无限生机。学校成立浙江第一个以学校命名的爱心基金会——杭州市公益中学爱心基金会，学生通过义卖连续10年为贵州的山区学校改善办学条件。学生袁才竣每周末赶1小时车程到西湖边，提醒游客不随意喂食小动物，3年内拿了200多积分。吴烨楠、王楷、陈嘉渔等一大批学生在初中毕业后一直践行公益服务，累计服务时长已近900个小时。

"情感一旦建立就是一辈子的事情。"令潘志平倍感欣慰的是，他的学生即使毕业后，在"亲情"的道路上也未曾停步。进入高中后，他们会主动申请做班干部、志愿者，承担最苦最累的义务劳动，即便旁人觉得是在耽误学习时间。进入社会后，他们在各自岗位上兢兢业业，也不忘常回家看看"阿潘"和教过他们的老师。

亲情教育的生动实践，吸引了越来越多教育人真诚的目光。北京、上海的名校长培训班登门取经，浙江20多所城乡学校全面借鉴其做法，该经验还在青海、西藏、广东、山东、湖北等地播下了种子。

父亲潘俊民九旬那年，潘志平为他写了一本故事小集《享受风雨人生》，以此告慰父亲的教育生涯。而他，在对教育本源几十年的笃定追求中，悟其道、践其行，为承继父亲的教育事业续写了最美的篇章——"一路亲情相伴"。

欢喜法则

一、自己欢喜，他人喜欢

1.会处理关系，从站在他人角度说话做事开始。

2.时常问自己：我想要什么，我能做什么，有没有在瞎忙？

3.一年一反省：我是否喜欢现在的工作，怎样让自己更喜欢它。

4.有一两个无话不说的知心好友，能分享、可倾诉。

5.遇事不钻牛角尖，不挑剔、不埋怨、不指责。

6.无一日不读书，无一日不写日记，无一日不炼身心。

二、老师欢喜，学生喜欢

1.拥有童心，保持童趣，孩子立场，越做越乐。

2.刚柔并济柔为上，从坚信"顺毛捋，越捋越顺"开始。

3.善于问计于生，每月不少于一次向孩子借智慧、讨方法。

4.把"孩子喜欢听、不容易忘"作为好课的标准，千万别拖堂。

5.把"吃饭时坐在孩子中间，常和孩子书来信往"作为特治愈的事。

6.乐于和孩子玩，让孩子感觉到"不听老师的话都不好意思了"。

三、父母欢喜，孩子喜欢

1.再忙也能做个孩子喜欢的好爸爸、好妈妈。

2.尊重孩子，从拿两把同样高低的椅子坐下来听孩子说开始。

3.看见孩子，每天从孩子的眼神中读懂孩子，及时和孩子沟通问题。

4.少唠叨，关注孩子听进了几句；强指导，让孩子明白怎么去做。

5.约定的事情一起坚定做到位，触犯孩子隐私的事情不可碰。

6.让孩子有自己的时间和选择，每周和孩子在室外运动两小时以上。

满庭芳·赠志平校长

方中雄

2023年春节，北京开放大学书记方中雄先生回到昌西老家。方先生比我小一岁，经历丰富、学识渊博。曾任北京市教委基础教育处处长、北京教育学院副院长、北京教育科学研究院院长等职。正月初三来我家畅聊，而后结合我家前后的山水田野和我个人的从教经历等，即兴赋词一首赠予我。

架笔门前，抱樟屋后，置庐田野山乡。

一湾溪水，隐约见龙翔。

几垄褐田黄土，便收获稻谷盈仓。

小庭院，清馨弥漫，翰墨又添香。

气灵涵志士，潜心园圃，四季留芳。

执杏坛，一时名动钱塘。

卅载春花秋月，终写就快意文章。

抬望眼，红桃紫李，今已满山梁。

方中雄先生赋词，龙开胜先生书写